EL SUFRIMIENTO Y LA TESIS DEL PURGATORIO

CON ADVERTENCIAS PROFÉTICAS
PARA NUESTRO MUNDO

Tal y como la Santísima Virgen María se lo reveló a
IVETA CLEOFAS FERNANDES

EL SUFRIMIENTO Y LA TESIS DEL PURGATORIO

Trabajo Original Publicado por Primera Vez en Inglés: 2021
Edición en Español: 2022

 Una descripción catalográfica de este libro está disponible en la Biblioteca Nacional de Australia

ISBN: 978-0-6451071-6-6 (pbk)
ISBN: 978-0-6451071-7-3 (ebk)

Tipografía y diseño por la Editorial Publicious Book
Publicado en colaboración con la Editorial Publicious Book
www.publicious.com.au

Copyright © 2021. Todos los derechos reservados. La reproducción total o parcial de este libro o su uso están prohibidos sin el consentimiento expreso por escrito del editor.

En conformidad con las directrices del Papa Urbano VIII, no tenemos intención de anticipar el juicio de La Santa Sede y de la Iglesia sobre apariciones, contadas por nosotros, pero no reconocidas aún; de hecho, nos sometemos y aceptamos su decisión final sin reservas.

En agradecimiento a Nuestra Señora de la Salvación

y a San Miguel Arcángel

Este libro está dedicado a Su Santidad el Papa Francisco I

y a su Santidad Emérita el Papa Benedicto XVI

"Ahora me gozo en lo que padezco por vosotros, y cumplo en mi carne lo que falta de las aflicciones de Cristo por su cuerpo, que es la Iglesia."

(Colosenses 1,24)

"Estas son las palabras del Apóstol San Pedro en su Primera Carta: "Sabed que habéis sido rescatados de vuestra vida estéril, heredada de vuestros mayores, no con bienes perecederos, como el oro o la plata, sino con la preciosa sangre de Cristo, el cordero sin tacha ni defecto."

Y el Apóstol San Pablo en la carta a los gálatas dijo también: "Él se entregó a sí mismo por nuestros pecados para librarnos de este presente siglo malo", y en la Primera Carta a los Corintios: "Habéis sido comprados por precio, glorificad, pues, a Dios en vuestro cuerpo".

Con estas y otras palabras parecidas, los testigos del Nuevo Testamento hablan de la grandeza de la Redención, consumada a través del sufrimiento de Cristo. El Redentor ha sufrido en vez del hombre y por el hombre. Todo hombre tiene *su participación en la Redención*. Cada uno está llamado también a participar en ese sufrimiento mediante el cual se ha llevado a cabo la Redención. Está llamado a participar en ese sufrimiento por medio del cual todo sufrimiento humano ha sido también redimido. Llevando a efecto la Redención mediante el sufrimiento, Cristo *ha elevado* juntamente *el sufrimiento humano a nivel de Redención*. Consiguientemente, todo hombre, en su sufrimiento, puede hacerse también partícipe del sufrimiento redentor de Cristo.

(Papa Juan Pablo II, Salvifici Doloris, n.19)

PREFACIO
Mons. Anthony Alwyn Barreto,

Obispo de Sindhudurg

Una vez hemos terminado nuestro viaje en este mundo, volvemos al Señor; ya que Dios nos creó para que podamos vivir con Él. El pecado crea un vacío en nuestra relación con Dios y trae la disrupción en el maravilloso plan de Dios para nosotros. El castigo del pecado es la separación de Dios (CIC 1035). Adán y Eva experimentaron esta separación cuando cometieron pecado y fueron expulsados del Paraíso.

La muerte no es el final de la vida sino el principio de una nueva vida en Dios. El lugar que morar después de la muerte lo elegimos nosotros por el modo en que vivimos nuestras vidas en la Tierra. Sabemos que no podemos salvarnos a nosotros mismos después de la muerte. Una vez una persona es arrojada al Infierno, no puede redimirse. La Iglesia Católica dice, este es un estado de autoexclusión definitiva de la comunión con Dios (CIC 1033). Por otro lado, una persona que alcanza el Cielo es una persona que consigue el propósito de Dios en su vida. Ellos mueren en la gracia y amistad de Dios y están perfectamente purificados para vivir para siempre, porque Lo ven tal cual es, cara a cara. (CIC 1023). Interceden por nosotros para que podamos encontrarnos en su compañía para alabar a Dios Topoderoso.

La Iglesia se refleja en aquellos que no han sido perfectos a la vista de Dios o aquellos que han hecho el bien pero necesitan purificación. La Iglesia cree que la misericordia y la compasión de Dios les da otra oportunidad de venir a Su presencia después de su purificación. El lugar de purificación se llama Purgatorio. (CFR. CIC. 1030-1032)

Tenemos una responsabilidad hacia ellos. Se nos enseña en el seno familiar a orar por las Almas del Purgatorio y se nos anima a ofrecer misas y orar rosarios por las Almas del Purgatorio. También se nos enseña a hacer sacrificios por ellas. El ejemplo de Job en las Sagradas Escrituras nos cuenta que los hijos de Job fueron purificados a través del sacrificio de su padre (Job 1,5).

La percepción personal de Iveta Fernandes que se compila como una *tesis sobre el Purgatorio* nos ayudará a orar y sacrificarnos por las Almas del Purgatorio. Es una noble tarea. Necesitamos orar por las Almas del Purgatorio porque ellas no pueden orar por sí mismas. Nuestras oraciones por las Almas del Purgatorio se basan en la misericordia y la compasión de Dios que nunca rechazará nuestras oraciones. Les mostramos Su misericordia a través de nuestras plegarias.

Que el trabajo sobre el tema del Purgatorio ayude a los lectores a volver a nuestro Dios misericordioso que espera ansiosamente como el padre del hijo pródigo. Que caminemos intachablemente a la vista del Señor para verle a Él cara a cara.

† Obispo Alwyn Barreto

Obispo de Sindhudurg (India)

5 de Enero de 2021

INTRODUCCIÓN

"Y le dieron a la mujer las dos alas de la Gran Águila"
(Apocalipsis 12,14)

Este libro es el fruto de una vida de oración y sufrimiento de Iveta Fernandes. Será un preciado regalo para aquel a quien se lo dé.

Félix Xavier e Iveta Fernandes, un matrimonio, nacidos ambos en África e inmigrantes de origen hindú, son ahora ciudadanos canadienses. Iveta fue peluquera en su vida anterior. Después de experimentar una profunda conversión, seguida de un decreto de nulidad de su primer matrimonio, se casó con Félix Xavier. Juntos vivieron una vida muy sencilla y la mayor parte de su vida privada la dedicaron a orar. También consagraron mucho de su tiempo a ayudar a los pobres a través del Centro Comunitario Saint Joseph, Foymont, Canadá.

Félix Xavier e Iveta son católicos y están muy unidos al Papa y a su Obispo. Profesan un gran amor por la Eucaristía y albergan una profunda devoción hacia Nuestra Señora y hacia San Miguel Arcángel.

Durante muchos años, Iveta, también llamada "Cleofas" en este libro, cuenta haber recibido una verdadera educación espiritual habiéndosela dado la Virgen María, de manera sobrenatural, con una paciente enseñanza – a menudo repetitiva – a través de locuciones y visiones mentales, en su mayoría en la extrema privacidad de su modesto hogar en Canadá. Iveta también describe apariciones de la Virgen María de una manera extraordinaria y repite Sus mensajes, a menudo en voz alta en presencia de otros, principalmente en el Monte Batim, en la Diócesis de Goa, India – su país de origen.

Mientras uno lee las transcripciones de las grabaciones hechas por Félix Xavier durante estas locuciones o visiones, se acuerda de Catalina de Siena o Brígida de Suecia. La manera espiritual de enseñanza que Iveta comparte viene del inmenso amor de la Virgen María que cuida de Sus hijos – y de una forma aún más extraordinaria en nuestros días – que es muy parecida a la descrita en el "Tratado sobre la verdadera devoción a la Santísima Virgen" de San Louis Marie Grignon de Montfort.

Es de extrema importancia la explicación de Iveta sobre su participación en la Pasión de Nuestro Señor, la manera en que ella se somete a episodios de extremo sufrimiento físico, psicológico y espiritual. Estos actos de ofrenda espiritual le son pedidos por adelantado y están en conformidad con su deseo, y con el deseo de su marido. Siempre le es revelado por adelantado así como para quién estaría ofreciendo el sacrificio. Sus momentos más importantes de sufrimiento ocurren durante la Semana Santa cada año, cuándo Iveta ve dentro de su alma momentos de la Pasión de Cristo y, mientras se reúne con Él en su sufrimiento, Jesús a menudo le habla. También visiona en su interior la continuación de la Pasión de Jesús en la persecución actual y venidera de la Iglesia.

Este libro consiste principalmente en los mensajes que Iveta recibió durante su sufrimiento en el período 2010-2021, y son la continuación del libro predecesor: "La Misericordia de Dios y la llamada a la Vuelta al Puerto de la Verdad".

Este libro enfatiza cómo la cultura de la muerte en nuestro mundo moderno ofende profundamente a Dios, abriendo nuestros ojos a las consecuencias inevitables de nuestras elecciones.

Como seguimiento o continuación de los mensajes de Fátima, este libro describe cómo la Virgen María, *Nuestra Señora de la Salvación*, ha recibido una misión particular y esencial en nuestros tiempos de parte de la Santísima Trinidad.

Aquí, Nuestra Señora aparece como "Mediadora de Toda Gracia, Co-Redentora y Defensora". El término "Co-Redentora", aún no admitido por el Magisterio de la Iglesia Católica, está aquí explicado sin ambigüedad: Nuestro Señor Jesús es el *único* Redentor, y María es Co-Redentora junto con Él que también es Redentor de Ella. Esta habilidad de co-redimir también se extiende a todos aquellos que consienten en ofrecer su sufrimiento, como *pequeños recipientes de Co-Redención* junto con Nuestra Santísima Madre. Como se expresa en este libro, la petición de Nuestra Señora de que esos títulos sean proclamados Dogma por el Papa no es por Su necesidad, sino por la nuestra. El "sí" de la Iglesia a tal don permitirá que se libere un torrente de Gracias, ¡que tanto necesitamos!

Este libro "El Sufrimiento y la Tesis del Purgatorio" muestra el esplendor de la Misericordia de Dios que es inseparable de la Justicia de Dios, y predice un desastre que ocurrirá si no elegimos la conversión y seguimos "jugando a ser Dios". También describe el gran peligro del cisma de la Iglesia Católica – que nace del rechazo a aceptar el Ministerio del Papa Francisco – ¡así como la extensión de la persecución de la Iglesia con todos sus horrores!

Los mensajes contenidos en este libro también nos proporcionan conocimientos sobre las señales de los tiempos, especialmente la pandemia de Covid-19, que aparece como la *primera punzada de dolor* de la próxima Gran Apostasía.

Estos conocimientos no están dirigidos solamente a llamarnos a una conversión más profunda y a orar, sino también a ofrecer nuestro sufrimiento con Nuestra Santa Madre, unidos a La Pasión de Nuestro Señor.

*

En varias ocasiones, especialmente en 2018, Iveta recibió valiosas revelaciones sobre el misterio del Purgatorio.

Las revelaciones que se nos ofrecen en esta "Tesis del Purgatorio" se presentan como de una apremiante necesidad para los tiempos que vivimos – tiempos en los que la fe en la existencia del Purgatorio se ha debilitado.

Apremiante necesidad porque la pérdida de fe en nuestro mundo moderno también es consecuencia de la gran falta de plegarias por las Almas del Purgatorio – ya que ahora no nos beneficiamos de esas Almas, las cuales, si hubiéramos orado por ellas, habrían entrado en el Cielo e intercedido por nosotros.

En esta parte del libro, se nos muestra el bello proyecto de Dios para contemplar el maravilloso intercambio de amor, que el Catecismo de la Iglesia Católica explica de esta forma: "En la comunión de los santos, por consiguiente, «existe entre los fieles, tanto entre quienes ya son bienaventurados como entre los que expían en el Purgatorio o los que peregrinan todavía en la tierra, un constante vínculo de amor y un abundante intercambio de todos los bienes». En este intercambio admirable, la santidad de uno aprovecha a los otros, más allá del daño que el pecado de uno pudo causar a los demás. Así, el recurso a la comunión de los santos permite al pecador contrito estar antes y más eficazmente purificado de las penas del pecado." (CIC 1475)

También enfatiza vivamente el Ministerio Co-Redentor de la Santísima Virgen María, así como el Ministerio de San Miguel Arcángel. Nuestro libro describe en más detalle lo que Santa Catalina de Génova había descrito gracias a su propia experiencia espiritual. Esta presente edición ofrece notas a pie de página de varios extractos del "Tratado sobre el Purgatorio" de Santa Catalina.

Para una comprensión más fructifera de todos estos conocimientos, es importante darse cuenta de que se revelaron en Sábado Santo, unas horas antes de la Vigilia de Pascua, haciendo que la inmensa fecundidad de la celebración de la Eucaristía se manifestara de manera aún más patente.

*

Este libro, como todos los escritos de Iveta, son fruto de sus plegarias y sufrimientos. Estas colecciones de escritos aún no han recibido la aprobación formal eclesiástica, por ser demasiado pronto. Permanecen para uso privado.

Mientras lees las páginas de este libro, maravíllate, dando gracias, de la Misericordia y la Justicia de Dios y acepta la invitación a orar y ¡ofrécete a ti mismo para la conversión de los pecadores y por las Almas del Purgatorio!

P. Antoine E.
25 de Diciembre de 2020

PRESENTACIÓN DEL LIBRO

Este libro nace a petición de Nuestra Bendita Madre, la Santísima Virgen María, Madre de Nuestro Señor.

La Madre de Dios revela que estamos entrando en la purificación previa a una era de mil años de Paz.

Jesús dijo: "Yo estoy con vosotros todos los días, hasta el fin de los tiempos". Caminamos ahora de mano de la Madre de Dios, a la que las Sagradas Escrituras describen como "la Mujer vestida de Sol", que nos llevará a través de distintos momentos de profunda oscuridad espiritual.

En estos mensajes, la Madre de Dios, Nuestra Santa Madre revela cómo y qué debemos hacer: "CONFIAR COMPLETAMENTE", el único camino, el camino de Dios en estos tiempos.

Aquí, la Madre de Dios también revela Su papel Supremo en la Salvación que Dios le ha confiado, como *Mediadora de Toda Gracia*, *Co-Redentora* (con Jesús el Redentor) y *Defensora* ante Jesús su Divino Hijo, el Juez Divino.

A Ella le es dado todo el Poder, Toda Gracia, todos los Dones para conceder a Sus hijos, los hijos de Dios que se consagrarán a Ella y La llamarán en cada momento y decisión de sus vidas.

Iveta *Cleofas* Fernandes

LA SANTÍSIMA VIRGEN MARÍA REVELA SU LABOR EN ESTOS TIEMPOS

Iveta Cleofas Fernandes, una mujer sencilla, casada con Félix Xavier Fernandes, ha sido elegida por la Divina Providencia para ser "instrumento" a través del cual Dios por medio del Inmaculado Corazón de María desea que se dé a conocer Su Plan de Salvación para Nuestro mundo en "estos tiempos – este período en la historia". Este está en el contexto de los tiempos predichos y la labor estratégica del Inmaculado Corazón para obtener la paz para el mundo a través del cumplimiento del Mensaje de Fátima y la proclamación del 5º Dogma Mariano.

Como un Alma Víctima, Iveta ha sido llamada para sufrir, para co-redimir con Nuestra Santa Madre Co-Redentora, junto con Jesús Redentor, para devolver Almas a Dios. En esta unión y para su propósito, Iveta ofrece sus oraciones y sufrimiento por la Iglesia Doméstica y Universal.

Este libro también detalla el Sufrimiento de Nuestro Señor por los pecados de nuestro mundo contemporáneo, ¡por el cual Cristo Nuestro Salvador, murió! Porque Él ha trazado el camino del sufrimiento para que entendamos que Este es el requisito de la reconciliación con Dios Padre: Pagar la deuda de la Justicia Divina que requiere el pecado. *"He pagado la Mayor parte de vuestra deuda, pero se os requiere reparar algunas de las ofensas en pequeña cantidad como Justicia Divina"* (Mensaje del 7 de Abril de 2017).

Y en este libro, mientras Cristo redime, Él revela la labor Co-Redentora de Su Santa Madre que "recorre el sendero de la Cruz" con Su Amado Hijo. *"Ved como mi Bendita Madre Co-Redime por vosotros. Ella lleva mi Cruz en Silencio por vosotros, por el mundo hoy"* (Mensaje del 18 de Abril de 2014).

El libro "El Sufrimiento y la Tesis del Purgatorio" también trae a la luz el entendimiento del Purgatorio y la necesidad de orar por las Ánimas Benditas que están *"pagando las deudas de la Justicia Divina"*. A través de nuestras oraciones y una vez purificadas, estas Ánimas serán liberadas para *"Alabar, Adorar y Glorificar a Dios incesantemente por nosotros y así obtener la Gracia y Fe necesarias a través de sus oraciones"* (31 de Marzo de 2018).

Sin embargo, consciente de nuestro apuro, nuestra Santa Madre aparece con una guía para estos momentos críticos; porque Su labor es preparar a sus Hijos para los tiempos de la Gran Persecución contra la Iglesia antes del segundo advenimiento de Cristo *(30 de Marzo de 2018)*.

Ella viene a pedirnos que nos Consagremos a Su Inmaculado Corazón y que *"La invoquemos y nos consagremos nosotros mismos y nuestros hijos cada mañana a su Inmaculado Corazón y enseñemos a nuestros hermanos a hacer lo mismo; Ella no nos abandonará y nos dirigirá por estos momentos de persecución inminentes"* (Mensaje del 13 de Octubre de 2015). Esta Batalla Espiritual contra las fuerzas de la oscuridad, Satán mismo, es Suya, dice Ella. Ella será la que lo vencerá al final. Nuestra posición es quedarnos bajo Su Manto de protección y ayudar con oraciones, sacrificios y con la práctica de la Devoción del Primer Sábado anunciado por Nuestra Señora de Fátima, más concretamente: orar el Rosario, Confesión, adoración del Santísimo Sacramento, la Santa Misa, Consagración y Comunión de reparación al Inmaculado Corazón de María. Aquí el propósito y la misión de Nuestra Santa Madre es unir las almas con su Divino Hijo, Jesús. Por eso, cuando nos consagramos a Ella, su significado completo es "a Jesús a través de María". Es importante observar que: *"La oración más eficaz es el Santo Rosario; desarmará la oscuridad de la mente y el corazón restaurando la conciencia"* (Mensaje del 13 de Abril de 2017).

Nuestra Santa Madre también nos ha dado los "misterios" del Escapulario y La Medalla de la Mediadora de Toda Gracia para asegurarnos la protección de todas las tentaciones; nos provee de las gracias para la protección y el martirio, y la certeza de defender la Iglesia, el Santo Padre y ¡ser dirigidos a la era de la Paz! Porque *"Al final, Mi Inmaculado Corazón Triunfará y la era de la paz llegará sobre Vuestro mundo y el reino del Inmaculado Corazón y El Sagrado Corazón de Jesús florecerá durante mil años de Paz" (Mensaje del 6 de Septiembre de 2018)*¡Entended estos momentos, y el Espíritu Santo abrirá vuestro corazón para recibir los Mensajes que contiene este libro!

Christopher Dias[1], 28 de Diciembre de 2020

---

[1] *Christopher Dias es el editor de la revista "Madre de Dios, Mediadora de Toda Gracia" publicada online en www.mediatrixofallgrace.com, y ex-diseñador gráfico del Mensajero del Apostolado Mundial de Fátima, La Revista Internacional del Apostolado Mundial de Fátima.*

Índice

PREFACIO i

INTRODUCCIÓN iii

PRESENTACIÓN DEL LIBRO viii

LA SANTÍSIMA VIRGEN MARÍA REVELA SU LABOR EN ESTOS TIEMPOS ix

AÑO 2010: TENED VALOR, ¿CÓMO ENTONCES SE HAN DE CUMPLIR LAS ESCRITURAS? ESTAS SON LAS COSAS QUE DEBEN OCURRIR

1   Padre, pase de mí este cáliz, que no sea Mi voluntad, sino la Tuya 1

2   Ella tiene la Gracia Suprema 2

3   Tened valor, ¿cómo entonces se han de cumplir las Escrituras 4

4   Esta será la fuerza que todas las madres hallarán en Ella 5

5   ¡Cada pecado desfila delante del Señor! 5

6   Veréis el horror de las naciones que han legalizado el aborto. ¡Esto es la veneración del anticristo! 6

7   Los falsos refugios 7

8   Esto marca la castidad del Sacerdocio 8

9   El desgarro del Velo del Templo, ¡la escisión en la Iglesia! 9

10   Se acerca la hora en que infligirán injustas acusaciones contra Mi Pedro 10

11	Así es como se levantarán falsas acusaciones de impureza contra los Sacerdotes	11
12	Jesús otorga a Su Madre la plenitud de la Gracia como Co-redentora unida completamente a Él.	12
13	Nuestra Señora nos muestra la importancia de la Medalla de la Mediadora de Toda Gracia	13

AÑO 2011: EN ESTOS TIEMPOS DE GRAN PERSECUCIÓN

14	Todo el Poder, Toda Gracia, todos los Dones Me han sido confiados	16

AÑO 2012: MIS HIJOS NO ESTÁN PREPARADOS, ¡PORQUE NO SE HAN CONSAGRADO A MI INMACULADO CORAZÓN!

15	Para aquellos que llevarán la Medalla	18
16	Amados hijos, pronto la comunicación cesará	19
17	Deseo que todos mis hijos lleven velas bendecidas	20
18	Aquellos que han abrazado el paganismo y la cultura del paganismo	21
19	Cuando este momento llegue, debéis recurrir a la oración	23

AÑO 2013: AMADOS HIJOS DAD A CONOCER EL ESCAPULARIO Y EXTEND LA DEVOCIÓN HACIA EL SANTO ROSARIO

20	Las Almas que rechazan reconocer a Dios como su Creador	28
21	Os mostraré las horas de persecución conocidas como el desierto	28
22	Amados hijos, dad a conocer el Escapulario y extended la devoción al Santo Rosario a muchos de Mis hijos	29
23	El Milagro de la Eucaristía	30

AÑO 2014: NO BUSQUÉIS FÁCILES COMPROMISOS CON EL MUNDO, ¡VOLVED A DIOS!

24 Y tantas Almas están cayendo al Infierno 34

25 Os arrastrarán como me han arrastrado a Mí 35

26 No busquéis compromisos fáciles con el mundo, ¡volved a Dios! 36

27 Yo soy el Redentor y tú eres la Co-Redentora 37

28 Ve y dile a Mi Madre que Yo La necesito. Yo El Redentor La necesito para Co-Redimir Conmigo 38

29 Le he otorgado estas Gracias para vuestro mundo en tiempos de persecución 40

30 Es por esta razón que Deseo que los mensajes salgan a la luz 41

31 Estáis ahora mismo en el umbral de la Gran Apostasía 42

AÑO 2015: ES EL DESEO DE MI SAGRADO CORAZÓN ALIVIARTE. PROCLAMA A MI MADRE MEDIADORA DE TODA GRACIA, CO-REDENTORA Y DEFENSORA

32 En su búsqueda para jugar a ser dios, han abrazado el Satanismo 45

33 Orad, rezad muchos Rosarios por vuestro Santo Padre 46

34 Prepara a Mis ovejas, Mis corderos, para esta terrible persecución 47

35 Os arrastrarán, como Yo soy arrastrado ahora 48

36 Ella os ayudará en las horas de persecución 49

37 Madre, Llevarás Mi Iglesia como Co-Redentora? 50

38 Caminad en paz 51

39	El mundo vive muy ocupado, desobedeciendo la orden de Dios	52
40	Cada vez que se recita el Rosario, Yo puedo atar los espíritus	53
41	Estáis en las últimas horas de las contracciones de parto de la persecución previa a la Gran Apostasía	54

AÑO 2016: COMPLACE A MI IMMACULADO CORAZÓN VER LA DEVOCIÓN DEL PRIMER SÁBADO QUE ANUNCIÉ EN FÁTIMA

42	¡El curso de las cosas se puede cambiar a través del poder del Santo Rosario!	57
43	¡Preparad mi rebaño, mis ovejas!	59
44	Jesús de Nazareth sufre hoy como ese Primer Viernes Santo que se repite	62
45	No busquéis un compromiso fácil con el mundo	64
46	Renunciad a esta forma de vivir y acogeos a Mi Misericordia	66
47	El último Dogma	67
48	Esta es la undécima hora de la Misericordia	68
49	Sabed y entended: Cuando la Divina Misericordia termine, la furia de la Justicia Divina llegará	69
50	La Consagración a Mi Immaculado Corazón: Es sencillo, hijos,¡sencillo!	71
51	Solo la oración puede evitar este terrible desastre	71
52	El Espíritu Santo: No lo encontraréis en ningún sitio excepto en el silencio	73
53	Vuestro Santo Padre estará siempre con vosotros, incluso en los momentos de clandestinidad	74

AÑO 2017: VENGO A INVITARTE A CO-REDIMIR CONMIGO, YO QUE SOY LA CO-REDENTORA, JUNTO CON "JESÚS" EL REDENTOR

54	El socialismo se ha convertido en la forma de vida	76
55	Abortar a un hijo es un crimen terrible contra el Autor de la Vida	77
56	La unción del Ángel en la frente de los Elegidos	79
57	El corazón del Papa Francisco está enraizado en el Divino Salvador	79
58	Mi adversario ha entrado en los conventos	80
59	Co-Redentora y Defensora.	82
60	¡El hedor a impureza aumenta cada día!	83
61	Es a los niños a quien mi adversario busca destruir, el futuro de vuestro mundo	85
62	Los primeros cinco Sábados en la Montaña Sagrada del Monte Batim	86
63	Calmar la ira de Dios que despierta contra vuestro mundo	87
64	Volved a Mí a través de vuestra Consagración cada mañana a Mi Inmaculado Corazón	88
65	Revelarás una gran comprensión del sufrimiento necesario para redimir las Almas perdidas en el pecado	90
66	Satán va a librar una guerra contra Mí, es decir, contra Mis hijos	91
67	Solo unos pocos Sacerdotes y Monjas serán preservados	93
68	Hay esperanza, ¡incluso para ellos!	96

69	Es necesario que todos Mis hijos ofrezcan su sufrimiento para Co-Redimir cada día	98
70	¡Teneos en vela y reparad tales ofensas!	100
71	¿Ves lo valioso que es el sufrimiento?	102
72	Se necesita silencio para escuchar en cada momento a mi Esposo el Espíritu Santo	104
73	¡Tres cuartos de la Tierra desaparecerán!	106
74	Reparad ayunando y orando para consolar al Sagrado Corazón de Nuestro Señor	108
75	Sus hijos que han abandonado la Fé	108
76	Qué doloroso sería sin estas oraciones	109
77	Vuestro mundo se ha convertido en el mundo del holocausto	113

AÑO 2018: SOLO ELLA COMO MEDIADORA Y MADRE DE DIOS, LA MUJER QUE VISTE DE SOL, QUE APLASTARÁ LA CABEZA DE SATÁN AL FINAL PUEDE ESCONDERTE Y RESCATARTE

78	¡Muchos están cayendo en la oscuridad porque no entienden estos momentos!	117
79	¡Hay tanta pobreza de privación de padre!	119
80	Los modos y maneras del mundo se han convertido en doctrina y precepto de las familias de hoy	122
81	En muchas órdenes, las enseñanzas de la religión única mundial se han infiltrado	125
82	¡Muchos de los seminaristas vienen de Satán como sus sacerdotes!	129
83	El mayor pecado ahora mismo a los ojos del Señor es el aborto	132

84	¿Qué debo haceros?...	134
85	Cuando la oscuridad cae y la persecución comienza..	137
86	Os pido que abracéis el Sacramento de la Reconciliación..	138
87	Sois pequeños recipientes de redención...........................	139
88	Muchos de Mis fieles me han dejado por una religión llamada 'La religión única mundial'..................	140
89	Una de las siete copas de la plaga será la plaga devastadora que caerá sobre vosotros!....................	143
90	¡Muchos no siguen la regla de sus Fundadores y Fundadoras!..	145
91	Mis amados Sacerdotes: Si uno de vosotros cae y no se arrepiente, ¡muchas ovejas caerán y abandonarán la fe!..	147
92	¡Solo La Mujer que viste de Sol puede esconderte y rescatarte!..	149
93	Madre…primero prepararás a Mis hijos en estos tiempos de gran persecución...	150
94	Yo soy a la que Dios ha dado todo el Poder, Toda Gracia..	152
95	No hay muchas Almas Víctima..	154

AÑO 2019: SOY EL MEDIADOR ENTRE VOSOTROS Y MI PADRE, PERO MI MADRE ES LA MEDIADORA ENTRE VOSOTROS Y YO

96	San José es al que habéis de invocar y orar a la hora de la muerte..	159
97	Este es el pensamiento humano que ha abrazado ser como Dios, la voluntad del demonio.........................	160

98	Este es el Cisma, ¡el Gran Cisma!	163
99	Debéis venir a ella y después a Mí, ¡es el deseo de Mi Padre!	164
100	Sobre aquellos que piden la renuncia de Mi Pedro, ¡para destronarle!	168
101	Todas las irreverencias bajo las que Jesús es recibido	169
102	La Iglesia clandestina está preparada para los fieles que quedan	171
103	Tened valor, ¡ya he recorrido este camino!	172
104	Esta Santa Iglesia será reconstruida y consagrada a Mí bajo el nombre de "María, Madre de la Iglesia, Nuestra Señora del Monte Ganxim-Batim"	174
105	"¿Entendéis la Iglesia dentro de mi Inmaculado Corazón?"	176

AÑO 2020: CUANDO ELLA LO SEA PROCLAMADA, ABRIRÉ LAS PUERTAS DEL CIELO PARA QUE TODOS MIS AMADOS HIJOS PUEDAN SOPORTAR ESTE SUFRIMIENTO DE LA PERSECUCIÓN DE MI IGLESIA

106	Una plaga más devastadora caerá sobre Goa para purificarla	180
107	Este sufrimiento fue para fortalecerle como Papa reinante	181
108	¡Muy pronto el Espíritu Santo os será retirado y vuestro propio espíritu aparecerá como si fuera el Espíritu Santo!	183
109	Estas son las primeras contracciones de la Gran Apostasía	186

110 Debéis tomar en adelante la medicina que
     tiene doble comunión 188
111 Encomendadle este jarabe que os he revelado 191
112 Este virus es de una guerra química 193
113 La imposición de este Virus no es para
     traer muerte, sino la gloria de Dios a través
     de esta medicina. 196
114 No saben lo que están haciendo 198
115 Desean seguir a Dios, pero han fabricado su propia
     imagen de Dios 200
116 El sufrimiento de hoy es por lo que se conoce
     como las Raíces Judías de Jesús 203
117 También oraréis por aquellos que se fueron antes
     en esta terrible plaga conocida como pandemia 204
118 Durante esta pandemia, ¡he rescatado a
     muchos que han suplicado Misericordia en sus
     últimos momentos! 205
119 Sabed y entended que estas Órdenes que están
     infestadas de maldad tienen un virus mayor que
     el CoronaVirus 208
120 Cuando Ella lo sea proclamada, abriré las
     compuertas del Cielo 213
121 En la Misa de Resurrección del Santo Padre,
     se levantarán 215
122 La Justicia de Dios debe descender 216
123 Volvéos como este pequeño Niño Jesús
     en Mis brazos 221
124 La consagración del Día Treinta y Tres 222

125 Cómo Satán está planeando venir como
La Santísima Trinidad 223

126 Os someteréis a su reinado y moraréis
en su Sagrado Corazón 225

127 Satán se ha hecho a sí mismo el 'Creador' 228

AÑO 2021: ¡SOLO CONFIAD EN DIOS A TRAVÉS DE MÍ!

128 Destruirá vuestra salud e incluso
vuestra vida 232

129 El Sufrimiento por la Jerarquía que está tomando
decisiones fuera del orden de Dios 233

130 Se le dará poder al adversario para atormentar a
todos aquellos que estén en las ciudades 234

131 La Clonación Humana se convertirá en la moda
del hombre nuevo, del mundo nuevo 236

132 Los caminos de Dios no se pueden cambiar,
¡la Verdad de Dios es la Verdad! 239

LA TESIS DEL PURGATORIO

133 La historia de la Pintura Mística 250

134 El entendimiento de las tres etapas
del Purgatorio 252

135 Esta es la segunda etapa del Purgatorio
como se conoce 253

136 Aquellos que cometen y consienten el pecado
conocido como Eutanasia 254

137 La Reparación que se debe hacer antes de que
el Alma entre en el Paraíso 259

138 Jesús ha pagado el precio por estas Almas
del primer al último hombre que será creado 264

139 A las Ánimas del Purgatorio se les concederá el Don de las Lenguas de los Ángeles 266

140 La Confesión se debe entender como el exorcismo contra el pecado Mortal 267

141 Orad, Mis Amados Hijos, muchos Rosarios por las Almas de vuestros antepasa-dos que anhelan vuestras plegarias; ellos os ayudarán. 268

142 Es más fructifero y eficaz orar el Rosario con su meditación de esta manera.. 269

143 Hay tres etapas en el Purgatorio, en cada etapa misma hay tres niveles 270

144 ¡Estas Almas vendrán como Ángeles de la Guarda para ayudaros, para advertiros, para protegeros! 274

145 Lo que ocurre en la Resurrección de Nuestro Señor 275

146 La manera en que debéis orar 277

147 ¡Tantas Almas en la Iglesia están caminando fuera de la Iglesia y ya no creen en el Purgatorio! 280

148 El Sufrimiento por las Ánimas del Purgatorio de los Religiosos 284

149 Cómo protegeré a aquellos que están ahora en la tierra y traeré alivio a las Ánimas del Purgatorio 289

150 Se contarán entre los Santos y entrarán en el Paraíso durante la Vigilia de Pascua 289

Apéndice 1: ANEXO A LA TESIS DEL PURGATORIO............ 295

151 Esta manera de matar misericordiosamente 295

152 Las Almas que viven en pecado, ensuciando el Templo de Dios 296

Apéndice 2: LA CORONILLA DE SAN
MIGUEL ARCÁNGEL 297

Apéndice 3: ROSARIO POR LAS ÁNIMAS
BENDITAS DEL PURGATORIO 300

Apéndice 4: UN REMEDIO ESPIRITUAL Y
NATURAL PARA LA ACTUAL PANDEMIA 302

AÑO 2010: TENED VALOR, ¿CÓMO ENTONCES SE HAN DE CUMPLIR LAS ESCRITURAS? ESTAS SON LAS COSAS QUE DEBEN OCURRIR

1. PADRE, PASE DE MÍ ESTE CÁLIZ, PERO QUE NO SE HAGA MI VOLUNTAD, SINO LA TUYA

Una visión:

Vienen marchando cada vez más cerca. La puerta de cada Iglesia está cerrada. Han bloqueado las puertas de las Iglesias, y aún así marchan. Tienen una orden. Tienen algún tipo de documento por el que pueden entrar. En cada ciudad del mundo hay tumultos. Los militares echan las puertas abajo y encuentran a un gran número de Sacerdotes. Ni siquiera les hablan, solo los agarran y ... oh Dios mío, Dios mío, les piden que nieguen a Jesús de Nazaret como Dios Verdadero en presencia de la Sagrada Eucaristía.

Una bella visión:

Cada uno de estos Santos Sacerdotes mira hacia el Cielo, ven la preciosa cara de Nuestra Santa Madre en la Eucaristía, sujetando la Custodia cerca de Su Corazón y vuelven a mirar a los militares, no dicen ni una palabra. No negarán a Jesús... Las Iglesias que no pueden ser abiertas y las de los países del Tercer mundo, ¡son pasto de las llamas! Veo estatuas sagradas y objetos religiosos llevados fuera, golpeados y rotos para amedrentar a los fieles. Ves el regocijo de los que siguen al antipapa, el anticristo. Gritan que "los Dioses han bajado a la tierra y la paz y la prosperidad es nuestra."

Veo a Jesús asombrado y sujetándose a los árboles. Pedro está sentado, echado en un árbol en un profundo sueño. El Señor viene y no encuentra consuelo en los Apóstoles. Pedro oye Sus pisadas, pero no puede abrir sus ojos ni levantarse. Jesús vuelve y cae en una roca. ¡Angustia, angustia en nuestro Dios! Veo un Ángel descendiendo con un cáliz, como si intentara consolar a Jesús. El Ángel es el Ángel de Nuestra Santa Madre. El Cielo está completamente cerrado, ¡en completo silencio! El Cielo entero está llorando... Jesús está echado en el Ángel y sujetando el Cáliz. Está listo para beber de él. Se levanta y está listo para ir a los Apóstoles. Este es el momento cuando veo al Santo Padre. Jesús ora por Nuestro Santo Padre. Mientras se acerca, los ojos de Pedro se abren. Pedro dice, "¿Eres tú, Señor?" Jesús dice, "¿Todavía estás durmiendo?" Les dice que se levanten, "Ha llegado la hora en que el Hijo del Hombre será entregado en manos de pecadores"

Esta es la misma traición que vamos a experimentar ahora. Incluso los miembros de la misma familia se traicionarán entre ellos. Hermano contra hermano, padre contra hijo, suegra contra nuera, Esta es esa hora, ¡tristeza… tristeza!

Pedro intenta levantarse, "¿Qué pasa, Jesús, te encuentras bien, por qué tienes sangre, te ha ocurrido algo?" Jesús le dice, "Pedro, despierta a Juan y a Santiago, el que Me va a traicionar está a la puerta." Está oscuro, la luna está brillando, y ellos tienen antorchas, pero está muy oscuro de donde vienen, como es la oscuridad del pecado. En sí, la noche brilla. Sombras, sombras… el olor de la muerte… del Inocente, está en el aire… se frotan los ojos y preguntan "¿qué pasa?" El Señor dice, "Es la hora." Santiago pregunta, "¿La hora de qué, Jesús?" Jesús está angustiado. "No tenéis ni idea de lo que está a punto de ocurrir". (1 y 2 de Abril de 2010).

2. ELLA TIENE LA GRACIA SUPREMA

Jesús es llevado a la Crucifixión; Le rasgan las Vestiduras…

Veo a Nuestra Santa Madre. Se acerca al lugar y ve Su Sangre. Con Sus propias manos la limpia. No Le permiten acercarse, pero Ella está en el Pretorio, ¡es un lugar muy irregular! Es como el jardín trasero de un hombre rico, con piedras y un solo camino… Jesús es golpeado. Le ponen una caña en Las Manos, y ponen esta prenda morada sobre El. Le abofetean y golpean Su Cara.

Tiene un gran moratón en Su mejilla izquierda que está sangrando, la mejilla que Judas besó…llorando… ¡Jesús no se queja! No permiten a Nuestra Señora acercarse. Ella ve toda la Sangre.

Hay una mujer mirando a Nuestra Señora, es la esposa de Pilato. Viene con paños en sus manos, muchos paños pequeños y le dice a Ella, "¿Su Madre?" Nuestra Santa Madre la mira con lágrimas en los ojos y asiente. La mujer también tiene lágrimas en los ojos y le da a Nuestra Señora los paños. Nuestra Señora le hace gestos de que quiere ir donde Jesús está ahora y limpiar La Sangre de allí, pero no puede. La mujer dice, "yo te llevaré allí." Se quita el velo de su cabeza y lo pone sobre Nuestra Señora. ¡Es de la Realeza!

Jesús es llevado fuera y la Cruz Le espera. Le llevan por una rampa. Y ves a Satán en la multitud riéndose de Él. Nuestra Señora se acerca y empieza a limpiar la sangre rápidamente porque quiere seguir a Jesús. Juan y María Magdalena esperan fuera. Nuestra Santa Madre está limpiando las piedras del suelo rápidamente, reuniendo toda la Sangre. Ella tiene la Gracia Suprema, toda la sangre parece acercarse, las piedras no se mueven. Ella hace una reverencia y agradece a la mujer de Pilato y camina hacia fuera para encontrarse con la multitud. Entrega los paños a María Magdalena, que se los da a otra María la cual los pone en su manto y los guarda. María Magdalena tiene dos velos. En uno lleva hierbas y especias para colocarlos sobre el Cuerpo de Jesús. Los ha preparado con Nuestra Santa Madre. De acuerdo con la Ley Judía o la Tradición. Estas especias se usan para perfumar el Cuerpo y descomponerlo rápidamente.

¡Veo el Vaticano – Sangre, sangre, sangre y gritos! Los Cardenales se están preparando para votar. ¡Hay mayoría del humo negro de Satán!

Jesús ha llegado al fondo de esta larga y sinuosa rampa. Le están arrastrando y burlándose de Él. Nuestra Señora está muy lejos, pero viene rápidamente. La gente buena que acompaña a Jesús abre paso a Su Madre. Estos van al frente y son golpeados por algunas personas. Los tiran al suelo. Están gritando a los fieles – que están diciendo "¡No! ¡No! ¿Qué es lo que ha hecho?"- "¿No habéis oído, no habéis visto lo que ha testificado? Se llama a Sí mismo Hijo de Dios, ¡es solo un mortal! ¿No es hijo de un Carpintero? Y esa es Su Madre, miserable..." (1 y 2 de Abril de 2010).

3. TENED VALOR, ¿CÓMO ENTONCES SE HAN DE CUMPLIR LAS ESCRITURAS?

Nuestra Señora habla:

"Amados hijos míos, ¿Véis cuánto es el sufrimiento de vuestro Salvador? Él ha orado por esta hora que os sucederá a vosotros cuando os arrastren y os entreguen a las autoridades. Seréis golpeados y azotados, y muchos, sentenciados a muerte. Tened valor, ¿cómo entonces se han de cumplir las Escrituras? Estas son las cosas que deben ocurrir."

Se ponen a caminar de nuevo. Nuestra Santa Madre parece estar caminando por delante de Jesús. No la dejarán caminar detrás de Él, por eso Juan y María Magdalena La llevan, empujándola a través de la multitud por delante de Él (Estoy cansada...) Jesús no puede usar Sus pies, están amoratados, sangrando, y trozos de carne se desprenden de ellos, del cuerpo del Maestro. El pequeño Ángel que Le estaba consolando está recogiendo los trozos de Carne y poniéndolos en un gran copón con Su Sangre. Está sujetando este Cáliz que es como un ciborio.

Ahora veo a Jesús viniendo hacia Su Madre "¡Oh! Madre, Madre..."... llorando... Ella estira Sus brazos. El soldado que está cerca de Jesús se queda atrás y Le permite acercarse, pero no se Le permite tocarLe. Los otros no La dejarán tocarLe. Le apartan y dicen "¿Qué estás haciendo? ¡Nadie tiene permitido acercarse, y menos, mujeres! "Esa es Su Madre, la pobre Mujer", "Sí, pobrecilla", añade, "debe ver al Hijo criminal que crió" Estas son las crueles palabras que los soldados pronunciaban al buen soldado al cual empuja uno de ellos, su nombre es Mel... Jesús La ve sufriendo. Él Le sonríe y Ella le devuelve la sonrisa, una sonrisa de consuelo. "Está bien" Ella Le dice, "Hijo, no te preocupes por Mí, estoy bien, debemos hacer La Voluntad del Padre por la que hemos venido a este mundo."

Este es el momento en que veo a los hijos e hijas que serán arrastrados fuera de las casas de los fieles y serán condenados a muerte en presencia de sus padres. Debemos tener valor para este momento. Esto es para lo que nacieron, para cumplir la Voluntad del Padre. En la fidelidad de su fe, la Fe Católica, ahora se entregan para sacar a la luz el fruto de su sufrimiento. Su vida es como una semilla que debe morir. Padres ... ¡Oh! Qué sufrimiento...

Mi cabeza me tortura de dolor, no puedo soportarlo, Bendita Madre... (1 y 2 de Abril de 2010).

4. ESTA SERÁ LA FUERZA QUE TODAS LAS MADRES HALLARÁN EN ELLA

Veo a Jesús. Pilato se lava las manos. Y dice algo a Jesús. Dice "Su Sangre sea sobre vosotros" y libera a Barrabás y todos están felices y gritan sus alabanzas. Esto, Pilato lo hizo para mantener sus nuevos lazos y su paz con Herodes y con el Rey, por miedo a los hombres, pero Jesús le mira con ojos amorosos, hace una reverencia con Su Cabeza y camina. Mira a la multitud y Su Mirada cae sobre Nuestra Santa Madre. Con qué Amor La mira. Ella levanta Sus Brazos. Él encuentra toda Su fuerza en la Mirada de Ella.

Esta será la fuerza que todas las madres hallarán en Ella, como Mediadora[2] de toda Gracia. Les dará la Gracia para superar ese momento. Ella misma vendrá. Ellas verán al Hijo de Dios sentado a la Derecha del Padre. Él mismo recibirá sus Almas y su sangre que está unida a la Suya, la sangre que traerá los frutos de la Iglesia Renovada. (2 de Abril de 2010, Viernes Santo).

5. ¡CADA PECADO DESFILA DELANTE DEL SEÑOR!

Jesús extiende Sus Brazos y coge la Cruz. Se la colocan sobre Su Hombro derecho, que ya está amoratado. Su mano izquierda se

---

[2] Ver "Tratado sobre la Verdadera Devoción a la Santísima Virgen" de San Louis Marie Grignon de Montfort, nn. 83-86

dispone a sujetarla. Se siente doblegado por su peso, pero no es el peso de la Cruz sino el peso de nuestros pecados. ¡Cada pecado está desfilando delante del Señor!

Empieza el viaje para Jesús. Lleva Su Cruz y está exhausto... Ve tanta gente mientras mira a través de Sus ojos llenos de Sangre que gotea desde Su cabeza coronada de espinas y Su frente amoratada y Sus cejas desgarradas. Él ve sus caras. ¡Ora por ellos en Su sufrimiento y ellos se arrepentirán y se salvarán!

Esta es la hora, aquellos que decidan seguir al Anticristo o a los fieles, aquellos que adoptarán la "marca de la bestia"[3]*. Estos son nuestros propios hermanos y hermanas, nuestra propia familia – familia de sangre y familia espiritual, ¡Es un momento horrible! (2 de Abril de 2010, Viernes Santo)*

6. VERÉIS EL HORROR DE LAS NACIONES QUE HAN LEGALIZADO EL ABORTO. ¡ESTO ES LA VENERACIÓN DEL ANTICRISTO!

Veo tantos niños, tantos niños pequeños asesinados... llorando... llorando y sufriendo... Jesús muere aquí y sufre por aquellos que cometen esos crímenes. ¡Ora por ellos para que vuelvan y se salven!

Veréis el horror de las naciones que han legalizado el aborto. ¡Esta es la veneración del anticristo! ¡Estos niños son sacrificados para él! Las madres embarazadas – ¡Esta es una época de gran sufrimiento para las madres embarazadas! Las madres y los niños en sus vientres son llevados a la muerte porque no adoptarán la marca de la Bestia, ¡son ejecutados! Es ilegal, ¡aún así se considera legal porque se les declara deformados y luego asesinados! Este es el sacrificio del sacrilegio del Sanctasanctórum, Jesús en la Eucaristía.

---

[3] Apocalipsis 13,17

Veo a Rusia a la cabeza de esto. Es por esta razón que dice Nuestra Santa Madre, "Yo había deseado que Rusia fuera consagrada a Mi Inmaculado Corazón. Rusia ha extendido sus errores y el aborto ha sido legalizado en otras naciones, pero Rusia todavía se convertirá y será consagrada a Mi Inmaculado Corazón, aunque sea tarde, ¡tarde porque ya ha extendido sus errores! Pequeña, ¿entiendes lo que estoy diciendo?" (2 de Abril de 2010, Viernes Santo).

7. LOS FALSOS REFUGIOS

Jesús se está arrastrando. Puedo ver a Nuestro Maestro. No puede llevar la Cruz. Simón mismo no está presente ¡está cansado! Juan intenta correr a sujetar a Nuestra Santa Madre mientras ella se apresura a dar fuerza a Jesús, como si Ella quisiera llevar la Cruz, pero los soldados la echan atrás. No se caen, ¡pero casi lo hacen! La multitud es tan grande que casi no puedes moverte. Jesús se tambalea…se tambalea… y se tambalea con el peso del pecado y piensa en todo el sufrimiento que todavía debe pasar, y cae… llorando… sufriendo… casi no puede moverse. Le dan por muerto. Los soldados tienen miedo. Intentan abrirLe los ojos, "todavía respira", dice uno de ellos, "dadle un descanso y Le pondremos en pie".

Este es el pequeño descanso, esta es esa caída que Jesús sufre mientras ora por Sus Discípulos que deben someterse a un gran sufrimiento, ¡incluso por aquellos Elegidos que deben ir al exilio! Sufrirán el temor de este momento y sabrán de aquellos hermanos suyos que mueren por el amor de Dios.

Hay regocijo en los campamentos de los malvados, en los falsos refugios bajo el nombre de Dios. Ves gente comiendo y bebiendo porque piensan que están salvados. Han sacrificado el ternero cebado, están sacrificando corderos y asándolos, y están celebrando que están salvados, pero ¡ay de ellos! Verán el horror de este momento; ¡no será dentro de mucho!

Ahí están, incluso los Elegidos están entre ellos, extraviados. Han elegido esto por su propia voluntad. ¡No se rindieron! Aunque Dios los eligió, eligieron no escuchar al Espíritu Santo. Su razonamiento humano los dirigió a estos campamentos. Estos son esos refugios de origen humano, y ahora sus líderes, por miedo, les entregarán al enemigo y serán masacrados. ¡Terrible martirio! Algunos adoptarán la marca de la Bestia como su maestro que les dirigió. Algunos se darán cuenta de que han sido elegidos equivocadamente e intentarán correr, ¡pero los matarán!

Y en honor a aquellos que no adoptaron la marca de la Bestia, durante el reinado de los mil años[4], en estos lugares, los fieles que vivirán, alcanzarán estos lugares de peregrinación y colocarán una pequeña Cruz y erigirán una pequeña Capilla en recuerdo de aquellos que murieron y a pesar de su debilidad humana, no adoptaron la marca de la Bestia. Prenderán fuego a imágenes del Anticristo y cavarán un agujero y pondrán los cuerpos de aquellos que adoptaron la marca de la bestia – aquellos que fueron asesinados, masacrados, ¡porque adoptaron la marca de la Bestia! (2 de Abril de 2010, Viernes Santo).

8. ESTO MARCA LA CASTIDAD DEL SACERDOCIO

Jesús sube por la colina. Aquellos agarran la Cruz. También veo a otros dos cumpliendo la misma condena a ambos lados de Jesús. ¡Le han colocado en el centro como si fuera el más grande de los criminales! Tiran la Cruz al suelo y desnudan a los otros dos criminales que están gritando y gimiendo, gimiendo, maldiciendo e insultando a los guardias ¡y también escupiendo y dando patadas! Les están atando los pies. Jesús no protesta mientras Le quitan las vestiduras. Llorando... llorando... Nuestra Santa Madre llega rápidamente. "No", dice Ella, mientras Le estaban destapando sus partes íntimas. Vuelven a cubrírselas. Ellos Le obedecen. Ella se lo agradece y retrocede

---
[4] Apocalipsis 20,3

caminando. María Magdalena dice "Madre, podrían haberte matado, ¿por qué hiciste eso?"

Esto marca la castidad del Sacerdocio, sagrado para Dios y sagrado para todos los hombres. Jesús murió por ellos y ha soportado el sufrimiento incluso por las partes en las que ellos mantendrán sus votos. Aquellos que han caído son muchos los que yo veo, y no saben cómo levantarse.

"Basta con que os arrepintáis; arrepentíos y confesad vuestros pecados a vuestros confesores, a vuestros padres espirituales; no más pecados, porque ¿qué beneficio hay en ello?" *(2 de Abril de 2010, Viernes Santo).*

9. EL DESGARRO DEL VELO DEL TEMPLO, ¡LA ESCISIÓN DE LA IGLESIA!

Jesús susurra en Su Corazón

"Madre, Madre" ...

Nuestra Señora ... de Alma a Alma:" Estoy aquí hijo mío, estoy aquí." *... llorando ...*

Veo Roma y Nuestro Santo Padre declarando lo que esto significa. La división de la Iglesia, el desgarro del Velo del Templo ¡cuando Jesús expira! Este es el momento, la declaración de Nuestra Señora como **Mediadora de Toda Gracia, Co-Redentora;** *el desgarro del velo de la Iglesia, ¡La división de la Iglesia! ¡Jesús también ha muerto por ello!*

Veo que los soldados han cogido Su ropa. Están sentados, tirando un dado para jugarse Su Túnica. Jesús los mira desde lo alto y ellos se detienen. Mira hacia el cielo. "Padre, perdónalos porque no saben lo que hacen."[5]

---
[5] Lucas 23,24

Estos son los que se juegan su fe. Jesús ora por ellos, ¡para que se arrepientan y vuelvan!

Solo veo al que gana la Túnica de Jesús. "¿Qué voy a hacer con ella?" dice. "Bueno, guárdala para que te dé buena suerte. Dicen que es el Mesías, ¿no?" dice otro.

Este es el que se arrepentirá y se salvará – el que gana la Túnica.

Esta es la Túnica del Martirio, que está lavada en la Sangre del Señor[6], el Cordero sin tacha, la Sangre del Cordero sobre esta túnica y sobre todos los Discípulos, que se lavarán en la Sangre del Martirio.

El soldado coge la túnica y echa a correr. Hay un hombre allí, ¿Domiscus?... Demetrio... mis ojos están agotados... se la lanza y dice, "sujétala por mí."

"No soy tu sirviente, soy el sirviente del hombre moribundo. Ese es mi Maestro." (Parece que fue su sirviente en algún momento) "Hablaremos sobre esto más tarde" dice el soldado. El sirviente mira la Túnica y se da cuenta... Esta es la Túnica del Maestro, su verdadero Maestro.

Mira hacia arriba a Jesús y dice "Gracias Maestro. Me hiciste un regalo, ¡soy libre! Tu Sangre está en esta Túnica, La protegeré con mi propia vida." Y sale corriendo a esconderla. (2 de Abril de 2010, Viernes Santo).

10. SE ACERCA LA HORA EN QUE INFLIGIRÁN INJUSTAS ACUSACIONES CONTRA MI PEDRO

Han llegado al juzgado. Jesús es arrojado al suelo... mientras Él espera Su encuentro privado con Pilato...

---
[6] Apocalipsis 7,14

Jesús le habla a mi Alma:

"Sepas que la hora se está acercando cuando infligirán injustas acusaciones contra mi Pedro, Mi Pedro que sufre tanto por mi Iglesia, ¡Mi Pedro que soporta Mi pesada Cruz! No cederá y por eso Le infligirán acusaciones ilícitas. Le ordenarán y obligarán a dejar la Silla de Pedro. Estos son los del anti-cristo que apoyarán al anti-papa que ya está entre nosotros...le veréis, no tengáis miedo, no es la hora, pero estos son los espasmos antes de la hora."

Orad Hijos Míos, orad, orad para que Mi Pedro proclame a Mi Santa Madre como vuestra *Mediadora de Toda Gracia*, a la que he concedido Toda Gracia y Todo Poder[7], *Co-Redentora*, que ha sufrido esta Santa Noche Conmigo y continúa sufriendo especialmente en estos días que marcan el cierre de mi Iglesia en la clandestinidad. Ella dirigirá el *Remanente* en estas horas, y continuará intercediendo como vuestra *Defensora* para aquellos que vuelvan y para aquellos que mueran, ¡por los cuales tenéis que presentar muchas oraciones! Orad en la forma en que Ella os ha enseñado..." *(Y Jesús cae).*

Jesús continúa: "Jesús de Nazaret, como Dios-Hombre en vuestra angustia he aceptado esta derrota, y como Dios-Hombre ascenderé ¡para que vosotros ascendáis! Jesús de Nazaret, Yo estoy con vosotros Mi Rebaño, Mis ovejas y Mis corderos. Amén. Amén". *(Jueves Santo, 1 y 2 de Abril de 2010).*

11. ASÍ ES COMO SE LEVANTARÁN FALSAS ACUSACIONES DE IMPUREZA CONTRA LOS SACERDOTES

Jesús lleva Su Cruz y se tambalea... de repente María Magdalena deja a Nuestra Santa Madre y María Cleofas le dice, "¿Qué estás

---

[7] Ver «Tratado de la Verdadera Devoción a la Santísima Virgen María» de San Louis Marie Grignon de Montfort, n.76.

haciendo? No puedes dejarla." María Magdalena contesta *"Cuida de Ella, cuida de Ella, tengo que irme, tengo que irme".* Avanza con gran amor y corre a través de la multitud que la empuja. *"¡Mujer, vuelve!* Dicen los soldados, *"¡te matarán!"* Pero Ella no tiene miedo y corre hacia Jesús. Encuentra una apertura por debajo de los guardias y corre a los Brazos de Jesús. Ella se quita el velo y lo presiona contra el Rostro del Maestro bajo su Cabeza inclinada y lo retira. Ellos rápidamente tiran de ella y le preguntan qué está haciendo. *"Vete de aquí bruja malvada",* se ríen de ella diciendo *"¿No es esta la prostituta que Él salvó?"* ¡Ved cuanto amor tiene por Él! ¿Qué se lleva entre manos con Él si Él dice que es el Hijo de Dios?"

Así es como se levantarán falsas acusaciones de impureza contra los Sacerdotes.

María Magdalena mira Su velo y lo besa. Ve los rasgos de Nuestro Dios en Él y lo coloca cerca de su corazón. Lo esconde y vuelve corriendo a Nuestra Santa Madre. *"¿Qué hiciste? Podrían haberte matado",* dice María Cleofas. *"¿Estás preocupada?"* María Magdalena contesta, *"¿No ves lo que le están haciendo al Maestro? ¿Qué son nuestras vidas?... si morimos, ¡merecemos la muerte!"*

Veremos a los pecadores y a las prostitutas[8] volviéndose a Dios cuando vean la gran iluminación que caerá sobre todos los hombres como una efusión de La Gracia Final de Dios. (Jueves Santo, Viernes Santo,1-2 de Abril de 2010)

12. JESÚS OTORGA A SU MADRE LA PLENITUD DE LA GRACIA COMO CO-REDENTORA UNIDA COMPLETAMENTE A ÉL

Nuestra Señora, ahora, está cerca de la Cruz. Mira hacia arriba, a Jesús, con tanto Amor... Jesús recibe toda Su fuerza de Su Madre. Jesús solo tiene una gran pena en este momento. En ese trance, susurra de

---
[8] Mateo 21,31

Alma a Alma: "Madre, Madre, si yo pudiera liberarte de esto, sabes que lo haría" Ella *Le mira, Su Alma Le habla:* "Hijo, no te preocupes por Mí"… *llorando, ¡cuánto Amor… sacrificio incondicional!* …

A continuación Jesús mira a Su Apóstol, Su Apóstol preferido, Juan: "Hijo, esta es Tu Madre"[9] *Juan le mira y llora.* "Sí Señor – él susurra – Cuidaré de Ella, ¡dame la fuerza para hacerlo!" "He orado por ti también" *dice Jesús, de Alma a Alma.*

Jesús mira a Su Madre con tanto Amor – vacía Su ser entero hasta el punto de vaciarse de Su Madre por nosotros, en este momento. Le dice "Mujer, mira a Tu hijo."[10] *Ella Le mira con lágrimas de júbilo cayendo de Sus Ojos, afecto sin malicia en Su Mente. Ella nos lleva a todos en Su Inmaculado Corazón, la raza humana entera. Sí, Ella es verdaderamente la Mediadora de Toda Gracia. Jesús le otorga la plenitud de la Gracia como Co-Redentora en unión completa con Él. Él le susurra.* "De esta manera el Hijo de Dios es Glorificado, ¡El Hijo del Hombre Glorifica a Dios! Amén."[11]

Habla de su entendimiento oculto "Yo estoy en El Padre y El Padre está en Mí." *Incluso a esta hora, parece como si el Padre Le hubiera abandonado, pero Él recibe fuerza de la Voluntad de Su Padre, ¡el Espíritu de la Primera Persona reside en Él para sobrellevar este momento! Es un Misterio… sufriendo (2 de Abril de 2010, Viernes Santo)..*

13. NUESTRA SEÑORA NOS MUESTRA LA IMPORTANCIA DE LA MEDALLA DE LA MEDIADORA DE TODA GRACIA

Nuestra Señora nos muestra la importancia de la "Medalla" de la Mediadora de Toda Gracia[12]. Nos confía las promesas: Después de que estas "Medallas" hayan recibido la Bendición

---
[9] *Juan 19,26*
[10] *Juan 19,26*
[11] *Juan 13,31-32*
[12] *La Revelación de la Medalla ocurrió el 14 de Octubre de 2016 en Ganxim-Batim, Goa*

del Sacerdote Ordenado obediente al Santo Padre, y que entienda estos tiempos, estas aportarán:

1. La Gracia de estar preservado de todas las tentaciones, tentaciones de impureza que se alzarán dentro de la Iglesia y las calles que ningún hombre podrá resistir, excepto con la Gracia de la Inmaculada Concepción en ellas.

2. Como *María Mediadora de Toda Gracia*, ellas aportarán la Gracia de la protección para el Elegido y la protección de Su Manto, El Manto Azul de la Inmaculada Concepción para dirigirles a los lugares a salvo.

3. Aportarán la Gracia a aquellos que sufran Martirio. ¡Habrá Júbilo en sus rostros y no tendrán miedo!

4. ¡Estos son aquellos que se pondrán en pie para testificar que El Santo Padre aún vive, y que la Iglesia de Dios todavía está viva! ¡Serán condenados a muerte cuando los hombres enloquezcan! Una promesa más de esta medalla: que los fieles tengan valor y verán al Papa verdadero. Si creen en el elegido para esos tiempos y permanecen fieles, Ella les dará todo lo que necesiten.

5. Y la promesa final: Esta "Medalla", como la Madre de Dios, la Inmaculada Concepción de María concebida sin pecado, Mediadora de Toda Gracia, como se ha de entender que representa, Ella dirigirá la iglesia a la era de Paz – el triunfo del Inmaculado Corazón.

Estas son sus cinco promesas. *(Viernes Santo, 2 de Abril de 2010).*

AÑO 2011: EN ESTOS TIEMPOS DE GRAN PERSECUCIÓN

14. TODO EL PODER, TODA GRACIA, TODOS LOS DONES ME HAN SIDO CONFIADOS

Nuestra Señora Habla:

"… Deseo ardientemente que cada hora invoquéis lo que Mi Jesús ha hecho saber a Su sirviente Faustina "Jesús, creo en Ti. Amén". Ahora añadid "María, creo en Ti. Amén"

"Con esta llamada mantendréis la tentación alejada de vuestros pensamientos." … *"Yo soy la Madre de Dios, Nuestra Señora de la Gracia, Mediadora de Toda Gracia.* Todo el poder, Toda Gracia, todos los Dones se me han confiado para disponer según Mi Voluntad, que es la Voluntad de Dios por Su plan en la Tierra en estos tiempos de gran persecución. Yo soy vuestra Madre que os ama entrañablemente. Amén." *(Domingo 15 de Junio de 2011).*

AÑO 2012: MIS HIJOS NO ESTÁN PREPARADOS, ¡PORQUE NO SE HAN CONSAGRADO A MI INMACULADO CORAZÓN!

15. PARA AQUELLOS QUE LLEVARÁN LA MEDALLA

Nuestra Señora habla:

"Mis amados hijos, os estoy agradecida de haber venido, para honrar Mi petición de venir este día de la festividad de la Divina Misericordia. Es de lo más oportuno que la Santa Madre Iglesia celebre esta Sagrada Fiesta de la Misericordia de Dios para vuestro mundo, un mundo que se deteriora y cuyos pecados aumentan; sin embargo, Yo soy la Mujer Vestida del Sol.[13] Yo soy la Madre de Dios, Yo soy la *Inmaculada Concepción* ... Jesús, Mi Divino Hijo el Redentor. Yo soy la *Co-Redentora*, la *Mediadora de Toda Gracia*.

Vengo hoy a traer ante vosotros lo que he confiado a esta pequeña Mía y de Mi Jesús, Cleofas, vuestra amada hermana, lo que se ha de conocer como la Medalla de la *Mediadora de Toda Gracia*. Yo soy Vuestra Señora, Mediadora de Toda Gracia. En esta medalla entenderéis la plenitud de la Verdad, La Iglesia Católica, La Esposa de Cristo.

Regocijaos pequeños míos, porque hoy, antes de que sea proclamada *Mediadora de Toda Gracia*, a aquellos que llevarán esta Medalla después de que haya sido bendecida por un Sacerdote, hijo mío amado elegido, un Sacerdote Católico, recibirá este privilegio antes de tiempo como en Caná[14], el privilegio de la conversión, el privilegio de orar por aquellos en necesidad de conversión y la promesa del anfitrión celestial del ejército de Dios, Miguel el Príncipe para poner a salvo y encomendar vuestras Almas en las últimas horas de agonía, a Dios. Amén.

Os amo queridos, Yo soy la *Madre de Dios*, Yo soy vuestra Madre. Deseo que recéis el Rosario junto con el rosario de

---
[13] *Apocalipsis 12,1*
[14] *Juan 2,4*

la Divina Misericordia cada día por las intenciones de Mi Inmaculado Corazón, para que el Obispo de Roma Su Santidad, vuestro Santo Padre Pedro la Piedra, el Papa de mi Jesús, el Papa Benedicto XVI me proclame *Mediadora de Toda Gracia*. En ese día, las puertas del Cielo se abrirán para liberar la Gracia que aguarda para cumplir la promesa de esta Medalla.

Es suficiente por ahora, amados hijos. Ahora muchos de vosotros tendrán el privilegio de verMe. Yo soy la *Mediadora de Toda Gracia*, vuestra Madre que os ama entrañablemente. Amén. *(15 de Abril de 2012, Domingo Hora de la Misericordia. Visitación de Nuestra Santa Madre, Batim, Goa, India)*

16. AMADOS HIJOS, PRONTO LA COMUNICACIÓN CESARÁ

Nuestra Señora dice:

"Mis amados hijos, os agradezco que hayáis respondido a mi petición de orar a esta hora por las necesidades de vuestro mundo a través del Centro Comunitario St. Joseph en Foymont, a través del Plan de Salvación de Dios: ¡Caridad y Misericordia con Justicia para vuestro mundo!

Vuestro mundo se está deteriorando terriblemente, hijos, ¡y las oraciones necesarias para salvar Almas han cesado! Mi Corazón está triste, porque muchos de Mis hijos están cayendo en la oscuridad, ¡muchos están recorriendo el sendero de la oscuridad eterna!

La oración ha tomado otro camino, un camino egoísta donde todos parecen querer vestirse con necesidades del cuerpo. Hacedles saber a ellos, amados hijos, que cuando reciten la oración que Jesús nos enseñó, el Padre Nuestro, no hay más que se pueda conceder, porque el Padre que les ve a todos ¡les otorgará lo que ellos necesiten cada día, cada minuto, cada hora! ¡No necesitáis más, excepto vivir la Santa Voluntad de Dios!"

…" Amados hijos, es el deseo de vuestra Madre Celestial empezar a dar pequeños pasos orando juntos para cada propósito y recibir un "Sí" o un "No" de Mi Espíritu Divino (¿?), Mi Esposo el Espíritu Santo, el Espíritu Santo de Dios.

Amados hijos, pronto la comunicación cesará, ¡y traerá gran aflicción! Ya he puesto en vuestro conocimiento cómo debéis comunicaros a través de vuestros Ángeles de la Guardia. Habéis conocido este sendero, pero ¡ahora habéis caído! Empezad a practicar a cada momento los unos con los otros y haced conocer este sendero a través de los Ángeles y los Santos para alcanzar a todos vuestros seres queridos.

Yo os ayudaré, Amén. Orad Hijos Míos, orad para que se lleve a cabo Mi "Medalla" como *Mediadora de Toda Gracia* para que Mis hijos la reciban y empiecen a orar por su cumplimiento. Os amo, queridos míos, os agradezco que hayáis respondido a Mi petición. Basta con que obedezcáis, ¡todo estará claro! Yo soy la *Madre de Dios*, Yo soy la *Mediadora de Toda Gracia*, Yo soy la *Inmaculada Concepción*, os amo entrañablemente; Yo soy Vuestra Madre, Amén" *(1 de Agosto de 2012)*

17. DESEO QUE TODOS MIS HIJOS LLEVEN VELAS BENDECIDAS

Nuestra Señora dice:

"Mis queridos hijos, orad, orad mucho para que el Santo Padre Me proclame *Mediadora de Toda Gracia*. Solo entonces podré abrir las puertas del Cielo para dejar caer sobre todos Mis hijos la Gracia que necesitan para soportar estos momentos de tribulación.

Las desgracias de la Tierra aumentarán. La Naturaleza cambiará a una velocidad incluso más alarmante. No temáis, en esta hora Yo deseo que todos Mis hijos lleven velas bendecidas, velas que debéis encender cuando una tormenta de la naturaleza se presente en el lugar en que moráis.

Para todos Mis hijos en la Tierra, esto es para vosotros, no prestéis atención a nada excepto a mantener vuestros ojos en el Santo Padre. Él revelará todas las cosas. Es suficiente por ahora. Volveré el décimo cuarto día del noveno mes del año dos mil doce a la hora de la Divina Misericordia para confiaros lo que Dios desea. Orad Hijos Míos, ¡orad! Amén.

Yo soy La Madre de Dios, Yo soy la *Inmaculada Concepción*, Yo soy María Virgen de Nazaret, Yo soy la *Mediadora de Toda Gracia, Co-Redentora y Defensora* ante el Trono de Dios, ante el Divino Juez, os amo entrañablemente, Yo soy vuestra Madre, Amén." *(12 de Septiembre de 2012)*

18. AQUELLOS QUE HAN ABRAZADO EL PAGANISMO Y LA CULTURA DEL PAGANISMO

Nuestra Señora dice:

"Mis amados hijos, os agradezco haber respondido a Mi petición de venir ante Mí en este día a la hora de la Gran Misericordia conocida como la Divina Misericordia…

Ahora amados hijos, así es como os deseo dar a conocer este día como lo he revelado a esta pequeña Mía; muchos días han pasado, días conocidos como las prescripciones de los quince días[1] (Nota final) de preparación para todos Mis hijos, porque mucho está aconteciendo en forma de persecución, desastres y sufrimientos que serán infligidos por Mi adversario sobre Mis hijos. No hay más que los que he revelado.

Ahora van a ocurrir. Sabed y entended, solo preparaos como os he pedido. Amén"...

..." Amados hijos, en este día habrá mucho más peso sobre vosotros. Ya he colocado una pesada carga a primeras horas de la mañana sobre esta pequeña Mía y de Mi Jesús, Mi amada hija Cleofas. Es por aquellos que han abrazado el paganismo y la cultura del paganismo en este día. Ellos abrazan esta forma, algunos en su ignorancia, algunos que se han vendido a sí mismos para ser los defensores de Satán. ¡orad por ellos, amados hijos! ¡Porque no hacen sino abundar más y más en comportamientos pecaminosos, conocidos como pecados mortales, pecados de impureza, pecado que dirige incluso a la cultura de la muerte! ¡Orad, basta con que oréis!

Este[15] es el día en que vuestros ancestros solían prepararse para la Santidad, entendiendo por ello la Resurrección, orando por aquellos que están sirviendo a la Divina Justicia, sirviendo en el Purgatorio. Hoy ya no se celebra, es solo un cumplimiento pasajero si uno lo desea. Haced saber que es el deseo de Nuestra Madre Celestial que todos Sus hijos deben entender este día como una preparación para los dos días de la Gran Festividad.

La Pascua de Resurrección: orad por aquellos que están sirviendo a la Divina Justicia y que entrarán en la Resurrección por toda la Eternidad en el Paraíso ante Dios para orar por vosotros, si ahora vosotros oráis por ellos.

Y la preparación de todos en conmemoración de aquellos que fueron antes que vosotros, conocidos como Santos, que la Iglesia ha proclamado, que debéis seguir a aquellos que ya han trazado el camino para vosotros. ¡Esto es en rememoración y para entender la meditación de vuestra llamada a la santidad! Amén." ...

---

[15] *31 de Octubre*, vigilia de Todos los Santos y 2 de Noviembre, conmemoración de todos los fieles difuntos.

"Agradezco a vuestros Padres Espirituales, Mi amado hijo elegido que ora por vosotros. Le amo entrañablemente, al Reverendo Padre James Duffy y Mi amado Arzobispo, Mi Hijo elegido, Reverendísimo Obispo Alwyn Barreo quien ora por vosotros y necesita de sus oraciones por él.

Orad por vuestro Santo Padre, ¡se necesitan muchas oraciones en estas horas! Un gran peso pesa sobre sus hombros, una gran decisión pesa sobre su corazón. Es suficiente por ahora. Os amo entrañablemente.

Yo soy la *Madre de Dios*, Yo soy la *Mediadora de Toda Gracia*, orad por esta intención de que Mis hijos reciban la Medalla. Yo soy vuestra Madre Celestial que os ama entrañablemente; solo recordaros que os encomendéis todos a Mi Inmaculado Corazón[16]. Amén" *(31 de Octubre de 2012).*

19. CUANDO ESTE MOMENTO LLEGUE, DEBÉIS RECURRIR A LA ORACIÓN

Nuestra Señora dice:

"Mis amados hijos, con gran regocijo, con gran amor y con gran deseo, deseo agradeceros vuestra fidelidad para ayunar y orar, absteneos y estar aquí presentes ante mí durante tres días consecutivos como os hice saber.

---

[16] *La Misericordia de Dios y la llamada a la vuelta al Puerto de la Verdad*, págs. 70-71.

"Mis amados hijos, cuántas veces os he revelado sobre vuestra ansiedad. Como una buena Madre deseo ayudaros a caminar el sendero de la santidad, pero la primera regla de nuestro paso hacia este sendero de santidad y en esta santidad hacia Dios es encomendarse a Mi Inmaculado Corazón. Allí toda la oscuridad será apartada de vosotros y veréis el sendero más claramente. No os preocupéis, Yo Estoy aquí. Estoy pidiéndoos, por favor Mis amados hijos, encomendaos todos RÁPIDAMENTE a Mi Inmaculado Corazón." 25 de Enero de 2012.

Complace al Padre Eterno ver tal fidelidad, incluso aunque sois criaturas en un estado caído, Mi Gracia en vosotros os ayuda a elevaros cuando os encomendáis a Mi Inmaculado Corazón. De mayor importancia es vuestra Consagración a Mí en las primeras horas de la mañana, empezar vuestro día orando y caminar junto a Mí cada día de esta manera. Dad a conocer a todos Mis hijos este camino.

En este día, Dios Padre está complacido y muy contento con vuestro servicio como esclavos de María por la Eucaristía de Jesús. Que Jesús viviendo en vosotros y a través de vosotros Conmigo se dé a conocer a todos vuestros hermanos que vendrán ante vosotros. Amén.

Amados hijos, esto es de gran importancia y deseo hacéroslo saber: Habrá confusión, lo cual ya se os ha contado, de tres días de oscuridad. No es así. Será mi adversario al que se le ha dado poder, incluso sobre la Naturaleza, para traer la oscuridad sobre la Tierra, una oscuridad que aterrorizará a muchos, oscuridad para la que Mis hijos no están preparados porque no se han consagrado a Mi Inmaculado Corazón – por ello, ¡muchos fueron bautizados en la Fe y se han alejado! ¡Sabed y entended que Yo soy la Reina de la Naturaleza!

Incluso en esto, si me presentáis vuestras oraciones… solo Yo puedo evitar tal desgracia. No hay muchas oraciones por ahora sino una gran confusión. Os lo hago saber ahora antes de que ocurra, que si aquellos a los que se lo he revelado, se preparan para los quince días, obtendrán mucho de ellos. Caerán sobre toda la humanidad porque Dios lo permitirá. Sabed y entended, ¡Esta es la hora para prepararse! Si las oraciones no se presentan para que Yo pueda evitar este momento, marcará el inicio de la preparación del *Gobierno Único Mundial*, ¡El nuevo orden que traerá gran aflicción sobre todos Mis hijos!

Sabed y entended, amados hijos, muchos están confundidos con *el bosque*. ¿No entendéis que cuando el sol no dé luz, no habrá calor y cuando no haya nada, entonces, de dónde vendrá vuestro calor?

Sabed y entended que Mis hijos tendrán que unirse, y aquellos que podáis aportar algo para este momento cuando se abata sobre vosotros, debéis volver a la oración. Orad, amados hijos, ¡orad! La vela será vuestro calor, la Vela Sagrada, que Yo he pedido. Esto es solo la visión de las primeras contracciones de lo que aún está por venir. ¡No tengáis ansiedad, no os preocupéis! Consagraos a Mi Inmaculado Corazón, Yo os arroparé con Mi Manto para traer el calor Maternal que necesitáis.

Amados hijos, aquellos que estáis bajo mucha medicación, debéis buscar recursos ahora mismo para preparos para esos días: quince, como he pedido. Solo hay una visión de cuándo ocurrirá. Amen." …

"Os amo entrañablemente. Yo soy La Madre de Dios, Yo soy vuestra Madre Celestial, La que os arropa con Mi manto inmaculado. Yo soy *La Mediadora de Toda Gracia, Co-Redentora y Defensora*. ¡Os amo entrañablemen-te! Id en la paz de Mi Jesús a través de Mí. Amén" *(18 de Diciembre de 2012).*

Nota final

1. QUINCE DÍAS DE PREPARACIÓN: Mientras oraba Yo (esclava de María Madre de la Eucaristía de JESÚS) pedí a nuestro Señor JESÚS que me ayudara a escribir esta carta de preparación para que no perdáis de vista lo que es importante. Amén.

Es sobre lo que se nos pide a nosotros los fieles – la preparación de la comida, sal, velas, ropa de abrigo, leña, pilas, además de 15 días de suministro – por el castigo que está a punto de caer sobre la humanidad y todas las criaturas de la Tierra y los Mares.

"Empeñaos en poner vuestras mentes en las cosas de arriba, vuestra Alma, en Las Palabras de JESÚS: "Guardaos bien de toda avaricia; que, aunque uno esté en la abundancia, no tiene asegurada la vida con sus riquezas." (Lucas: 12 –5)

Por lo tanto, mantened vuestros corazones y vuestras Almas abiertas para preparar al prójimo como a vosotros mismos, manteniendo en mente que podríamos solo ser la cosecha que otros recogerán. Pedid ayuda a vuestra Madre Celestial María en esta preparación, para guiar vuestro camino, y ninguna codicia entre en vosotros y os traiga la condenación sobre vosotros o vuestros seres queridos. Amén.

Que ninguno de vosotros sea descubierto en avaricia durante esta preparación, para oír al Señor JESÚS decir: "¡Necios! Esta misma noche te reclamarán el alma; y ahora, ¿para quién será los que has provisto?"

Siempre sed ricos hacia Dios, en la caridad del Amor, perdonando como JESUCRISTO incluso hasta la muerte. Qué felíz el Alma que ve este sendero y abraza su cruz hacia la vida perfecta en JESUCRISTO. Amén."

Nota: Este mensaje llegó el 15 de Agosto de 1998. El 31 de Octubre de 2012, Nuestra Señora reveló este mensaje de lo que ahora va a ocurrir y lo que se pidió durante 7 días, ahora se amplía a 15, refiriéndose al suministro de cualquier medicina que alguien pudiera estar tomando, etc. Amén. Ver parte del mensaje del 31 de Octubre de 2012 para entender este mensaje. Amén.

AÑO 2013: AMADOS HIJOS DAD A CONOCER EL ESCAPULARIO Y EXTENDED LA DEVOCIÓN HACIA EL SANTO ROSARIO

20. LAS ALMAS QUE RECHAZAN RECONOCER A DIOS COMO SU CREADOR

Nuestra Señora dice:

"Amados hijos, hoy Yo deseo dar a conocer que el sufrimiento que están padeciendo esta pequeña Mía y de Mi "Jesús", Cleofas, es un ofrecimiento por la reparación contra el no reconocimiento de Dios como Creador desde el principio de los tiempos, porque la Humanidad se ha equivocado, y la negligencia de no agradecer y reconocer al Creador, ha traído la oscuridad a las Almas que rechazan reconocer a Dios como El Creador y han abrazado la manera de pensar de Satán, conocida como la teoría de la "creación"[18]; científicamente un ingenio al servicio del malvado complot del Hombre contra Dios, Amén. *"(26 de Marzo de 2013)*

21. OS MOSTRARÉ LAS HORAS DE PERSECUCIÓN CONOCIDAS COMO EL DESIERTO

"Orad amados hijos, orad para que Yo sea proclamada *Mediadora de Toda Gracia, Co-Redentora* y *Defensora*. Es de esta manera en que Yo os llevaré a las horas de persecución conocidas como el "desierto"[19], el desierto que se ha revelado en el libro del Apocalipsis. Yo soy la Mujer vestida de Sol.[20] A Mí se me ha confiado todo el Poder, toda Gracia para vosotros por la Santísima Trinidad. Mi deseo es haceros conocer al Redentor, Quien vive con vosotros en la Sagrada Eucaristía, Mi Divino Hijo Jesús.

Orad, orad, orad por la conversión de todos los hijos de Dios, porque muchos están extraviados y esto entristece Mi Inmaculado Corazón. Amén.

---

[18] *Una teoría que "rechaza reconocer a Dios como el Creador."*
[19] Apocalipsis 12,14
[20] Apocalipsis 12,1

Os amo entrañablemente. Yo soy la *Madre de Dios*. Yo soy *Nuestra Señora de Fátima*. Yo soy la *Inmaculada Concepción*. Yo soy vuestra Madre Celestial, la *Mediadora de Toda Gracia*. ¡Os amo entrañablemente! Amén *(13 de Mayo de 2013, Batim, Goa, India)*.

22. AMADOS HIJOS, DAD A CONOCER EL ESCAPULARIO Y EXTENDED LA DEVOCIÓN AL SANTO ROSARIO A MUCHOS DE MIS HIJOS

Nuestra Señora Habla:

"Mis amados hijos, cómo complace a mi Inmaculado Corazón ver tal fidelidad. Cómo deseo que muchos de Mis hijos vengan para estar así. Dad a conocer este modo de orar, vuestro amor por Mí, a aquellos que os pregunten cómo orar. Es simple, consagraos todos a Mi Inmaculado Corazón y Yo haré el resto. ¡Solo Yo puedo ayudar!

Amados hijos, dad a conocer el Escapulario y extended la devoción al Santo Rosario a muchos de Mis hijos. ¡Es de la mayor importancia, en estas horas de la batalla que se está librando contra los fieles!

¡Prepárate pequeña Mía, prepárate! Siempre alegre llevando tu Cruz, la Cruz de Jesús, sobre tus hombros.

Deseo grandemente agradecer a vuestro Padre Espiritual, Mi amado Hijo Elegido, el Reverendo Padre James Duffy, que continúa complaciéndoMe mucho y ora por Mi intención incluso en momentos de sufrimiento, encomendándolo todo a Mi Inmaculado Corazón, para que solo Yo sea glorificada y que a través de Mí, Dios sea Glorificado, Honrado y Venerado por toda la Tierra. Amén.

Amados hijos, ahora id en paz, Yo estoy muy cerca. Encomendaos todos a Mi Inmaculado Corazón y haced como he pedido. Os amo entrañablemente, os agradezco haber respondido a Mi Petición de orar a esta hora por las necesidades de vuestro mundo a través del Centro Comunitario San Joseph en Foymont, el Plan de Salvación de Dios que será entendido a su debido tiempo.

Yo soy la *Inmaculada Concepción, Mediadora de Toda Gracia, Co-Redentora y Defensora,* vuestra Madre Celestial que os ama entrañablemente, Amén" *(26 de Septiembre de 2013).*

23. EL MILAGRO DE LA EUCARISTÍA

Mientras Iveta está sufriendo, Jesús habla:

"Mi Iglesia, a vosotros os hablo como Dios Verdadero y Hombre Verdadero presente en medio de vosotros en la Sagrada Eucaristía, el Pan y la Sangre Consagrados a través de las manos de mis Sacerdotes según el rito de Melquisedec[21], del cual Yo soy el Sumo Sacerdote, Jesús, Dios Verdadero y Hombre Verdadero.

A menos que comáis Mi Carne y bebáis Mi Sangre, no tenéis Comunión Conmigo[22]. Ya he hablado de esto. Ahora a través de esta pequeña Mía, revelo lo que ha venido a conocerse como el Milagro de la Eucaristía, Carne y Sangre presentes, Yo que Soy Dios en la Segunda Persona de la Santísima Trinidad, en la Sagrada Eucaristía.

A través de esta pequeña Mía, Cleofas, he revelado Mi Carne y Mi Sangre. Como el cuerpo consiste en carne blanca y carne roja, conocida para el hombre como carne blanca y carne roja, Me he revelado a Mí mismo de esta manera en lo

---

[21] *Salmos 110,4 – Hebreos 5,6 and 7,17*
[22] *Juan 6,53*

que ha venido a conocerse como el *Milagro de la Eucaristía* en el cumplimiento de Mi Palabra en las Sagradas Escrituras.

A menos que comáis Mi Carne y bebáis Mi Sangre, no tendréis Comunión Conmigo.[23] Yo soy Jesús de Nazaret, Dios Verdadero y Hombre Verdadero presente en medio de vosotros deseando venir a morar en vosotros,[24] que tengáis Comunión Conmigo y a través de Mí con Mi Padre, porque Nosotros somos Uno, El Padre en Mí y Yo en el Padre.[25]

He dado a conocer todas las cosas claramente a través de Mi Santa Madre, María, Virgen de Nazaret.

Deseo como dogma último y final, como es ya conocido, que Mi Madre sea proclamada la *Mediadora de Toda Gracia*, porque Le he concedido todas las Gracias para vuestro mundo en estos tiempos de persecución de mi Iglesia, Mi Esposa conocida como la Esposa de Cristo, Yo que soy Aquel que es Redentor y Juez. Mi Santa y Bendita Madre, *Co-Redentora* y *Defensora*, implora ante Mí, por cada uno de vosotros Mis pequeños hijos que habéis caído en los caminos del mundo junto con el padre[26] de este mundo en la eterna oscuridad.

A través del sufrimiento de las Almas Víctimas junto con Mi Sufrimiento como Redentor y la llamada de Mi Santa Madre para servir de esta manera, aquellas Almas son redimidas y traídas de vuelta a Dios por la *Co-Redentora* y *Defensora*, Mi Santa Madre, la *Inmaculada Concepción*.

Yo soy Jesús de Nazaret, Verdadero Dios y Verdadero Hombre, Amén, Amén."

---

[23] *ídem*
[24] *Juan 6,56*
[25] *Juan 10,38 – 14,10 – 14,20*
[26] *Juan 8,44*

Hay silencio y Jesús habla de nuevo:

"Yo Estoy presente ahora en esta pequeña Mía a través de Mi Carne y Mi Sangre, La Sagrada Eucaristía, Quien os habla a todos Mis amados hijos, hijos de Dios, hijos de la Luz[27]. Amén. Amén." *(Iveta acababa de recibir la Sagrada Comunión justo antes de este mensaje) (27 de Septiembre de 2013).*

---
[27] 1 Tesalonicenses 5,5

AÑO 2014: NO BUSQUÉIS FÁCILES COMPROMISOS CON EL MUNDO, ¡VOLVED A DIOS!

24. Y TANTAS ALMAS ESTÁN CAYENDO AL INFIERNO

"Os haré saber... reconfortáis Mi Inmaculado Corazón traspasado por tantas espinas de los hombres desagradecidos que continúan blasfemando contra Dios y arrojan a muchos de los hijos de Dios a la perdición. Sabed y entended, ¡incluso muchos de los fieles están caminando por el sendero de la perdición![28] Han abandonado su amor por Dios y están siguiendo un falso concepto de Dios.

Amados hijos, Yo vengo este día para llamar a todos los fieles a volver a orar. ¡Orad, orad, orad muchos Santos Rosarios! – ¡De gran importancia en estos momentos! Los hombres continúan ofendiendo a Dios y el grito de tantas Almas oprimidas, inocentes, ha llegado a Nuestro Padre Dios. Si no oráis, ¡ya no podré más evitar que la Mano de Dios traiga la ira para aniquilar las Naciones!

Hay confusión y angustia por toda la Tierra. Las criaturas y la creación están gimiendo de dolor como una madre gime y llora cuando está a punto de dar a luz. Sabed y entended, la amenaza de la Tercera Guerra Mundial no está lejos. ¡orad amados hijos, orad, orad para que esto no suceda!

Visión: ... Ahora ella abre Su Túnica con Su Mano Derecha y estira de ella y una parte de la Tierra se abre y muchas Almas están cayendo al Infierno ... ¡Oh! ...(Cleofas) ... llorando ¡Oh! ... es terrorífico ... llorando ..."

Nuestra Señora continúa hablando: "solo la oración puede bastar para devolver Almas a Dios. Estas Almas están perdidas para siempre, ¡pero hay muchas que caerán si no oráis!"

---

[28] 1 Tesalonicenses 5,5

Visión: Nuestra Santa Madre mira hacia el Cielo y habla:

"Debéis orar por las Ánimas Benditas del Purgatorio. Muchos no oran por sus seres queridos. ¡orad, hijos Míos, orad! Ellos necesitan vuestras oraciones para ascender a la Eternidad y al Paraíso con Dios. Están pagando las deudas de la Divina Justicia. Vuestras oraciones son importantes. Ellos bajarán como Almas para ayudaros, como Ángeles..." *(25 de Marzo de 2014).*

25. OS ARRASTRARÁN COMO ME HAN ARRASTRADO A MÍ

Mañana del Viernes Santo: Jesús está sufriendo: ... atado y arrastrado, Le llevan.

"Es de la misma manera en que atarán a Mis Discípulos y los arrastrarán como criminales. Sabed Discípulos Míos, tened valor, Yo he sufrido esto, es necesario para Mi Iglesia. Este sufrimiento vuestro os procurará la Corona en el Paraíso, Conmigo. Amén. Amén."

Jesús habla: a mi Alma... Ah... Ah..." En verdad os digo, esta generación se ha vuelto perversa y ahora os lo digo antes de que ocurra, os impondrán todo tipo de leyes anti-dios, y los hombres se convertirán en cuerpos podridos, la pestilencia del pecado estará por todas las calles, pero sabed, Mi pequeño remanente fiel, que he orado por vosotros en estos momentos de Mi gran Sufrimiento. Tened valor, estaré con todos vosotros. ¡Ellos os arrastrarán igual que me han arrastrado a Mí cuando defendáis la Verdad! ¡Sed valientes y no os inquietéis! Entregaos para que podáis ganar vuestra vida en la Eternidad con la Corona de Gloria con la que Yo os Coronaré. No sucumbáis ante lo que ellos os impondrán. Guardaos contra la anarquía que está por llegar. Lloro por vosotros, por aquellos que caerán, lloro por vosotros e incluso ahora os imploro que tengáis valor y os enmendéis. Yo he sufrido por vosotros también, ¡volved a Mí!

Yo soy Jesús de Nazaret, Dios Verdadero, Hombre Verdadero. Amén. Amén."

"Mis Sacerdotes y Monjas, todos los Religiosos y muchos de los fieles que defienden mi Verdad, así es como se burlarán de vosotros y seréis conducidos como bestias. Tened valor, algunos de vosotros escaparéis de esto, ¡sabed que he sido Yo quien lo ha permitido! orad, orad, orad para que no seáis vencidos por el dolor y el miedo a condenarMe y caer en las manos de Satán. Él hará todo lo posible para conseguir que os condenéis y le sirváis. Yo he Sufrido y orado por vosotros… Os amo…" *(Viernes Santo, 18 de Abril de 2014).*

26. NO BUSQUÉIS FÁCILES COMPROMISOS CON EL MUNDO, ¡VOLVED A DIOS!

Nuestra Señora Habla:

"La Guerra es inminente, solo la oración la puede retener. Orad hijos Míos, orad, orad para que el Santo Padre me proclame como *Mediadora de Toda Gracia, Co-Redentora* y *Defensora*. Solo entonces os podré ayudar, porque Toda Gracia, Todo el Poder me han sido otorgados por Dios Padre, Dios Hijo, y El Espíritu Santo – Mi Esposo, ¡para ayudaros en estos momentos! No busquéis compromisos fáciles con el mundo, ¡volved a Dios! Deseo acariciaros en mi Inmaculado Corazón como una Madre devuelve a Sus hijos la salud. ¡Cuántos de vosotros no estáis bien! Volved a Dios arrepintiéndoos de las ofensas que habéis cometido y reconciliaos a través de la Sagrada Confesión; el Sacramento que Dios dejó para vosotros.

Muchos de los fieles han abandonado la práctica de recibir El Cuerpo y la Sangre de Mi Divino Hijo "Jesús" en la Sagrada Eucaristía. Amados hijos, volved, porque solo entonces podréis resistir contra estas fuerzas. No estáis solos, ¡porque Yo estoy con vosotros en estas horas!

Hace una pausa… y continúa hablando:

"No busquéis compromisos fáciles con el mundo. Sabed que El Gobierno Único Mundial está cerca. No os metáis en deudas porque os sumergirán en la oscuridad. Estad en guardia contra cada iniquidad y cada herejía que se presente.

Os amo entrañablemente. Mi deseo es devolveros a Dios para que seamos felices por la Eternidad como la Familia de Dios.

Yo soy la *Inmaculada Concepción*. Yo soy la *Madre de Dios*. En este día la Iglesia honra la Divina Presencia en Mi Vientre Inmaculado, La Anunciación, la Presencia de Dios hecho Carne, ¡Yo soy el Primer Tabernáculo! Yo soy la *Mediadora de Todas las Gracias, Co-Redentora* y *Defensora*. Os amo entrañablemente, sabed que cuando Me llaméis, Yo estaré ahí a pesar de todo. ¡Nunca os abandonaré! ¡Os amo! Amén…" *(25 de Marzo de 2014).*

27. YO SOY EL REDENTOR Y TÚ ERES LA CO-REDENTORA

Jesús habla con su Santa Madre:

"Madre, cuánto deseo que no padezcas este sufrimiento conmigo".

Ella levanta la Cabeza y dice:

"Que se haga en Mí según Tu Voluntad. Amén."

Jesús revela:

"Yo soy el Redentor y Tú oh Bendita, Mi Madre entre todas las madres, ¡eres la *Co-Redentora!* Esta noche sufrirás Conmigo. En este día Tú sufrirás enormemente Conmigo, pero tu sufrimiento no acabará ahí. El Mío terminará y el Tuyo empezará como *Co-Redentora*, para traer a todos los hijos perdidos que no lograrán ver Mi Amor por ellos. ¿Me ayudarás, Madre? ¡Bendita seas por tanto Amor! Amén. Amén."

La Santa Madre levanta la vista y repite de nuevo: "Que se haga en mí según tu voluntad. Amén". (17 de Abril de 2014)

28. VE Y DILE A MI MADRE QUE LA NECESITO. YO EL REDENTOR LA NECESITO PARA CO-REDIMIR CONMIGO

Jesús habla desde su Alma a la mía:

"Mi Madre, Mi Santa dolorosa Madre como *Co-Redentora*, intercederá por vosotros. InvocadLa, ¡Es Su hora de proteger a Sus hijos! Orad, orad, orad para que Mi Pedro La proclame *Mediadora de Toda Gracia*, porque Yo que Soy Jesús de Nazaret, Dios Verdadero y Hombre Verdadero, Le he concedido toda Gracia y todo el Poder de Mi Padre a Ella por vosotros. Solo Ella os puede ayudar a prepararos para estos momentos. Amén. Amén." …

Jesús mira a Juan y Su Espíritu le habla:

"Ve, dile a Mi Madre que Yo La necesito. Yo El *Redentor* La necesito para Co-Redimir Conmigo. Ve amado Juan de parte mía, Jesús de Nazaret."

Juan: "Sí, Señor Jesús."

Jesús: "Amén. Amén."

Y sale corriendo. Jesús es llevado ante Pilato en esta habitación y Pilato pregunta a 'Jesús', que no protesta ni contesta.

'Jesús' me habla de Alma a Alma:

"Hijos de Dios, vosotros que sois Mis fieles, empezad a llevar las cruces de aquellos que buscan compasión.

Ved cómo Mi Santa Madre Co-Redime por vosotros. Lleva Mi Cruz en silencio por vosotros, por vuestro mundo, hoy. Orad, orad, orad para que sea nombrada *Mediadora de Toda Gracia, Co-Redentora*, por vuestro Santo Padre, Mi Pedro, en este día proclamado por Mí, Papa Francisco I. Amén. Amén."

Jesús me mira – de Alma a Alma. Se pone a hablar:

"Hija, hija, bendita Mía Cleofas: Da a conocer a tu Santa Madre en todos los rincones de la Tierra. Dala a conocer, porque a través de Ella, ellos conocerán Mi Amor y Mi Compasión. Dala a conocer como La que Co-Redime Conmigo, sufriendo ahora y en lo sucesivo incluso después de que Yo haya expirado por la Salvación de Mis hijos, Sus hijos" …

Él mira a Su Madre otra vez. De Alma a Alma:

"Yo El Redentor, Tú eres la *Co-Redentora, Madre de Salvación*. A ti suplico que redimas las Almas que todavía no conocen Mi Misericordia."

La Santa Madre no dice una palabra, solo asiente con la Cabeza.

"Amén, Amén." *contesta Jesús.*

Agonizando, levanta la Cabeza y mira a Juan el Discípulo: "¡Hijo, mira a Tu Madre, Madre mira a Tu Hijo![29] Desde este momento Tú eres la Madre de todos Los Redimidos como *Mediadora de Toda Gracia*. Todo el Poder y Toda Gracia, Te los otorgo. ¡Tú eres la *Defensora* de los hijos que aún están por redimir, que vendrán a ti! ¡Solo Tú puedes traerles ante Mí!

---

[29] *Juan 19, 25-27*

Te confío esta Misión a Ti, Mi Santa Madre. ¡A Ti, Mi Bendita Madre Te la confío!

La Madre no tiene nada que decir. Solo Le sonríe.

Y Su Alma Le dice: "Que así sea en Mí, Tú, nacido esclavo de acuerdo con Tu voluntad. Amén. Amén. Amén" *(Viernes Santo, 18 de Abril de 2014).*

29. LE HE OTORGADO ESTAS GRACIAS PARA VUESTRO MUNDO EN TIEMPOS DE PERSECUCIÓN

Jesús me mira ahora, y de Alma a Alma me habla:

"Hija, amada Mía, Cleofas, da a conocer Mi deseo para la salvación de las Almas, de que Mi Madre, Mi Santa Madre sea proclamada *Mediadora de Toda Gracia, Co-Redentora* y *Defensora*. Yo Le he otorgado estas Gracias para vuestro mundo en los tiempos de Persecución que se ciernen sobre vosotros. Los verás ir en aumento.

Sepas que el plan del cual Yo había confiado los secretos en los años pasados, está por cumplirse. No es necesario que lo conozcas, limítate a orar, ¡todo está en su debido sitio!

Solo el día en que Mi Pedro proclame a Mi Bendita Madre como *Mediadora de Toda Gracia, La Madre de toda la Humanidad, Co-Redentora* y *Defensora* ante Mí que soy el Divino Juez, marcará… los que estén en la ciudad como Judea deben huir a las montañas.[30] Mi Iglesia debe pasar a la clandestinidad. Mi Madre y Yo estaremos con vosotros a través de Ella. Amén. Amén." *(Viernes Santo, 18 de Abril de 2014)*

---

[30] *Mateo 24,16 – Lucas 21,21*

30. ES POR ESTA RAZÓN QUE DESEO QUE LOS MENSAJES SALGAN A LA LUZ

Nuestra Señora habla:

"Mis amados hijos, ¡oh qué gran alegría Me habéis dado en este día al ver vuestro amor y vuestra fidelidad! A pesar de vuestra debilidad, todavía deseáis seguir la Divina Voluntad de Dios. Hay un gran júbilo en el Cielo y lo habrá en la Tierra si continuáis así. Tendréis vuestros frutos; ¡por ahora haced solo lo que os he pedido!

Especialmente, ¡de gran importancia son los Mensajes! De todo lo que habéis pedido, veréis los frutos cuando los Mensajes empiecen a revelarse y sean conocidos por Mis hijos que esperan Mi Palabra. Hay mucha confusión, hay mucha oscuridad, y muchos están siguiendo falsos dioses, ¡sí, incluso los fieles se han extraviado! Es por esta razón que deseo que los Mensajes salgan a la luz. Os amo entrañablemente."

"Continuad de esta manera. ¡Rezad, rezad muchos Rosarios! Orad juntos, formad cenáculos que glorifiquen a Dios y las oraciones ascenderán a Dios. No busquéis falsos compromisos, ¡decid solo la verdad!

Yo soy La Madre de Dios. Yo soy vuestra Madre Celestial, Que os ama entrañablemente, la *Inmaculada Concepción*, la *Mediadora de Toda Gracia, Co-Redentora* y *Defensora* en el Cielo.

Espero el día en que lo sea proclamada por vuestro Santo Padre el Papa Francisco I, Su Santidad, para que Yo pueda dejar caer una lluvia de Gracias que son necesarias para vuestro mundo. Id en la Paz del Señor.

Os amo entrañablemente; solo recordad encomendaros todos a Mi Inmaculado Corazón. Amén." *(25 de Junio de 2014)*

31. ESTÁIS AHORA MISMO EN EL UMBRAL DE LA GRAN APOSTASÍA

Nuestra Señora Habla:

"Mis amados hijos, he bajado del Cielo... Deseo de todo corazón dar a conocer la voluntad de Dios Nuestro Padre.

Amados hijos, deseo de todo corazón agradecer a Mis amados hijos elegidos, su presencia aquí para recibir Mis Gracias. Es a través de vosotros que Mis Gracias fluirán de Mi Manto, el Manto de la Gracia que Yo os anuncio y os revelo hoy, el Manto de la Gracia, el Escapulario bajo la advocación de *Mediadora de Toda Gracia* que soy.

Queridos hijos, también deseo agradecer a mis amadas hijas, presentes aquí, elegidas para dirigir a todos los hijos de Dios a la Santidad con Dios, a las virtudes del conocimiento que Dios os confiará.

Sabed y entended ahora que Yo deseo dar a conocer el deseo de Dios y el Plan de Salvación de Dios. Ahora estáis en el umbral de la gran apostasía. Deseo que os encomendéis todos a Mí.

Bienvenidos a la morada de Mi Inmaculado Corazón, aquí os rescataré de la cruel esclavitud del diablo que se ha extendido, porque no fui proclamada como lo pedí, ya que Rusia no fue consagrada a Mi Inmaculado Corazón. Al final será así, y Mi Inmaculado Corazón triunfará en los días de persecución.

Sabed y entended que estaré con vosotros solo si os consagráis a Mi Inmaculado Corazón.

Dios desea traer Su Plan de Salvación al mundo a través de Mí. Yo soy La *Mediadora de Toda Gracia*, *Co-Redentora* y *Defensora*, vuestra Defensora suplicante ante el Divino Juez, Mi Divino

Hijo "Jesús" presente con vosotros en la Sagrada Eucaristía, padeciendo tanto sufrimiento a causa de la profanación y las misas negras que proliferan por todas partes.

¡Sabed de estos tiempos y entended! Una gran discordia descenderá sobre Pedro, la Piedra. ¡Las gentes se dividirán y Le acusarán de todo tipo de iniquidad injustamente! Orad, orad, Mis amados hijos, orad por vuestro Santo Padre, el sucesor de Pedro, La Piedra sobre la cual Jesús, Mi Divino Hijo prometió construir Su Iglesia y las puertas del infierno no prevalecerán.[31] Ya se acerca la hora, ¡debéis entender la situación!

Deseo de todo corazón dar a conocer a todos Mis Hijos elegidos[32] presentes aquí, que estén en solidaridad con el Santo Padre, con vuestros Obispos y en comunión unos con otros. Es a través de vosotros que el plan de Dios se dará a conocer.

Deseo de todo corazón agradecer a Mi amado hijo elegido, el Obispo de esta Diócesis, que ahora Me honra y me ha dado a conocer en la tierra de Fátima; se lo agradezco inmensamente.

Deseo hacer saber como he hecho saber en los días pasados, que Batim, esta Sagrada Montaña Ganxim, permanece *a la sombra de Fátima*. Es el precursor del futuro. Ahora puede que entendáis: es la continuación de Fátima después de la persecución, en la Era de la Paz. Yo que soy la Madre de Dios os guiaré en estos momentos. Amén" ... *(13 de Octubre de 2014).*

---
[31] *Mateo 16,18*
[32] *Los sacerdotes*

AÑO 2015: ES EL DESEO DE MI SAGRADO CORAZÓN ALIVIARTE. PROCLAMA A MI MADRE MEDIADORA DE TODA GRACIA, CO-REDENTORA Y DEFENSORA

32. EN SU BÚSQUEDA PARA JUGAR A SER DIOS, HAN ABRAZADO EL SATANISMO

Jesús habla:

"Pedro Mío, ten valor, ¡Yo Estoy contigo, Yo Estoy en ti! En los momentos en que te sientas vacío, acude a la Santa Madre, Ella te consolará. Esta es la hora de persecución de Mi Iglesia, Mi Esposa. ¡Cómo desearía que no fuera así! La iniquidad de la humanidad ha alcanzado el clímax y las oraciones no pueden traer el orden. Es inminente que este sufrimiento recaiga sobre los buenos y los malos, ¡toda la humanidad!

Es el deseo de Mi Sagrado Corazón que prepares Mi Iglesia, Mis corderos, Mis ovejas, cuyo pastor eres, para que entiendan estos momentos, para que permanezcan fieles.

No es hora todavía de que abandones la Silla de Pedro; sin embargo, la hora está llegando. No temas; es El Maestro, Jesús de Nazaret, El que te ha dado las dos Llaves como sucesor del Primer Pedro.

Es el deseo de Mi Sagrado Corazón, que saques adelante el último dogma para coronar el Inmaculado Corazón de Mi Madre, Mi Santa Madre, para que sea proclamada *Mediadora de Toda Gracia, Co-Redentora* y *Defensora*, porque Ella lo es en el Cielo.

Yo, la Segunda Persona de la Santísima Trinidad en unión con la Primera Persona, Mi Padre y el Espíritu Santo *(La Tercera Persona)*, ya La he coronado en el Cielo.

Es Su hora de poder para proteger a Sus hijos, *el Remanente*, aunque serán dispersados como ovejas[33]; aún así estaré con ellos en lo que se ha dado a conocer como la *Iglesia Clandestina*.

---

[33] *Mateo 26,31*

Esta persecución no es como las otras que la han precedido y no acabará igual, ¡porque tal es la anarquía y debilidad de la humanidad! En su búsqueda para jugar a ser Dios, ¡han abrazado el Satanismo!

Pedro, Mi Pedro, Mi Papa que lleva la Cruz de Mi Iglesia, en unión con Mi Pedro que es conocido como El Papa Emérito Benedicto XVI, tú que eres el Papa Francisco I, Yo estoy contigo, Yo soy Jesús de Nazaret, el Maestro en la unión con Mi Padre y Mi Espíritu. Mi Iglesia no quedará huérfana y las puertas del infierno no prevalecerán contra ella[34], porque yo viviré con ella en unión con el Espíritu de Mi Padre y Mi Espíritu Santo, La Tercera Persona de La Santísima Trinidad que vivirá con ella siempre, y para siempre. Amén." *(Primer Viernes de Cuaresma, 27 de Febrero de 2015).*

33. ORAD, REZAD MUCHOS ROSARIOS POR VUESTRO SANTO PADRE

Nuestra Señora habla:

"Vengo en este momento ante vosotros con gran júbilo para agradeceros y agradecer a todos Mis hijos que han continuado orando las *"Tres Mil Avemarías"*, esta devoción que traerá su fruto para que Yo sea proclamada *Mediadora de Toda Gracia, Co-Redentora y Defensora* por vuestro Santo Padre, hoy el Papa Francisco I. ¡Su Santidad también necesita muchas oraciones!

… hace una pausa… Su Corazón parece que está en silencio: "¡Oh! ¡Qué sufrimiento, oh! ¡Qué sufrimiento, Mi Amado Hijo Elegido, Su Santidad, Vuestro Santo Padre el Papa Francisco está padeciendo! ¡Oh! ¡Cómo lo cargan de acusaciones injustas! Orad, Mis amados hijos, orad, orad muchos Rosarios por Él; de esta manera Su fuerza se mantendrá. Amén." *(25 de Marzo de 2015).*

---

[34] *Mateo 16,18*

34. PREPARA A MIS OVEJAS, MIS CORDEROS, PARA ESTA TERRIBLE PERSECUCIÓN

Jesús Habla: "Pequeña Mía, Cleofas, haz saber lo que Estoy a punto de decirte.

Haz saber a Mis Pastores, haz saber a tu Santo Padre Mi Pedro conocido como tu Papa Francisco I, haz saber a Mi Pedro, conocido para vosotros como el *Papa Emérito* Benedicto XVI, Mi *Pedro orante* para vuestro mundo, para estos momentos cuando empiece. Yo soy Jesús de Nazaret, este día entenderéis desde ese primer momento tal como os lo revelo, Yo que Soy el Sumo Sacerdote, vosotros que sois Mis Discípulos que seguís Mis pisadas: ¡Venid, seguidMe!

Vosotros que sois los pescadores de hombres[35], debéis entender estos momentos ahora, ¡las señales de vuestros tiempos! Debéis entender para preparar a Mis ovejas, Mis corderos[36], para esta terrible persecución que está empezando y que ¡caerá sobre todas las naciones! Nadie escapará a esto porque tal es el pecado del hombre y el grito del inocente que ha subido hasta Mi Padre y a Mí, el Juez Divino.

¡Preparad, preparad, preparad vuestras ovejas, vuestros corderos para estos momentos! ¡No tengáis miedo! Vuestras Iglesias no permanecerán más en pie. Os las quitarán…

No tengáis miedo de no complacer al hombre, porque sí, Yo os advierto y os lo comunico antes de que ocurra: muchos huirán, aquellos que son y hablan de sí mismos como fieles; y os hago saber que las prostitutas y los recaudadores de impuestos[37], ¡cuando oigan estas palabras volverán!

---

[35] *Mateo 4,19*
[36] *Juan 21, 15-19*
[37] *Mateo 21,31*

Salvad a Mis hijos, aquellos que os he confiado allí donde estéis Mis Pastores. ¡No temáis! Estaré con vosotros hasta el final[38] y Mi Santa Madre Que Co-Redime Conmigo estará con vosotros como Ella está Conmigo hasta el fin. Os amo Mis Pastores, os sostendré a cada uno de vosotros.

Jesús de Nazaret, el Sumo Sacerdote[39] con el que celebraréis vuestra Comunión, Yo el Esposo, ¡Vosotras Mis Esposas! Amén. Amén. *(Jueves Santo, Viernes Santo, 2 y 3 de Abril de 2015).*

35. OS ARRASTRARÁN, COMO YO SOY ARRASTRADO AHORA

Jesús habla: "Mis Sacerdotes, Yo he sufrido enormemente esta noche por vosotros. Mis Apóstoles, ¡qué pesada es la Cruz que pesa sobre vosotros! No transijáis, sabed que Yo he sufrido esta noche por vosotros.

Os arrastrarán, como Yo he sido arrastrado ahora, a través de las calles. Os arrastrarán y se burlarán de vuestro sacerdocio. Tal es el sufrimiento y la Sangre que purificará Mi Iglesia de los terribles pecados de barbaridades, sacrilegios y profanaciones. Tened valor, ¡estoy con vosotros! Yo, El Sumo Sacerdote he sufrido por vosotros y por Mis ovejas y mis corderos[40]. Vosotros Mis Sacerdotes debéis hacer lo mismo. Algunos de vosotros escaparéis esta noche como *Mi Remanente*. Orad, orad, orad siempre. Amén. Amén." *(2 y 3 de Abril de 2015)*

---

[38] *Mateo 28,30*
[39] *Hebreos 4,14*
[40] *Juan 21, 15-19*

36. ELLA OS AYUDARÁ EN LAS HORAS DE PERSECUCIÓN

Jesús habla:

"Hija, anuncia esto: Estáis sumamente afligidos, estáis muy perplejos, ¿no hay nadie que os ayude? ¿no hay nadie para orar excepto Mi amado, que está asfixiado con tantas preocupaciones? Necesitáis muchas oraciones.

Esto es lo que Yo deseo anunciaros: Mi Pedro, Mi amado Pedro que ha tomado el nombre de Papa Francisco I y justamente lo es, porque ese es Mi deseo para Mi Iglesia. Yo soy Jesús de Nazaret, el Sumo Sacerdote deseando anunciarte: tu viaje al Calvario ha comenzado, Mi Espíritu está contigo.

Es a ti a quien He confiado las dos Llaves de Mi Iglesia. Es Mi Santa Madre la que te ayudará y Mis ovejas y Mis corderos. Es el deseo de Mi Sagrado Corazón que La proclames *Mediadora de Toda Gracia, Co-Redentora* y *Defensora* para estos tiempos. Es a través de Ella que muchas Almas perdidas volverán al rebaño; cuyo Pastor eres.[41] Ella te ayudará en los momentos en que serás perseguido. No caerá pena sobre ti más grande que Mi Gracia dentro de ti, Mi Pedro a quien Amo."

"Mis Sacerdotes, Mis Pastores, Mis Apóstoles, es a vosotros a quienes encargo, a vuestras Almas, acoger la Divina Misericordia, la Mía, Divina, Yo que soy todo Misericordia; reveladlo a Mis hijos sin medias tintas para que vuelvan y se arrepientan por sus pecados. Incluso ahora el corazón insensibilizado puede volver solo si vosotros se lo hacéis saber. Estoy con Vosotros. Amén. Amén." *(Jueves Santo, Viernes Santo, 2-3 de Abril de 2015)*

---

[41] *Juan 21, 15-17*

37. MADRE ¿LLEVARÁS MI IGLESIA COMO CO-REDENTORA?

Jesús abre Sus Ojos, mira a los ladrones, y mira hacia abajo. Otros se están dividiendo su ropa, echándola a suertes. No se preocupan por nada ni por nadie. Tiran los dados por Su manto. Jesús les mira y dice: "Padre, perdónalos porque no saben lo que hacen"[42] *y agacha la cabeza.*

Él mira a Su Madre: "Madre, Madre" *–de Alma a Alma, Redentor a Co-Redentora:* "Mujer, ahí tienes a Tu Hijo." *Él mira a Su Apóstol favorito, Juan.* "Hijo – *de Alma a Alma:* Ahí tienes a tu Madre.[43]"

De Alma a Alma Jesús habla con Su Madre: "¡Mi Iglesia, Mi Esposa, Mi Pedro sufre inmensamente por Mí! ¡Mi Pedro visible, Mi Pedro invisible! Madre ¿llevarás Mi Iglesia como Co-Redentora? *"la Santa Madre no duda:* "Que se haga en Mí según Tu Voluntad[44]. Sí, Mi Divino Hijo". *Y asiente con la cabeza.*

Jesús habla con mi alma: (Visión: Yo estoy bajo el Manto de Nuestra Señora)"

"Hija, pequeña Mía, Cleofas, te agradezco por darte de esta manera para sufrir por Mi Esposa, la Iglesia, la Iglesia Católica y Mi Pedro, el Papa Francisco I.

Anuncia esto a Mi Pedro, Mi Pedro que lleva Mi Cruz en estas horas, y camina hacia el Calvario Conmigo: 'Es el deseo de Mi Sagrado Corazón traerte alivio, debes proclamar a Mi Madre como Mediadora de Toda Gracia, Co-Redentora y Defensora'. La Santísima Trinidad Se lo ha otorgado. Verás rápido alivio sobre los fieles por los que tanto te preocupas, Mi Pedro. Te amo. Jesús de Nazaret, el Sumo Sacerdote. Amén. Amén". *(Jueves y Viernes Santo, 2-3 de Abril de 2015).*

---

[42] *Lucas 23,34*
[43] *Juan 19,25-27*
[44] *Lucas 1,38*

38. CAMINAD EN PAZ

San Miguel habla:

"Amados hijos de Dios, con sumo gusto de Dios vengo ante vosotros para alabaros por vuestro diligente y ferviente esfuerzo para preparar todo lo que se os pide con la Gracia y los Dones que Nuestra Santa Madre continúa concediéndoos; Gracias y Dones cuando los busquéis en Ella, cuando se los pidáis y cuando La llaméis para terminar lo que no habéis concluido.

Es Su deseo una vez más hablar con vosotros, aún así Yo debo anunciaros que os preparéis también para vuestra Misión en la Tierra de vuestros Ancestros, pidiendo en cada momento al Divino Espíritu de Nuestro Dios que os ilumine e invocando Mi presencia, que nada que no pertenezca a Dios entrará a infiltrarse en la Misión de Dios. Yo estaré con vosotros constantemente y cuando el peligro esté acechando a vuestro alrededor, cuando lo sintáis, el Espíritu de Dios os iluminará en todo instante. Debéis invocar Mi Presencia recitando Mi oración, la oración para invocarme. Amén.

Yo soy San Miguel, El Arcángel que permanece ante Dios, a la derecha de Dios, siempre en Su Presencia, ahora ante vosotros al mando y como Sirviente de la *Mediadora de Toda Gracia*, la *Madre de Nuestro Dios*, la *Co-Redentora* de todos los hombres necesitados de Su intervención y Defensa ante el Trono de Dios, ¡El Juez Divino a favor de que Dios vea a través de Ella una madre amante intercediendo por todos Sus hijos que invocan Su presencia bajo esta advocación! También es con placer y júbilo de Su Alma que os anuncio Su alegría a vosotros, por todas las oraciones que están haciéndose por esta intención. Amén."

*

Nuestra Señora habla:

"Mis amados hijos, os doy las gracias por responder a Mi petición de orar por las necesidades de vuestro mundo que necesita desesperadamente oraciones, necesita desesperadamente armonía y ¡desesperadamente necesita paz! ¡Solo yo puedo ayudaros! Haced como os he pedido y caminad en armonía.

Es la armonía lo que Mi adversario odia, y en armonía podéis hacer todas las cosas como Yo haría "..." Os amo entrañablemente. Yo soy la Madre de Dios. Yo soy vuestra Madre Celestial, siempre a vuestro lado, la *Mediadora de Toda Gracia, Co-Redentora* y *Defensora*, esperando el momento en que lo sea proclamada en la Tierra, para poder repartir Mi Gracia sobre los hijos de Dios que están necesitados de ella, en este caos que está surgiendo por todos los rincones del mundo, ¡irá a más, y con más frecuen-cia! El hombre se levantará contra el hombre y las naciones contra las naciones. Habrá mucho derramamiento de sangre..." *(13 de Mayo de 2015).*

39. EL MUNDO VIVE MUY OCUPADO, DESOBEDECIENDO LA ORDEN DE DIOS

San Miguel habla:

Mis amados hijos, con el saludo de la *Reina del Cielo*, la *Madre de Dios*, Nuestra Reina, Nuestra Madre; Yo soy San Miguel aquí ante vosotros a Sus órdenes, Su sirviente. Vengo en este día a traeros el mensaje que Ella desea que se os anuncie:

"Amados hijos ¡estáis sumamente perplejos, muy cansados y muy ansiosos! No entendéis todavía que tenéis que encomendaros todos rápidamente a Mi Inmaculado Corazón cuando se os presenta; ¡es por esta razón que os lo estáis planteando! Muchos son los actos para los que os daría Mi consentimiento, pero la dirección sería diferente de vuestra manera de pensar.

Amados hijos, sabed y entended que habéis de mantener Sagrado el Domingo, excepto por una situación de enfermedad, en que necesitéis asistir a un hermano o hermana y por situaciones que sean de aquellos hermanos, cercanos a entrar en la Resurrección, conocida por vosotros como el lecho de muerte. Todo lo demás se debe dejar para el día siguiente. ¡Descansad los Domingos! Enseñad a los demás de esta forma, porque ¿cómo, si no, lo sabrán? El mundo vive muy ocupado, en desobediencia a la orden de Dios de descansar, porque Dios descansó, ¡así que vosotros también debéis hacerlo! Amén." *(17 de Junio de 2015).*

40. CADA VEZ QUE SE RECITA EL ROSARIO, YO PUEDO ATAR LOS ESPÍRITUS

San Miguel habla:

"Amados hijos de Dios, cómo complace a Nuestra Inmaculada Madre que el mundo La honre bajo la advocación *Nuestra Señora del Santo Rosario*[45].

El Rosario es esta cadena que estoy sujetando. Con esto, cada vez que se recita el Rosario, Yo puedo atar los espíritus que son defensores de Satán y lanzarlos a un pozo sin fondo. Está en vuestro poder invocar a Nuestra Santa Madre, la *Madre de Nuestro Dios* y a Mí, Su sirviente, para encadenar estas fuerzas de la oscuridad que a menudo vosotros mismos invitáis no encomendándoos a Su Inmaculado Corazón.

Vengo ante vosotros este día por Su petición de establecer una Palabra de Amor de Nuestra Madre Celestial en vosotros, Sus pequeños hijos, hijos de Dios. Yo soy San Miguel que está en presencia de Dios aquí ante vosotros a la orden de la Madre de Dios. Amén." *(7 de Octubre de 2015)*

---

[45] *Festividad de Nuestra Señora del Santo Rosario, 7 de Octubre.*

41. ESTÁIS EN LAS ÚLTIMAS HORAS DE LAS CONTRACCIONES DE PARTO DE LA PERSECUCIÓN PREVIA A LA GRAN APOSTASÍA

Nuestra Señora habla:

"Hija, anuncia lo siguiente: Mis amados hijos, he bajado del Cielo una vez más y os agradezco haber respondido a Mi petición de presentaros aquí ante Mí en la Consagración a Mi Inmaculado Corazón. ¡No os abandonaré! Os aseguro Mi Amor Maternal. Vengo hoy ante vosotros para anunciaros el Amor Maternal; que deseo devolver a todos Mis hijos a Dios. ¡Debéis ayudarme! Vengo ante vosotros hoy para aseguraros que si me invocáis y os consagráis cada mañana a Mi Inmaculado Corazón y enseñáis a vuestros hermanos de esta manera, ¡Yo no os abandonaré! ¡Os guiaré a través de estos momentos de persecución que se presentarán con rapidez!

Amados hijos, estáis en las últimas horas de las contracciones del duro parto de la persecución antes de la gran apostasía. ¡No estéis afligidos, no estéis ansiosos, no tengáis miedo! ¡Estaré con vosotros hasta el final!

Os agradezco, Mis amados hijos elegidos, haber venido hoy aquí ante Mí. Es a través de vosotros que Mis amados hijos llegarán a conocer la Misericordia de Dios, a la cual será consagrado especialmente este año por Su Santidad, vuestro Santo Padre, Mi amado Hijo Elegido el Papa Francisco I, en unión con el Papa Emérito Benedicto XVI, el Papa en la sombra que reza por este vuestro mundo. Sin Sus oraciones no podríais soportar el sufrimiento.

Amados hijos, vengo ante vosotros para pediros especialmente en estos tiempos, Mis hijos elegidos[46], que permanezcáis solidarios

---
[46] *Los Sacerdotes*

con vuestros Obispos en todas la Diócesis en las que Dios os ha colocado, y vosotros Mis amados hijos, seáis obedientes a vuestros Pastores. Prestad atención a lo que dicen, volved a los Sacramentos, especialmente la Reconciliación con Dios, de suma importancia, y recibid la Sagrada Eucaristía. Pasad largos momentos con Mi Divino Hijo Que os espera.

Amados hijos, Yo os pido especialmente a Mis hijos elegidos y a todos los Religiosos, que permanezcáis en solidaridad con el Santo Padre. Él os guiará a través de estos momentos."

Visión: ¡Oh! ¡Ella está abriendo el INFIERNO! ¡Ah! ¡Oh … tantas Almas que están pereciendo… ¡Ah!

"Amados hijos, deseo que recéis por los pecadores, tantos están cayendo en un pozo sin fondo y Yo no puedo salvarlos. AyudadMe amados hijos, os prometo Mi fidelidad para aseguraros la felicidad eterna con Dios.

Mi único deseo es devolveros a Mi Amado y Divino Hijo, a quien Yo como *Mediadora de Toda Gracia, Co-Redentora* y *Defensora* en el Cielo, suplico por vosotros y por vuestro mundo. Pronto tendrá lugar tal proclamación en la Tierra y entonces veréis el poder de Dios descendiendo sobre aquellos que Me son fieles. *(13 de Octubre 2015).*

AÑO 2016: COMPLACE A MI INMACULADO CORAZÓN VER LA DEVOCIÓN DEL PRIMER SÁBADO QUE ANUNCIÉ EN FÁTIMA

42. ¡EL CURSO DE LAS COSAS SE PUEDE CAMBIAR A TRAVÉS DEL PODER DEL SANTO ROSARIO!

Nuestra Señora habla:

"He esperado este momento. Cómo desearía que todos Mis hijos fueran así de fieles, ¡pero no es así!

Deseo grandemente revelar la angustia de Mi Corazón, Mi Corazón Maternal está preocupado, preocupado por tantos hijos Míos que no atienden Mi petición y están caminando por el sendero de la perdición.[47] No es demasiado tarde, amados hijos Míos. Volved de ese sendero y volved a Dios a través de Mí Consagrándoos a Mi Inmaculado Corazón. ¡Estáis en peligro! No hay más tiempo para tales absurdos y sinsentidos en los que os estáis embarcando como si tuvierais toda la eternidad en la Tierra. No estáis lejos de ver una pesada carga sobre los hombros de vuestro Santo Padre, ¡porque la gran apostasía está aquí mismo! ¡El sacrilegio desolador[48] vendrá muy muy pronto!

Orad amados hijos, orad, muchos de vosotros estáis descuidando la oración. Orad el Santo Rosario, ¡sabéis que es poder! Puedo ayudaros a través de él con tal que me recitéis fielmente el Santo Rosario.

Amados hijos, estáis en el umbral de la Tercera Guerra Mundial, aún así puedo ayudaros si oráis el Santo Rosario. ¡Incluso esta dirección se puede cambiar a través del poder del Santo Rosario! No es el camino de Dios, la elección es vuestra, ¡debéis elegir a Dios ahora! ¡Cómo lloro por vosotros y cómo ansío abrazaros, incluso en vuestra desdicha, incluso cuando renegáis de Mí! Ansío amaros con mi Amor Maternal y tierno. Nunca conoceréis este Amor en ningún otro sitio, solo Yo puedo daros esto, porque Dios Me ha dado todo el Poder, toda

---

[47] *Mateo 7,13*
[48] *Marcos 13,14*

Gracia y todos los Dones para otorgároslos a vosotros. No hay paz en vuestros corazones, no hay paz en vuestras familias, no hay paz en el mundo porque no hay oraciones y no hay Adoración y Reverencia por Jesús en el Santísimo Sacramento.

Vuestras Iglesias están vacías. Jesús está solo esperándoos, para contestaros a vosotros y a vuestras peticiones. ¡Cuánto ansía derramar Su Amor sobre vosotros!, aún así buscáis otros caminos donde no Le encontraréis.

Orad amados hijos, orad mucho por vuestro Santo Padre. ¡Oh! ¡Cuánto peso sobre Él! ¡Ojalá supierais cuánto amor Él tiene por vosotros! Su amor es tal, como el Divino Salvador presto para dar Su vida por vosotros, cada uno de vosotros que formáis la Iglesia, La Esposa de Cristo, La Santa Madre, la Iglesia Católica.

Hoy os invito a ambos, Católicos y no-Católicos, a venir y a beber de la Fuente de la Misericordia de Dios; es para todos los hijos de Dios. Acogedla y veréis los frutos. Amén." *(1 de Enero de 2016).*

*

Nuestra Señora habla:

"Complace a Mi Inmaculado Corazón ver la devoción del Primer Sábado que anuncié en Fátima, la devoción que Mi Divino Hijo Jesús anunció por Mí, para Mí y en Mí, donde encontraréis a vuestro Salvador. Yo Le llevaré a vosotros perfectamente y traeré a muchos hijos a su conocimiento. Esta devoción es de gran importancia en estos tiempos para vosotros mismos y para vuestras familias y el mundo. Amén.

Os Amo entrañablemente, Yo soy la Madre de Dios. Hoy la Santa Madre, La Iglesia Católica Me honra y venera como *La Madre de Dios,* Yo que lo soy, la *Inmaculada Concepción,* María

Virgen de Nazaret, la *Mediadora de Toda Gracia, Co-Redentora* y *Defensora* en el Cielo, esperando esa hora en la Tierra en que daré todos los Dones, Gracia y Poder para resistir la tentación y luchar la batalla espiritual contra las fuerzas de la oscuridad, Satán mismo.

¡Yo La Que lo venceré al final! ¡Mi Inmaculado Corazón Triunfará! Amén." *(1 de Enero de 2016).*

43. ¡PREPARAD MI REBAÑO, MIS OVEJAS!

Mientras sufre Su Pasión, Jesús habla con todos los Apóstoles:

"Mis amados Sacerdotes, justo como he dado a conocer a los Apóstoles, como anuncié en Mi Pascua Judía, Institución de la Santa Eucaristía, Mi Verdadera Carne y Mi Verdadera Sangre, sobre ese día acerca de los falsos profetas que vendrán en Mi Nombre[49] – ¡Tened cuidado con ellos! ¡Os aviso de nuevo para que os preparéis!" *(ya que los Apóstoles Le preguntaron: ¿Cuándo será esto?)*

Lo he anunciado y ahora lo hago saber explícitamente.

Estos días vendrán seguro, ¡y se aproximan rápidamente! A todos aquellos Apóstoles conocidos como los Apóstoles Rojo Escarlata[50] y conocidos como aquellos que llevan la Vestidura Morada[51]: Preparad mi rebaño, Mis ovejas, Mis Corderos[52], para estos días que se aproximan y vienen de igual manera

---

[49] *Mateo 24,11*
[50] Los Cardenales. El rojo escarlata significa "vuestra presteza para actuar con valor, incluso ante el derramamiento de vuestra sangre, para que la fe Cristiana vaya en aumento, por la paz y la tranquilidad del pueblo de Dios y por la libertad y el crecimiento de la Santa Iglesia Romana". (El Papa Francisco a los nuevos Cardenales nombrados el 28.06.2018)
[51] *Los Obispos*
[52] *Juan 21, 15-19*

que habéis visto en el clima, ¡a una velocidad alarmante! No tengáis miedo, ¡Yo Estoy con vosotros hasta el final! Mi Santa Madre os ayudará a pasar estos momentos, anunciadla como la *Madre de Dios*, la *Mediadora de Toda Gracia* que concederá de parte mía, de Mí a través de Ella, como *Co-Redentora* para interceder por todos los pecadores empedernidos.

Su sufrimiento ahora es inmenso[53] y como *Defensora* Ella rogará ante Mí por todos los necesitados y Yo ante Mi Padre – Redentor y Co-Redentora – ¡Es ahora cuando su misión empieza! Amén, Amén". *(25 de Marzo de 2016, Viernes Santo).*

*

Mientras sufre Su Pasión, Jesús habla con Sus Sacerdotes:

"Mis Sacerdotes, de los cuales Yo soy el Sumo Sacerdote en la línea de Melquisedec,[54] Dios Verdadero y Hombre Verdadero, Jesús de Nazaret; tened cuidado, ¡os prevengo contra los falsos profetas! Muchos de vosotros os habéis embarcado en un viaje tan espantoso para traicionar al Santo Padre como el falso Papa, ¡no es así! Volved al *puerto de la Verdad*, él es Mi Pedro. Vuestra fidelidad y obediencia hacia él es necesaria para que os convirtáis en instrumentos Sagrados y traigáis a vuestras ovejas a la santidad. ¡Ya he marcado el sendero para vosotros!

A vosotros Mis Seminaristas, Mis Diáconos, os pido lo mismo; prestad atención, os he advertido respecto a los falsos profetas, los reconoceréis por sus frutos. La obediencia al Santo Padre es necesaria, obediencia a vuestros Superiores, vuestros Obispos en cuyas Diócesis habéis sido colocados por Mí. Yo que Soy el Sumo Sacerdote, vosotros que seguiréis Mis pasos, volved, ¡volved a la Verdad! Es la Verdad la que os hará libres[55], porque

---

[53] *Apocalipsis 12,2*
[54] *Salmos 110,4. Hebreos 5,6 y 7,17*
[55] *Juan 8,32*

a día de hoy os encontráis en la esclavitud y en la ansiedad, ¡porque vuestro camino está entenebrecido por falsedades!

He marcado el sendero para vosotros, ¡Seguidme! Jesús de Nazaret, el Sumo Sacerdote. Hoy recordaréis el primer día cuando os di Mi Alianza en Mi Sangre y Mi Carne. Amén. Amén. *"(25 de Marzo de 2016 Viernes Santo)*

*

Veo a los guardias venir. Pasan por la sala más alta. Los Apóstoles se levantan y miran a través de la ventana y están asustados. Se aseguran de que todas las puertas estén cerradas. El Corazón de Nuestra Madre se hunde. Ella sabe bien lo que está pasando, sabe quiénes son, sabe a dónde van.

Los Apóstoles vienen corriendo hacia Ella y Le dicen, "¿Qué hacemos? Ella les sonríe a pesar del miedo, la angustia y el dolor. "No tengáis miedo", les dice, invitándoles a que vuelvan y descansen.

El Divino Espíritu me ilumina ahora en Palabras escritas ante mí… El rol de La Madre de Dios como Mediadora de Toda Gracia, Co-Redentora y Defensora *empieza, y ellos vendrán a por Sus hijos. Esta es la visión de cómo Ella protegerá a Sus hijos y fortalecerá a aquellos que deben sufrir por la purificación de la Santa Madre, La Iglesia Católica.*

La visión termina. *(25 de Marzo de 2016 Viernes Santo).*

*

Jesús les mira y les habla:

"¿Habéis venido a arrestar al Hijo del Hombre como si fuera un bandido, un ladrón?[56] Sabed ahora que esta es la hora y por esta razón se os va a permitir que podáis hacerlo."

---

[56] *Marcos 14,48*

Ahora Jesús habla a Mi Alma:

"Mi Papa, Pedro, Mi Pedro, Francisco, Benedicto, Mis Cardenales, Mis Sacerdotes, Mis Apóstoles ¡sabed que vais a pasar por esa circunstancia! Preparad a Mis ovejas, preparaos los unos a los otros porque muchos pagaréis el precio, ¡sabed que Yo ya he caminado por este sendero!

Vosotros sois aquellos que lavaréis vuestras túnicas con Mi Sangre como Mártires[57], vuestra sangre unida a la Mía por la purificación de Mi Esposa, Mi Iglesia, la Iglesia Católica. Amén. Amén."

"Mis Sacerdotes, Mis amados Sacerdotes ¡esta hora caerá sobre vosotros! Preparaos, preparaos e invocad a Mi Santa Madre para que esté con vosotros en estos momentos, ya que Ella ahora Co-Redime Conmigo en la oración. Tened valor, Yo Estoy con vosotros a través de Ella. Amén. Amén". *(25 de Marzo de 2016, Viernes Santo)*

44. JESÚS DE NAZARET SUFRE HOY COMO ESE PRIMER VIERNES SANTO QUE SE REPITE

Jesús, de Su Alma a mi alma:

"En este día hija anuncia esto, pequeña Mía, porque en este día Yo fui concebido en el Vientre de Mi Madre. Sepas y entiende que así es como Mi fiel *Remanente* soportará muchas persecuciones; sí, incluso el *Remanente*[58]; les buscarán y solo aquellos elegidos por Mi Padre permanecerán para seguir con la Iglesia Doméstica y la Iglesia Universal. Os tratarán como criminales, tal es la dureza de sus corazones, incluso el corazón

---

[57] *Apocalipsis 7,14*
[58] *Apocalipsis 12,17*

del Faraón[59] era mucho más blando que el de estos criminales, ¡así es la impiedad!

Hablo con vosotros, Mi *Iglesia Clandestina*: sabed y entended que Mi Madre estará con vosotros, Mi Santa Madre Que ahora Co-Redime Conmigo, incluso en este sufrimiento. Ella está sufriendo Conmigo, y ora por vosotros. ¡Tened valor! A través de Ella estaré con vosotros y a través de Mis Sacerdotes estaré con vosotros en la Eucaristía, Mi Verdadera Carne y Mi Verdadera Sangre. Os sostendré, ¡no os dejaré huérfanos!

¡Tened valor! Orad, orad, haced mucha oración, rezad la oración que Mi Madre os ha enseñado, conocida por vosotros como el Santo Rosario. Es un arma contra los asaltos del Infierno, porque sí, el Infierno entero se desatará en los días que vienen. Sabed que Yo os he contado esto antes de que ocurra. Yo soy Jesús de Nazaret, en este día sufriendo[60] como ese Primer Viernes Santo que se repite por los crímenes cometidos este día, hasta este día y hasta el final de los tiempos.

Estaré con vosotros, Jesús de Nazaret, el Sumo Sacerdote que sufre por Su Iglesia mientras Esta se somete a su purificación por toda la iniquidad que se ha introducido en ella. Amén. Amén."…

*

Iveta: Santa Madre, no le[61] *permitas que se lleve las mías, estas mis Almas.*

Santa Madre: "No lo hará hija, no. Yo estoy aquí. Tú las has capturado[62]. Ahora son Mías, su[63] batalla es Conmigo,

---

[59] *Éxodo 7,13*
[60] Ver Blaise Pascal: "Jesús agonizará hasta el fin del mundo, no debemos dormir durante ese tiempo." (Pensamientos, Editorial Penguin, 1966, p.313).
[61] *Satán*
[62] *Las Almas por las que Iveta estaba orando.*
[63] *Satán*

¡no contigo!¡estás bajo Mi Manto y protección! ¡No sufrirás ningún daño! Es de esta misma manera que ningún daño se infligirá a ninguno de Mis hijos en esos días y en los días de la *Iglesia Clandestina* si se consagran a Mí. ¡Yo misma los defenderé, Jesús en Mí y a través de Mí en estas circunstancias!" *(Viernes Santo, 25 de Marzo de 2016).*

45. NO BUSQUÉIS UN COMPROMISO FÁCIL CON EL MUNDO

Jesús habla de Alma a Alma mientras ellos Lo levantan:

"Ves, Mi amado pueblo, Mi fiel *Remanente*, ¿cuánto he sufrido por ti? Abrazad Mi Misericordia, arrepentíos de las muchas ofensas que habéis cometido, sí, Mis Sacerdotes, Mis Religiosos, ¡y volved al puerto de la Verdad! No busquéis un compromiso fácil con el mundo. Entrad siempre por el camino angosto[64]; es el camino que dirige a la Salvación. Es el camino donde Mi Misericordia espera para abrazaros y Mi Madre, Que Co-Redime Conmigo en este día como en el Primer Viernes Santo, espera a la puerta, la entrada que dirige al camino angosto. No entréis por el sendero ancho – ¡el sendero ancho no Me pertenece! Es el del padre de las mentiras[65], ¡los falsos profetas que os engañarán! Levantaos, aunque ya hayáis caído, ¡levantaos ahora y abrazad Mi Misericordia!

Vuestra Consagración cada mañana es de vital importancia para vosotros y de gran importancia para entender vuestro camino a la Santidad, para llevar vuestra Cruz y seguirMe. Amén. Yo soy Jesús de Nazaret, Hombre – Dios sufriendo como Dios – Hombre por Mis Ovejas, Mis Corderos, Amén. Amén. " …

*

---

[64] *Mateo 7,14*
[65] *Juan 8,44*

Jesús a las mujeres:

"Mujeres, no lloréis por Mí, llorad por vosotras mismas y por vuestros hijos.[66]"

Ellas Le miran como si no entendieran lo que está diciendo.

De Alma a Alma, Jesús me habla:

"Amada hija, sufriendo ahora mismo Conmigo como el Redentor y con Mi Madre como *Co-Redentora*; anuncia a todos Mis amados Hijos, Mis madres, Mis hermanas, que a menos que se arrepientan de sus propias ofensas y se acojan a Mi Misericordia, no podrán entrar en el Reino de los Cielos. ¡Enderezad vuestros senderos, hijas de Jerusalen, hijas de Dios! Arrepentíos de lo que habéis hecho mal y … llorad por vuestros hijos para que se acojan a Mi Misericordia."…

*

Jesús me habla ahora de Alma a Alma:

"Hija, soy consciente de tu debilidad, pero Mi Gracia es suficiente. Llévala Conmigo a través de Mi Santa Madre. Incontables Almas son redimidas en este día[67], y muchas volverán cuando entiendan cuánto has sufrido, esto es, Yo en ti y Mi Madre en ti y tú en Nosotros. Es Nuestro sufrimiento el que tú soportas por amor a tus hermanos.

Anuncia ahora que es de esta misma manera que muchos de vosotros debéis sobrellevar a otros para protegerlos, para que sean el *Remanente*; y vosotros – Mis Sacerdotes, Mis fieles – seréis los Corderos Expiatorios. Amén. Amén.

---

[66] Lucas 23,28
[67] *Iveta está padeciendo un gran sufrimiento. Ver Colosenses 1,24*

Jesús de Nazaret Hombre – Dios, Dios – Hombre. Amén. Amén." *(Viernes Santo, 25 de Marzo de 2016)*

46. RENUNCIAD A ESTA FORMA DE VIVIR Y ACOGEOS A MI MISERICORDIA

De Alma a Alma, Jesús habla:

"Amados Hijos de Dios, muchos de vosotros habéis caído en un estado de inmoralidad y vivís en la impureza, ensuciando el Templo de Dios. Sabed que Yo he sufrido[68] esto por vosotros y que he asumido vuestra vergüenza. Renunciad a esta forma de vivir y acogeos a Mi Misericordia, viniendo a la Confesión para reconciliaros Conmigo a través de Mis Sacerdotes. Mi Santa Madre Que Co-Redime os cubrirá con Su Inmaculado Manto y os ayudará a levantaros de vuestra vergüenza. No hay tiempo para continuar con esta manera de vivir.

¡Os amo y sufro por vosotros! Acogeos a Mi Misericordia, que vuestro Santo Padre Mi Pedro, en unión con Mi Pedro en la sombra, el Papa Francisco y el Papa Emérito Benedicto, como vosotros los conocéis, han declarado este año como el año de la Misericordia. Ambos entienden bien la importancia de este momento; no malgastéis esta declaración, amados hijos de Dios. Volved, hijos, todos vosotros de diferente fe, acogeos a Mi Misericordia y vivid en orden a la santidad, ¡todavía no es demasiado tarde! Amén, Amén."

-----*Jesús hace una pausa*-----

De Alma a Alma, me habla de nuevo:

"Mi *Remanente*, Mis fieles, no busquéis compromisos fáciles con el mundo. Os lo advierto, no seáis tentados por el encanto

---
[68] *La Agonía de Nuestro Señor Jesús*

y la vida fácil que el mundo hace desfilar ante vosotros. ¡Mi adversario ha convencido a muchos de Mis hijos para que adopten esa vida como medio hacia la felicidad! ¡Es mentira y falsa felicidad! ¡No pasará mucho tiempo antes de que todo quede en agua de borrajas! Orad por esas Almas y no las veáis como un modelo a seguir, pero que ellas os vean como un modelo para acoger la verdad.

Jesús de Nazaret, recibiendo en este momento con los brazos abiertos el momento envolvente de Mi Agonía; Dios Verdadero, Hombre Verdadero. Amén, Amén." *(Viernes Santo, 25 de Marzo de 2016).*

47. EL ÚLTIMO DOGMA

Jesús habla de Alma a Alma:

"Mi Pedro en este día, Mi Pedro en la sombra también, el Papa Francisco y El *Papa Emérito* Benedicto XVI como se os conoce en la Tierra y en el Cielo; tened valor cuando veáis la situación que no sabréis cómo resolver, estaré con vosotros en todo momento. Os preparo para los momentos inminentes que se ciernen sobre la *Iglesia Clandestina* y la continuación de la construcción de Mi Ciudad conocida como *Ciudad de Dios*.

Yo soy Jesús de Nazaret, el Sumo Sacerdote Que os nombró como Mi Pedro a través de Mi Espíritu. Mi Santa Madre continúa a sosteneros, ya que está aquí Conmigo. ¡Ella está siempre tan cerca de vosotros!

Ardientemente pido que como último Dogma, como ha venido a conocerse, sea proclamada *Mediadora de Toda Gracia, Co-Redentora* y *Defensora*, ya que Ella repartirá las Gracias entre todos Mis hijos para soportar estos momentos con calma. Amén. Amén."

Jesús habla de Alma a Alma con Su Madre:

"Madre … ¡Ah! ¡Ah! Te habría liberado de este momento, pero debes guiar a Mi *Remanente*. Debes llevar a Mis Hijos al desierto[69] y preparlos… y caminar con ellos hacia Mí, Tú lo entiendes todo."

Ella asiente y Le pide que no hable. "Hágase en Mí según Tu voluntad." *(Viernes Santo, 25 de Marzo de 2016)*

48. ESTA ES LA UNDÉCIMA HORA DE LA MISERICORDIA

De repente el ladrón de la derecha regaña al ladrón de la izquierda para que esté en silencio, diciéndole, "Nosotros nos lo merecemos por nuestras fechorías, pero este Hombre es inocente.[70]"

Mira a Nuestra Señora y saca fuerzas de flaqueza y entonces mira a Jesús. Esta es la Misericordia como él la entiende. "Jesús, recuérdame cuando entres en Tu Reino".

Jesús sonríe

"Hoy entrarás Conmigo en el Paraíso."

Agonía … y Jesús habla de Alma a Alma:

"Hija, pequeña Mía, anuncia Mi Misericordia a través de Mi Santa Madre como *Co-Redentora*. Como el buen ladrón, como se le ha llegado a conocer, a Mi Misericordia muchos se acogerán y volverán para reconciliarse Conmigo y estarán Conmigo en el Paraíso algún día, pronto. Esta es la undécima hora de

---

[69] *Apocalipsis 12,14*
[70] *Lucas 23,41*

la Misericordia.[71] Es la única manera de volver, Mi Madre les ayudará como ha ayudado a muchos, incluso a ti."

Te amo Jesús, gracias, gracias a Ti, Maestro.

"Amén, Amén".

Toda maldad está ocurriendo por todo el mundo y una gran oscuridad vendrá[72] ... La hora de Jesús ha llegado y Él lo sabe.

"*¡Madre!*" *de Alma a Alma, habla.*

"Te encomiendo a todos mis Sacerdotes y a todo el fiel *Remanente,* cuida de ellos, Mi hora está llegando a su fin[73] pero la Tuya acaba de empezar."

Ella Le mira y dice:

"Que se haga en Mí de acuerdo con Tu Voluntad.[74] Aquí Yo soy Tu esclava. Amén, Amén, Amén". *(25 de Marzo de 2016, Viernes Santo).*

49. SABED Y ENTENDED: CUANDO LA DIVINA MISERICOR-DIA TERMINE, LA FURIA DE LA JUSTICIA DIVINA LLEGARÁ

"Yo Soy quien Soy, El Padre Eterno, conocido por vosotros a través de Mi Amado Hijo Jesús, Que me complace mucho[75] y Quien os reconcilia Conmigo. Si elegís este camino, vendré con el Amor del Cielo a esperaros para que compartamos la Gloria Eterna.

---

[71] *Mateo 20, 1-16*
[72] *Mateo 27,45*
[73] *Juan 17,1*
[74] *Lucas 1,38*
[75] *Mateo 3,17*

Amados hijos Míos, sabed y entended que Yo soy el Padre Eterno, Dios Verdadero en la Primera Persona, Todo Luz, revelándome."

Iveta tiene una Visión: y ahora el Cielo se abre... ¡Ahhh! Y todo lo que puedo ver es la Brillante Luz y El Trono de Dios. ¡Ahhh! ¿Merezco ver esto? ¡Ahhh!...

"Es aquí que os doy la bienvenida a todos mis hijos. ¡Id y traed a las ovejas descarriadas![76] Llamo especialmente a Mis elegidos[77], los amados de la Viña del Señor[78], para preparar a todos Mis hijos para esos momentos.

A todos los presentes aquí, os doy las gracias, os doy las gracias con Amor Paternal y deseo de todo corazón que recéis para que se cumpla que esta Hija Que Me ha complacido" *(señalando ahora a La Santa Madre a través de Miguel Arcángel)* "Sea proclamada *Mediadora de Toda Gracia, Co-Redentora* y *Defensora* por vosotros, para que Ella pueda repartir las Gracias que tanto necesitáis en estos momentos.

Sabed y entended: Cuando la Divina Misericordia termine[79], la furia de la Divina Justicia llegará. Vuestras oraciones son de suma importancia para entender, para reconciliar a vuestros hermanos Conmigo.

Yo SOY QUIEN SOY, Vuestro Padre Celestial, conocido por vosotros por Mi Amado Hijo Jesús. Amén". *(13 de Octubre de 2016, Monte Batim, Goa, India).*

---

[76] *Lucas 15, 3-7*
[77] *Los Sacerdotes*
[78] *Juan 15*
[79] *Mateo 25, 1-12 etc*

50. LA CONSAGRACIÓN A MI INMACULADO CORAZÓN: ES SENCILLO, HIJOS, ¡SENCILLO!

Nuestra Señora habla:

Amados hijos Míos, he bajado de nuevo en este día para estar con vosotros y deseo de todo corazón quedarme con vosotros mientras os consagráis cada uno de vosotros a Mi Inmaculado Corazón. Hay muchos aquí que no entienden la consagración a Mi Inmaculado Corazón: Es sencillo hijos, ¡Sencillo! Simplemente dadMe vuestro corazón y decidMe que haga todo el bien que Dios desea en vosotros y para el que fuisteis creados, intercambiando vuestra voluntad con la Voluntad Divina y Yo os conformaré al Orden y a la Gracia de Dios y os dirigiré a la Santidad a la cual se os llama a cada uno de vosotros. *(14 de Octubre de 2016, Monte Batim, Goa, India).*

51. SOLO LA ORACIÓN PUEDE EVITAR ESTE TERRIBLE DESASTRE

"Amados hijos, hijos de Dios, Yo que Soy Jesús de Nazaret, Que entregué Mi Vida por cada uno de vosotros aquí presentes; me dirijo a vosotros y a todos aquellos que oirán estas Palabras y presten atención, aquellos que abrazarán la Cruz:

Entended bien que estáis entrando en duros momentos de gran pena, pena porque el hombre continúa ofendiendo a su Dios, que Soy Yo.

Estáis en el umbral de la Tercera Guerra Mundial, solo la oración puede evitar este terrible desastre, porque los buenos y los malos perecerán en ella.

A Mis amados hijos elegidos, Mis Sacerdotes: Yo soy el Bienamado del Padre y vosotros sois bienamados de Él a través de Mí. Ojalá entendierais el Poder que os he confiado;

no temáis, sed valientes, ¡salid ahí fuera y conquistad almas; vuestra recompensa os espera en el Cielo!

La Gran Apostasía está por producirse, El Gobierno Único Mundial está por instaurarse, ¡no temáis! Mi Madre, Mi Santa y Bendita Madre cuidará de cada uno de vosotros si confiáis y os encomendáis a Su Inmaculado Corazón y os ponéis cada día a cubierto bajo su Manto Inmaculado. Muchos de vosotros tendréis que afrontar el *Martirio*, esta debe ser la Sangre que se debe derramar para purificar Mi Iglesia, ¡Mi Esposa!

Mis Esposas, conocidas como Monjas, Os amo, sed obedientes y sabed que Yo estoy con vosotras, y llevo a todos los niños pequeños a Mí cuando van a vosotras. Yo Soy Jesús de Nazaret, la Segunda Persona de la Santísima Trinidad, dándoos aquí a conocer Mi Palabra momentos antes de recibirme bajo la apariencia del Pan Y el Vino, Mi Verdadera Carne y Mi Verdadera Sangre, ¡dadas a vosotras para fortaleceros con vistas a estos momentos!

Deseo ahora dar a conocer Mi deseo: Que oréis y pidáis a vuestro Santo Padre, Mi Amado hijo elegido Pedro, Mi Pedro, la Piedra sobre la cual permanece hoy La Iglesia[80], Su Santidad el Papa Francisco I junto con el Papa *Emérito* Benedicto XVI, el Papa en la sombra, para proclamar a Mi Santa Madre como *Mediadora de Toda Gracia, Co-Redentora y Defensora*. Será entonces cuando el Cielo se abrirá y repartirá las Gracias necesarias para que todos los hijos de Dios sean fortalecidos en estos momentos. Yo soy Jesús de Nazaret El Sumo Sacerdote, Dios Verdadero y Hombre Verdadero. Os amo a todos Hermanos Míos. Amén. Amén". (14 de Octubre de 2016, Monte Batim, Goa, India).

---

[80] *Mateo 16,18*

52. EL ESPÍRITU SANTO: NO LE ENCONTRARÉIS EN NINGÚN SITIO EXCEPTO EN EL SILENCIO

Nuestra Señora Habla:

"Amados hijos, deseo en estos momentos dar a conocer el mensaje de Dios, el Espíritu Santo, Mi Esposo. No le encontraréis en ninguna parte si no en el silencio. Él es el Autor de La Fuente de la Gracia y el Amor de Dios. Le recibiréis a través de las manos Consagradas de Mis amados hijos elegidos, Mis Sacerdotes, muchos de los cuales están presentes aquí hoy. Ellos son instrumentos sanadores para vuestras dolencias.

Entended que a través de la reconciliación empieza la primera sanación, y entonces la unción de sus Manos Santas Consagradas hará que Jesús esté presente aquí, para que podáis ser fortalecidos con esta Gracia.

El Espíritu Santo es el Autor de estos tiempos, Él os anunciará todas las cosas claramente. Sabed y entended que solo desea vuestro silencio; es ahí donde impartirá el conocimiento, la sabiduría y la comprensión que deseáis, y ahí donde entenderéis el bien y el mal.

Ahora, amados hijos, preparaos para recibir al Espíritu Santo, mientras Yo bendigo otra Imagen, una 'Medalla' que ha sido encomendada a Mi amado hijo elegido el Reverendo Padre Conceição, Conceição en Mi Nombre, La Inmaculada Concepción. Le amo entrañablemente y ahora mismo Bendigo La 'Medalla'.

"IN NOMINE PATRIS, ET FILII ET SPIRITUS SANCTI. AMEN."

Esta 'Medalla' recorrerá el mundo a través de él para su veneración. Amén." *(15 de Octubre de 2016, Monte Batim, Goa, India).*

53. VUESTRO SANTO PADRE ESTARÁ SIEMPRE CON VOSOTROS, INCLUSO EN LOS MOMENTOS DE CLANDESTINIDAD

Nuestra Señora habla:

"Deseo de todo corazón que recéis por vuestro Santo Padre, Mi amado hijo elegido, el Obispo de Roma, Su Santidad el Papa Francisco I; también por el *Emérito Papa* Benedicto XVI, el Papa en la sombra. Se requieren muchas oraciones, el enemigo está creciéndose, pero no podrá conquistar hasta la hora que Dios decida. Por esto entended que vuestro Santo Padre estará siempre con vosotros en los momentos de clandestinidad de La Santa Madre, La Iglesia Católica; esto es todo lo que necesitáis saber.

¡No tengáis miedo, no estéis ansiosos! ¡Basta con que os encomendéis todos a Mi Inmaculado Corazón; y orad, orad, rezad amados hijos el Santo Rosario en el seno de vuestras familias! Juntaos en vuestras comunidades. Juntaos en esta Santa Montaña, ¡porque así se puede conseguir mucho y Satán se mantendrá lejos!

Amados hijos, sabed y entended bien, estáis entrando en un momento difícil para la Tierra. La furia de Dios se ha despertado, aún así a través de vuestras oraciones Yo puedo conseguir que este momento dure más para la conversión de muchos de Mis hijos que están perdidos. Es sobre vosotros donde pondré esta carga para orar por vuestros hermanos y hermanas. ¡No os rindáis! Siempre hay esperanza en Dios. Os amo entrañablemente.

Yo soy la *Madre de Dios*, La *Mediadora de Toda Gracia*, *Co-Rendentora* y *Defensora* en el Cielo, La *Inmaculada Concepción*, por Cuyo poder aplastaré a Satán. Amén". *(15 de Octubre de 2016, Monte Batim, Goa, India).*

AÑO 2017: VENGO A INVITARTE A CO-REDIMIR CONMIGO, QUE SOY LA CO-REDENTORA, JUNTO CON "JESÚS" EL REDENTOR

54. EL SOCIALISMO SE HA CONVERTIDO EN LA FORMA DE VIDA

Nuestra Señora habla:

"Querida hija, pequeña Mía y de Mi Jesús, deseo enormemente este Primer Viernes de Cuaresma del año dos mil diecisiete, siendo hoy, y empezando el día dos del tercer mes del año dos mil diecisiete, a las 11 de la noche, hasta el final del tercer día del tercer mes del año dos mil diecisiete – 11 de la noche, que sufras por los no nacidos y por el terrible holocausto de los niños que son sacrificados[81].

Porque el socialismo[82] se ha convertido en la forma corriente de vida y esto está llevando a la terrible destrucción de las familias y de la Iglesia Doméstica por el maligno, ¡Satán mismo! ¡Ponte en guardia! ¡Advierte a Mis hijos, amados Míos, su Madre Celestial, llorando por ellos!

¿Me ayudarás pequeña Mía Cleofas?" *(Miércoles de Ceniza, 1 de Marzo de 2017)*

*

Nuestra Santa Madre habla:

"Mi amada hija, pequeña Mía y de Mi Jesús, Cleofas. Otra vez vengo a invitarte a co-redimir Conmigo. Yo que Soy la *Co-Redentora*, junto con Jesús el *Redentor*.

Así es como te invito a sufrir como Alma Víctima por la Iglesia Universal, por tu Pedro actual, Mi amado hijo elegido, el Obispo de Roma, Su Santidad el Papa Francisco I, entendiéndose

---

[81] *Aborto*
[82] El socialismo puede ser entendido aquí como una ideología que desea traer justicia y felicidad sin la Gracia de Dios.

también por el *Papa Emérito* Benedicto XVI, el Papa en la sombra; por las ofensas cometidas por el clero y los religiosos contra la Santa Virtud de La Pureza, contra la nueva doctrina para cambiar La Santa Virtud y las Verdades de las enseñanzas de la Esposa de Cristo, la Iglesia Católica, dadas a conocer a ella y a través de ella a todos sus hijos por Jesucristo, por medio de Su Espíritu Santo.

Así es como debes sufrir desde la hora de la Divina Misericordia el día 16 del tercer mes del año dos mil diecisiete hasta las 12 a.m. del día dieciocho del tercer mes del año dos mil diecisiete.

Sepas y entiende que esta será la forma de sufrir para este propósito de reparar las ofensas de desobediencia cometidas por los Sacerdotes y Las Monjas Religiosas. Una gran ansiedad, igualmente, ha caído sobre vuestro Santo Padre el Papa actual Francisco I, Su Santidad, así como sobre el Papa en la sombra. Así es cómo Mi adversario les está afligiendo.

Así estaremos la semana que viene y la que sigue. ¿Me ayudarás? *(Miércoles de Ceniza, 1 de Marzo de 2017)*

55. ABORTAR UN HIJO ES UN TERRIBLE CRIMEN CONTRA EL AUTOR DE LA VIDA

Abortar un hijo es un terrible crimen contra el Autor de la Vida. Es un insulto a Dios que una criatura mate a una criatura, especialmente que la madre mate a su propio hijo por miedo al hombre y la falta de Amor por Dios. Incluso Dios perdonaría si se arrepintieran, pero se debe hacer pagar el precio. Dios les exigirá cuentas. Nadie escapa al juicio de Dios.

La Santa Madre, cuánto sufre; ahora habla de nuevo:

"Como *Co-Redentora*, redimiendo tantas Almas que están perdidas en la terrible búsqueda del Socialismo para complacer a los mortales por miedo al hombre; cometen tal ofensa, perdidas en los deseos de la gratificación de la carne; este crimen es tan terrible, ¡terrible y en aumento cada día! Ojalá supierais cuánta pena ha caído sobre la humanidad a causa de este pecado ¡y la ira de Dios se ha despertado![83] Solo espera mi resignación cuando comprenda que Yo misma ya no puedo soportar el sufrimiento[84] del grito de un niño inocente, todos ahora en Mi Cuerpo preparándose para este sufrimiento, para obtener de Dios el tiempo para que las Almas se arrepientan. No puedo soportar esto mucho más y permitir que este pecado se manifieste en este grado.

Orad hijos orad, rezad muchos Rosarios contra este pecado que continúa ofendiendo a Dios, El Autor de La Vida, en el grado más alto. Satán nos los está arrebatando y gracias a este sufrimiento de esta pequeña Mía, y otras pocas Almas que han respondido a mi llamada para ser víctimas co-redimiendo Conmigo, Yo puedo rescatar algunas de ellas, aunque muchas están cayendo en el fuego del Infierno, ¡porque faltan oraciones! Sí, sí, mis amados hijos ¡faltan!

Deseo daros las gracias a todos los que oráis. Sabed que sois de gran importancia y vuestras oraciones suben para calmar la ira de Dios y traer Su Misericordia incluso sobre esas criaturas. Yo puedo abrir los corazones de muchas madres que ahora se arrepienten por lo que han cometido y hoy muchas dejarán de cometer tal crimen y permitirán a Dios ser el Autor y el Padre de estos niños, como verdaderamente lo es". *(Viernes después del Miércoles de Ceniza, 3 de Marzo de 2017).*

---

[83] *Romanos 2,5*
[84] *Apocalipsis 12,1*

56. LA UNCIÓN DEL ÁNGEL EN LA FRENTE DE LOS ELEGIDOS

Nuestra Santa Madre habla:

"Estos son aquellos mencionados en las Escrituras como los hijos de las tinieblas.[85] Yo os digo, no temáis, ¡estoy con vosotros! Para todos aquellos que se han consagrado a Mi Inmaculado Corazón y al Sagrado Corazón de Jesús Mi Divino Hijo, Él vendrá y moraremos en vosotros y os ayudaremos contra estas fuerzas.

La hora se está acercando para la unción del Ángel que marcará la cruz en la frente de los elegidos.[86] Sed fieles y no temáis incluso si tenéis que … sufrir la muerte, vuestra Corona os espera en el Cielo.

Yo soy la *Madre de Dios*, Vuestra Madre Celestial, sufriendo con vosotros, Co-Redimiendo con Jesús el Redentor, Mi Divino Hijo Amén". *(Viernes después del Miércoles de Ceniza, 3 de Marzo de 2017).*

57. EL CORAZÓN DEL PAPA FRANCISCO ESTÁ ENRAIZADO EN EL DIVINO SALVADOR

Nuestra Señora habla:

"Amada hija mía, pequeña Mía y de Mi Jesús, Cleofas ahora co-redimiendo Conmigo, la *Co-Redentora* junto con Jesús Mi Divino Hijo, Jesús, el *Redentor*, sufriendo por tu Santo Padre.

Deseo enormemente que anuncies que se necesitan muchas oraciones para el Santo Padre, Mi amado hijo Su Santidad el Obispo de Roma el Papa Francisco I en unión con el *Emérito Papa*

---

[85] *Efesios 5,8 and 1 Tesalonicenses 5,5*
[86] *Apocalipsis 7,3 y Ezequiel 9, 4-6*

Benedicto XVI el Papa en la sombra. El sufrimiento de este día le garantizará la Gracia de la Fortaleza contra los abusos de los fieles que se llaman así mismos 'fieles' y aun así desobedecen su Magisterio. Él es un Papa sencillo. Su corazón está enraizado en el Divino Salvador su Maestro, Jesús el *Redentor* como Salvador Misericordioso. Viene ante todos vosotros, queridos hijos, para prepararos antes de que la Justicia Divina caiga sobre vosotros.

Cuánto os ama incluso hasta morir. ¡Ojalá entendierais y aceptarais que los caminos de Dios no son vuestros caminos! ¡Estad abiertos para recibir su mensaje de Amor y Misericordia mientras prepara el rebaño para la terrible persecución que va a caer sobre toda la humanidad!

Os amo entrañablemente, ¡orad, orad, orad amados hijos! rezad el Santo Rosario tan a menudo como podáis y no rechacéis esta oración tan importante ahora. Yo soy la *Madre de Dios*, Vuestra Madre Celestial que os ama entrañablemente, la *Mediadora de Toda Gracia, Co-Redentora*, redimiendo ahora con esta pequeña Mía y de Mi Jesús por vuestro mundo. Amén". *(Primer Jueves y Viernes de Cuaresma, 9-10 de Marzo de 2017).*

58. MI ADVERSARIO HA ENTRADO EN LOS CONVENTOS

Jesús habla:

"Mi Iglesia, ¿En qué te has convertido? Mis Esposas, vosotras conocidas como Monjas, que sois fieles a Mí en vuestra virtud de obediencia a esta vocación a la que os he llamado, y a vuestra obediencia a la pureza como Mis Esposas, ¡Vuestra Pureza Virginal!

Orad, Mis amadas Esposas, y sabed que os amo. Orad por aquellas que Me han abandonado y están buscando ser lo que fue María Magdalena.

Ellas se han sometido a sí mismas incluso a crímenes más grandes. Desean practicar la abominación unas con otras, reduciéndose a tal esclavitud con Mi adversario que ha entrado en los conventos donde moráis.

Mis Esposas permanecen fieles a Mí incluso aunque veas a aquellas que están causando el caos. Orad por ellas, ¡no os quedéis en silencio! Contadlo a vuestros Padres Espirituales y al Obispo de la Diócesis en la que estáis cada uno. Este crimen debe ser expuesto porque ellas están dirigiendo a muchos que vienen por consuelo y consejo, y pronto será una epidemia extendida entre vosotras, esta abominación, ¡y seréis abandonadas por los que os apoyaron! Y vosotras que habéis abusado de Mí de esta manera, sabed que todavía os amo, aunque esta abominación os costará un precio.[87]

Os habéis encadenado a vosotras mismas como Me habéis encadenado a Mí ahora[88] y habéis dado el extremo de la cadena a mi adversario! Con todo, Mi Santa y Bendita Madre a través de esta pequeña Alma ora por vosotras para que vuestra Alma se salve.

Vuestros cuerpos serán desgarrados como los del circo, el anfiteatro donde erais lanzados a las fieras salvajes en el pasado. Ahora sois esos cuerpos, pero si renunciáis a esta forma de abominación y me nombráis vuestro Dios, rescataré vuestras Almas con el precio de Mi Sangre.

Yo soy Jesús de Nazaret que os ama, agonizando por vosotras en unión con Mi Santa Madre Co-Redimiendo Conmigo, el *Redentor*, Ella la *Co-Redentora* y esta pequeña co-redimiendo con Ella por vuestras Almas.

¡Os Amo! Os Amo, Mis Esposas. Amén. Amén". *(Tercer Viernes de Cuaresma, 24 de Marzo de 2017).*

---

[87] *Mateo 18, 6-9*
[88] *Jesús está viviendo Su pasión.*

59. CO-REDENTORA Y DEFENSORA

"La Sabiduría Divina es más grande que todos los filósofos de este mundo. De esta manera debemos entender el papel de Nuestra Santa Madre como *Mediadora de Toda Gracia, Co-Redentora y Defensora...*

La vemos cuando el Ángel Gabriel se presentó ante Ella y Le anunció que iba a ser la Madre de Dios. Es solo entonces, ¡pero justo antes, no tenía idea de lo que Ella era o iba a ser!

Este *Pórtico que mira al Este*[89] fue adornado por Dios con Toda Gracia para comenzar la Labor de *Mediadora de Toda Gracia*. Es a través de Ella que la Palabra de Dios que existía desde al principio[90] se abajó, entró y fue concebido en Su Vientre[91]. Ahora Ella Le alimenta con la Gracia para prepararLe para el papel de *Redentor*, ¡El Salvador de la Humanidad! En su Vientre, el Salvador, El Dios *Redentor*, deseó permanecer durante nueve meses. Allí Ella se convirtió en *Co-Redentora* comenzando su labor de sufrimiento y preparando al Divino Salvador con Amor y Fortaleza para salir adelante.

Más tarde vemos al pie de la Cruz cómo se convierte en nuestra Madre. Jesús Le encomienda a San Juan, conocido como el Evangelista al pie de la Cruz[92], para tomarLa como Madre, ¡de este modo La hace Madre de toda la humanidad! Aquí entendemos Su papel como *Defensora* ante Él.

Posteriormente, en la Montaña de la Ascensión[93], Ella permanece y Jesús asciende al Padre, Quien Le recibe y Le

---

[89] Nuestra Santa Madre es el "Pórtico que mira al este" a través del cual la Palabra de Dios viene a nosotros. Ver Ezequiel 43,4 y 47,2
[90] *Juan 1, 1-2*
[91] *Lucas 1, 31-42*
[92] *Juan 19, 25-27*
[93] *Lucas 24, 50-51 y Hechos 1, 9-11*

otorga lo que era Suyo desde el principio[94], erigiéndose como Rey de la Gloria Eterna y Juez Divino[95]. En este lugar y en este momento La vemos como la *Defensora* de todos nosotros, hijos de Dios, que intercederá ante el Juez Divino, Ella tiene una Solemne Labor y la tendrá en los días venideros. Amén." ... *(Cuarto Jueves de Cuaresma, 30 de Marzo de 2017).*

60. ¡EL HEDOR DE LA IMPUREZA AUMENTA CADA DÍA!

Nuestra Señora habla.

"¡Mis queridos hijos, ved cuánto os ama Dios! A través de esta pequeña se os revela la Misericordia de Dios una vez más. Cómo vuestra Madre Celestial está sufriendo, sufriendo por vosotros con todo Mi Amor, ¡para volver a Dios!

No permitáis a estos embusteros que os hagan abandonar vuestra herencia Celestial[96]. Sí, por este pecado que habéis cometido y a aquellos que consideran cometerlo, os ruego desde Mi Corazón de Madre que no creáis a estos impostores ni las incitaciones de Satán para cometer este acto de matar al inocente en vuestro vientre. No deis vuestro consentimiento a tal abominación y al paganismo, pero si lo habéis hecho, ¡suplicad Clemencia y volved a la orden de la verdad confesándoos y arrepintiéndoos! Y sí, Mis amados hijos, vosotros que habéis cometido este crimen tendréis que llevar esta cruz todos los días de vuestras vidas y aun así ¡Yo os ayudaré a llevarla! ¡Yo la llevaré con vosotros, tan grande es esta ofensa!

Sabed que por los gritos de estos niños, los gritos de los inocentes, la ira de Dios se ha desatado... ¡por tal hedor a impureza que aumenta cada día!

---
[94] *Juan 17, 5*
[95] *Mateo 25, 31*
[96] *Mateo 5,12 y Marcos 10,21*

Sabed y entended, Mis amados hijos y todos Mis fieles que oran por esta terrible ofensa de pecado de impureza: el hedor de tal crimen *se encuentra* entre los fieles y los infieles; los fieles sin miedo al hombre y los infieles porque su conciencia se ha vuelto tan opaca que no entienden lo que están haciendo. Como para los paganos que siguen a dioses paganos, ¡se ha convertido en una forma de vida!

¡Oh! Cómo lloro para que volváis de tal ofensa contra Dios el Creador. Aquí, esta pequeña está co-redimiendo Conmigo, la *Co-Redentora* del *Redentor*, unidas, ¡ofreciéndonos Nosotras mismas al *Redentor*, ante Dios Nuestro Padre Que os ama tanto! ¡Conoced este Amor arrepintiéndoos!

Este crimen se está extendiendo incluso entre las Religiosas y algunos de mis hijos elegidos han caído en la infidelidad a Dios cometiendo pecados contra la carne y ¡cayendo en tal ofensa ante Dios!

¡Arrepentíos, hijos! ¡Arrepentíos! ¡Arrepentíos antes de que sea demasiado tarde![97] Yo soy Vuestra Madre Celestial Que os ama entrañablemente, *Mediadora de Toda Gracia*, concedida a Mí por Mi Divino Hijo el *Redentor*, Gracia y Verdad mismas, *Co-Redentora* unida al *Redentor*, *Defensora* ante el Defensor y ante Dios Padre, *Defensora* ante Dios Padre, el Juez Divino. Yo soy vuestra *Defensora* ante el Juez Jesús, el Juez Divino y Supremo, ¡que juzga según el arrepentimiento del corazón!

Os amo entrañablemente, sufriendo y suplicando por vosotros, esperando el momento de ser proclamada sobre la Tierra por el que hoy es vuestro Santo Padre el Papa Francisco I, y sufriendo enormemente para devolveros a Dios en unión con el Papa en la sombra, Mi Amado Hijo Elegido el Papa Emérito Benedicto XVI. Amén (*Quinto día de Cuaresma, 7 de Abril de 2017*).

---

[97] *Mateo 25, 1-13, etc*

61. ES A LOS NIÑOS A QUIEN MI ADVERSARIO BUSCA DESTRUIR, EL FUTURO DE VUESTRO MUNDO

"Amados hijos de Dios, Yo soy Dios en la tercera Persona de la Santísima Trinidad, conocido por vosotros como El Espíritu Santo. Yo soy el Esposo de la *Inmaculada Concepción*. Mi Amada Esposa llora, Su Inmaculado Corazón está roto de dolor porque tantos hijos Suyos La han abandonado y han proferido insultos y mofas contra Ella, ¡las espinas de la ingratitud están clavadas alrededor de su Inmaculado Corazón!

Es deseo de Dios que promováis con ardor el rescate de estas Almas, ¡que cada vez son más numerosas!

Dad a conocer la devoción que se os ha anunciado por la Segunda Persona de la Santísima Trinidad conocida como *Los Cinco Primeros Sábados* para reparar los pecados cometidos contra el Inmaculado Corazón de María, la Madre de Dios. Esta devoción traerá sus frutos si obedecéis, como se ha anunciado. El rescate de tantos hijos perdidos en el pecado, hijos de fieles – hijos Católicos – también traerá la conversión de los no-Católicos si oráis por ellos. Es de gran importancia hoy en nuestro mundo donde el pecado está devastando la vida familiar y hundiendo en la oscuridad a cada vez más niños. El Inmaculado Corazón de Mi Esposa lleva las espinas de La Corona que fue colocada sobre la Cabeza de La Segunda Persona de La Santísima Trinidad[98], Jesús, Dios Verdadero, Hombre Verdadero, el *Redentor* y ¡Ella como *Co-Redentora* está soportando el sufrimiento! Su dolor es como el de una mujer de parto,[99] pero en silencio y a través de las Almas Víctimas conocidas por vosotros, como esta pequeña que está padeciendo con Ella para reparar el sufrimiento del Inmaculado Corazón de María, la *Madre de Dios*."

¡Qué dolor!...

---
[98] Juan 19,2
[99] Apocalipsis 12,1 y Juan 16,21

"¡Este dolor es el dolor de una Madre amante Que llora en silencio por Sus hijos! Algunos de los cuales, a causa de la falta de oraciones ya no están, como cuando el llanto de Raquel,[100] conocida por vosotros antes del nacimiento y sufrimiento de Jesús, Dios Verdadero y Hombre Verdadero: ahora la *Nueva Eva*[101] llora por sus hijos junto con vuestras oraciones de '*Los Primeros Cinco Sábados*' que son de vital importancia para vuestro mundo.

¡Prodigaos aún más en la Adoración ante Jesús! Consolará al Inmaculado Corazón[102] en unión con el Sagrado Corazón de Jesús y las Almas serán traídas de vuelta, especialmente las de los niños.

Son los niños los que Mi adversario está buscando destruir, que son el futuro de vuestro mundo. Amén, Amén, Amén." *(Miércoles de Semana Santa, 12 de Abril de 2017).*

62. LOS PRIMEROS CINCO SÁBADOS EN LA MONTAÑA SAGRADA DEL MONTE BATIM

Nuestra Señora habla:

"Anuncia a Mi querido hijo elegido, el Obispo de vuestra tierra ancestral, Su Gracia Filipe Neri Ferrao. Le estoy inmensamente agradecida a través de los dolores que mi Inmaculado Corazón está sufriendo hoy por vuestro mundo. Me ha traído consuelo deseando y anunciando su deseo para complacerMe, Consagrando Goa a Mi Inmaculado Corazón como era el deseo de Mi Inmaculado Corazón y extendiéndolo a quienes él da la bienvenida en unión con él, para revelar sus deseos unidos al Suyo: Consagrar por toda la tierra de India, los Obispos y Sacerdotes, los laicos juntos con los Religiosos que

---

[100] *Figura bíblica del sufrimiento de Nuestra Señora*
[101] *Romanos 5,12-15 y Enseñanzas de Ireneo de Lyon*
[102] *De Nuestra Señora*

se unirán el día que marca lo que se ha venido a conocer como el Centenario de Mi Aparición en Fátima. Es un día de júbilo; ¡incluso Yo, que soy la *Inmaculada Concepción* soportando estas espinas en Mi Inmaculado Corazón por la ingratitud, insultos y blasfemias que se profieren contra Mi Inmaculada Concepción, me regocijaré en recibir este consuelo! ¡Porque Dios lo desea!

Hazle también saber, pequeña Mía y de Mi Jesús, Cleofas, que instaure la devoción de los Primeros Cinco Sábados, como se conoce, sobre la Montaña Sagrada del Monte Batim Ganxim, Mi lugar de Aparición, donde espero que Mis hijos cada día Me visiten y a través de Mí, lleguen a un Amor más profundo de Mi Divino Hijo Jesús, Quien les espera en la Santa Eucaristía. Le amo entrañablemente y le agradezco inmensamente y a través de él, agradezco a mis queridos hijos, Mis hijos elegidos y Mis hijas elegidas y todos Mis amados hijos que se unirán en la celebración para Consagrar su Diócesis y a ellos mismos a Mi Inmaculado Corazón...

Yo soy la *Madre de Dios*, Yo soy la *Inmaculada Concepción*, Cuyo Inmaculado Corazón se aflige por Mis hijos y está siendo atravesado por la Corona de Espinas, la misma Corona que llevó la Santa Cabeza de Mi Divino Hijo Jesús, como *Co-Redentora*, Redimiendo con el *Redentor*, la *Mediadora de Toda Gracia* y *Defensora*, esperando el momento de serlo proclamada sobre la Tierra como lo Soy en el Cielo. Amén." *(Jueves Santo, 13 de Abril de 2017).*

63. CALMAR LA IRA DE DIOS QUE DESPIERTA CONTRA VUESTRO MUNDO

"Mis amados hijos, os hablo a través de esta exhausta pequeña Mía, que está soportando el sufrimiento de Mi Inmaculado Corazón en reparación por innumerables Almas, para rescatarlas y traerlas de vuelta a Dios a través de Mí.

Deseo enormemente dar a conocer las graves ofensas cometidas por Mis hijos elegidos y Mis hijas elegidas que se han unido a las filas, apenando Mi Inmaculado Corazón, de desobediencia y ofensas contra el Magisterio, contra el Santo Padre, ¡vuestro Santo Padre hoy el Papa Francisco I que sufre tanto! Orad por vuestro Santo Padre, Yo os pido amados hijos, Mis fieles, que recéis por Él; también orad por vuestro Papa en la sombra Benedicto XVI, que también sufre enormemente por tales insultos. Deseo grandemente vuestras oraciones y cada pizca de sufrimiento y ayuno como reparación contra estos insultos y para calmar la Ira de Dios que se ha encendido contra vuestro mundo. ¡Orad, orad, rezad muchos Rosarios! ¡Ofreced muchas Horas Santas y muchos Santos Sacrificios!

Os amo entrañablemente, Yo soy vuestra Madre Celestial, la *Madre de Dios*, la *Mediadora de Toda Gracia, Co-Redentora* y *Defensora* en el Cielo. Espero vuestras oraciones sobre la Tierra y ser proclamada como tal para que pueda repartir estas Gracias sobre Mis amados hijos para que puedan soportar la Ira de Dios cuando ocurra. Amén". (*Jueves Santo, 13 de Abril de 2017*).

64. VOLVED A MÍ A TRAVÉS DE VUESTRA CONSAGRACIÓN CADA MAÑANA A MI INMACULADO CORAZÓN

Nuestra Señora Habla:

"Amados hijos míos, ¿aún no entendéis cómo Dios Padre deseó que Mi Inmaculado Corazón fuera el portal de La Divina Misericordia y el camino que dirige a la Verdad y a la Gracia?

Y para vosotros Mis amados hijos elegidos, Mis Sacerdotes y mis amadas hijas elegidas y Monjas, ¡no os dais cuenta de que tenemos muy muy muy poca luz diurna! Si pensáis que vuestro mundo está ahora en el caos, aún no habéis entendido que un caos mayor se está acercando como una imponente ola del mar a sacudir a los fieles.

¡Promoved la devoción a Mi Inmaculado Corazón! ¡Es de suma importancia! Mi Corazón Maternal espera reunir a Mis hijos que están separados de Mí y aún no conocen el camino. Sí, hay otros caminos que llevan a la Misericordia de Dios, pero es a través de extraños caminos y extrañas profundidades que la alcanzaréis, y además a través de muchas luchas; en cambio, el camino a recorrer por medio de Mi Inmaculado Corazón es fácil. He sufrido por vosotros y sufriré por vosotros esta noche una vez más.

¡Muchos de vosotros buscáis otros caminos y cortasteis el cordón umbilical de Mi Gracia Materna! A vosotros, Mis amados hijos, os digo: Volved a Mí a través de vuestra Consagración cada mañana a Mi Inmaculado Corazón. Dios ha elegido esta parte para vosotros, ¡no busquéis otra! Os dirigiré a salvo a Jesús Nuestro Salvador, Mi Divino Hijo, Nuestro *Redentor* del Cual Yo soy *Co-Redentora* y Él el *Defensor* ante Dios Nuestro Padre, y Yo vuestra *Defensora* ante Él, el Juez Divino.

Haced por entender esta manera de proceder y estaréis en paz aunque haya una gran confusión a vuestro alrededor. Tengo mucho que decir a través de esta pequeña Mía.

Ahora, amados hijos, examinad vuestra conciencia y fijaos dónde estoy Yo en vosotros. ¡Cómo entonces dirigiréis a vuestros hermanos y hermanas no-católicos que se pierden esta verdad, el camino, el único camino! Deben verlo primero en vosotros. ¡Yo estoy aquí esperando vuestro sí!

Os amo entrañablemente. Yo soy la Madre de Dios, vuestra Madre Celestial, la *Mediadora de Toda Gracia, Co-Redentora* y *Defensora* en el Cielo, esperando vuestras oraciones para llevarlas a su cumplimiento en la Tierra. Os amo entrañablemente, ¡volved a mí! Amén". (*Jueves Santo, 13 de Abril de 2017*).

65. REVELARÁS UNA GRAN COMPRENSIÓN DEL SUFRIMIENTO NECESARIO PARA REDIMIR LAS ALMAS PERDIDAS EN EL PECADO

"Amada hija Cleofas, pequeña Mía y de Mi Jesús, soy tu Madre Celestial y estoy muy complacida por ti, deseando en este momento tu completa y total entrega. Tus Padres espirituales están orando por esto también. ¡Entrega total! ¡No te preocupes por las cosas de tu alrededor! ¡No estés ansiosa!

Hoy empezarás después de volver del Santo Sacrificio en conmemoración de ese Primer Santo Sacrificio. Tú co-redimirás Conmigo la *Co-Redentora* y Yo, la *Co-Redentora*, con el *Redentor*, Mi Divino Hijo Jesús. Entenderás cuánto valor tiene este momento, y a través de ti, revelarás una gran comprensión del sufrimiento necesario para redimir Almas perdidas en el pecado y la conversión necesaria para traer a aquellos que todavía no conocen al Verdadero Dios Jesús, ¡Verdadero Dios y Verdadero Hombre! Ahora caminarás con el Hombre-Dios que es el *Redentor*, a través de Mí, la *Co-Redentora;* y tú co-redimirás Conmigo para entender el valor del sufrimiento. ¿Me ayudarás?"

Iveta: Sí, Santa Madre, tengo momentos de ansiedad, y me mantengo ocupada con charlas y ruido porque tengo miedo de esta ansiedad. Sí, estoy lista, ¿me ayudarás a ayudarTe?

Nuestra Señora habla:

"¡Amada hija regocíjate! Estás llevando una Cruz y para eso fuiste creada. Yo estoy aquí contigo. No estás sola. No entiendes, tu amor es tan grande para confortar Mi Inmaculado Corazón que pena por tu mundo, ¡porque muchos de tus hermanos y hermanas están perdidos! Tú misma ves tantos, ¡y hoy mismo tú puedes ayudarlos ayudándome a Mí!

Te amo y acepto tu 'sí'. Ahora, mi amado del Amado, Félix Xavier, ¿me darás tú también tu consentimiento, tu 'sí' a Mí, para ayudarMe ayudando a esta pequeña a soportar este sufrimiento?"

Félix Xavier: Sí, Santa Madre.

La Santa Madre habla:

"Te doy la bienvenida a la Morada de Mi Inmaculado Corazón para sentir tú también mi Pena. ¡Cómo confortas Mi Inmaculado Corazón! Ojalá entendierais que esta es la devoción que se necesita en vuestro mundo. Os lo agradezco, Amén." *(13 de Abril de 2017)*

66. SATÁN VA A LIBRAR UNA GUERRA CONTRA MÍ, ES DECIR, CONTRA MIS HIJOS

Nuestra Señora habla:

"Entiendes hija, esto que está próximo, esto que espera en los días venideros que marcará el aumento de las contracciones de parto de la persecución: están muy cerca de ti, no tengas miedo; ¡confíalo todo a Mi Inmaculado Corazón y busca refugio en mi Inmaculado Corazón! Es esa hora que está a punto de llegar en que Satán va a librar una guerra contra Mí, es decir contra Mis hijos; o sea vosotros – conocidos también como la Iglesia Militante. Algunos de vosotros marcharéis hacia adelante e iréis al Martirio y algunos de vosotros permaneceréis angustiados mientras os dirigís a Mi Refugio. ¡quedaos cerca de Mí siempre! Aquí estás co-redimiendo ahora, pequeña mía y de Mi Jesús, Cleofas, para entender estas cosas. Amén."

La Santa Madre habla:

"Estad abiertos y en silencio a la Voz del Espíritu Santo, Mi Esposo. Él os hará saber dónde os tenéis que quedar y esperar.

Seguid la dirección que os marque y cada instrucción que os dé. ¡No hay tiempo para dudas! Aquellos que duden, caerán en las manos de Mi adversario y morirán como Mártires. ¡Ese momento será una ofrenda para co-redimir Conmigo, la *Co-redentora* junto con el *Redentor*, Nuestro Salvador!" ...

Nuestra Santa Madre dice

"Mira hija" ... *me muestra cómo los soldados están arrestando a aquellos que siguen el Cristianismo, ¡Católicos! Les están pidiendo que nieguen su Fe en Jesús. ¡Hay muchos que lo harán por miedo!*

Nuestra Señora habla:

"Es tu sufrimiento, hija Mía, Querida Mía, co-redimiendo en este momento para que tengan valor y no nieguen su Fe."

Iveta: Me siento pesada, me siento tan pesada. La Santa Madre está sujetando Su Manto a mi alrededor; está orando mientras todos los demás se han quedado dormidos. La miro y Ella sonríe. Ella sabe de este peso, que yo también estoy a punto de dormirme.

La Santa Madre habla:

"Hija, mantente despierta Conmigo, ora Conmigo, hija."

*

"¿Todavía estáis durmiendo? Descansad, Mi traidor está cerca."

.... En ese momento Él se retira y vuelve a orar.

Pedro no está seguro de poder con todo esto. El Señor va a dejarle a cargo. Pedro está casi desesperado en su interior. ¿El Señor realmente quiere que Yo cuide de Sus ovejas, Sus corderos?" Mírame Señor", *le está diciendo.* "Soy un miserable pecador, soy tan débil", *y el Señor le oye y le habla a su Alma.*

"Ten valor, Pedro, Mi fuerza en ti es suficiente y no traicionará tu labor, harás lo que te he pedido. Ten valor, esta noche voy a sufrir por ti y por aquellos que vendrán después de ti en la línea de sucesión hasta el último Pedro antes de la profanación sacrílega[103] de quien se sentará en este trono tuyo".

Pedro está escuchando pero está confuso. "Hay algo que no me encaja, Señor; yo estoy sentado bajo un árbol, angustiado... y Tú hablas de un trono."

El Señor habla:

"Tú no lo entiendes ahora, pero lo entenderás de aquí poco. Por el momento ora, ora porque la carne es débil pero el espíritu es fuerte en ti.[104]"

"Ahora ves, hija,"

Nuestra Santa madre habla:

"Esta es la angustia, y ahora en este momento, el sufrimiento de co-redimir Conmigo por tu Santo Padre...

Iveta: ... pero soy tan débil, ¿cómo puedo ser útil (Jueves Santo, 13 de Abril de 2017).

67. SOLO UNOS POCOS SACERDOTES Y MONJAS SERÁN PRESERVADOS

"¿Todavía estás durmiendo, Pedro? ¡Levántate, es la hora! El Hijo del Hombre ha sido traicionado[105] y entregado en

---

[103] *Marcos 13,14*
[104] *Mateo 26,41*
[105] *Marcos 13,14*

manos de pecadores. Mi traidor está cerca, encima de nosotros, ¿Puedes oírlo?"

Iveta: ... Qué horrible sonido, hacen ruido como si ahuyentaran animales... qué sonido... ruido de pisadas, golpes de espada a ritmo de marcha, burlas de ancianos y Fariseos y los otros que vienen con ellos. Llevan palos como los policías en la India y los soldados vienen con espadas. Judas marcha el primero sonriendo; se cree que está haciendo una obra encomiable. Les dice: "Al que yo bese[106] es al que estáis buscando pero sed amables con Él." ... pero ellos se limitan a mirarle con ojos burlescos. La palabra 'amable' no está en sus corazones. Judas viene corriendo. Pedro, Santiago y Juan están de pie, pueden oírlo todo pero en sus corazones no saben si deberían correr o quedarse; con todo, se arman de valor y se quedan. Son las oraciones de Nuestra Santa Madre las que les dan fortaleza ahora como nos fortalecerán a nosotros... Judas se acerca, y Judas Iscariote besa Al Señor en la mejilla y el Señor dice: "Amigo[107], ¿por qué has hecho esto? Sabes que habría sido mejor para ti no haber nacido[108] nunca que traicionar al Hijo del Hombre."

... y en un abrir y cerrar de ojos agarran las Manos del Señor y Le encadenan, atándoLe ambas Manos a la espalda.

Nuestra Santa Madre toma ahora la palabra:

"Amada hija, lo que ves es cuántos de Mis Sacerdotes, Mis hijos elegidos amados y queridos por Mí serán arrestados. Como Pedro, Santiago y Juan, algunos serán preservados por un tiempo y como Juan, algunos serán preservados para ir al Refugio donde será preservada la Iglesia Católica, ¡y muchos tendrán, como Pedro y Santiago, la muerte de un Mártir!

---

[106] *Mateo 6,48*
[107] *Mateo 26,50*
[108] *Mateo 6,24*

Iveta: ... llorando ... ¡Santa Madre!

La Santa Madre habla:

"¡Ten valor, hija, ten valor!"

La Santa Madre llora ... Iveta está sollozando mientras Nuestra Santa Madre ve cómo se llevan a Su Hijo.

Esto es de Alma a Alma, de Mente a Mente, de Corazón a Corazón, de la visión de lo que Jesús y Nuestra Santa Madre están pasando. Me dice:

"¿Entiendes? Estás co-redimiendo Conmigo por los muchos que morirán y por aquellos a quienes se llevarán de esta manera. Estás co-redimiendo por muchos hermanos y hermanas que se traicionarán los unos a los otros, como está escrito. Padre contra hijo, hijo contra padre, madre contra hija, hija contra suegra, hermano contra hermano[109]. Se entregarán los unos a los otros a la muerte y creerán que están haciendo el bien. Amén.

Ahora, hija, Jesús será arrestado como se te anunció en el pasado sobre lo que ocurriría. En este momento estás co-redimiendo en el sufrimiento del silencio, ya que Le meterán en esa terrible celda, en el sótano, con ese terrible hedor. Ahora muchos suplicarán y buscarán un lugar como ese para tener refugio para su apuro.

Sepas y entiende: ¡La furia de Mi adversario se ha encendido contra Mis hijos, contra Mi Iglesia! Como Mi Última aparición en Fátima[110] marca el cierre del centésimo año conocido como Centenario, entenderás lo que acontezca, ¡todo está a punto!

---

[109] *Lucas 12,53*
[110] *13 de Octubre de 2017*

A aquellos que no presten atención: perecerán como el resto; ¡los buenos y los malos!

Te amo pequeña Mía, ahora sufrirás la angustia en silencio y oraremos por todos los Hijos elegidos y las monjas que sufren en este momento, ya que solo unas pocas serán preservadas, ¡como está ordenado en el Plan de Dios! Amén."

Iveta: Moriré esta noche. ¡Mi cuerpo, mi corazón están sufriendo gravemente! Estoy sufriendo, respirando…

Nuestra Santa Madre habla:

"Sí hija, estás sufriendo, pero no morirás, no es la hora todavía para ti. Dispongámonos ahora mismo a orar…"

Iveta[111]: … dame Agua Bendita (13 de Abril de 2017, Jueves Santo).

68. HAY ESPERANZA, ¡INCLUSO PARA ELLOS!

Nuestra Santa Madre habla:

"¿Te das cuenta de que estás co-redimiendo Conmigo junto al Redentor?

Querida hija, este es el hedor de los pecados de la carne y la destrucción de cada familia humana que ha abrazado esta forma de vida. ¡Ves la oscuridad en la celda! ¡Esta es la oscuridad de la conciencia! Hoy, con este sufrimiento tuyo, unido al Mío y al de Nuestro Divino Salvador, Yo como *Co-Redentora* asociada al Salvador, el *Redentor*, y tú, como un pequeño recipiente, co-redimiendo, ¡abriremos tantos corazones! ¡Tú romperás la oscuridad de estos corazones! Su arrepentimiento llegará, ¡pero la unidad de la familia se romperá!

---

[111] *A su marido Félix*

Sepas también, hija, que este sufrimiento co-redentor envolverá a las familias que estén Consagradas a Mi Inmaculado Corazón para traerles la protección que necesitan, ¡contra el mundo que justifica tal estilo de vida! ¡Incluso los animales viven una forma de vida mejor! No hay respeto entre las criaturas en la unidad familiar; se maldicen unas a otras y pronuncian palabras obscenas como si esa forma de hablar fuera normal. Solo la oración puede traer a estas Almas al arrepentimiento, ¡porque la oración romperá la oscuridad de la conciencia!

¡La oración más eficaz es el Santo Rosario! Desmontará la oscuridad de la mente y el corazón, restaurando la conciencia. De entre estas criaturas que viven este estilo de vida, muchas son fieles, que de este modo ¡se han unido a los paganos!

Sabed y entended que serán ellas, si no oráis, las que marcharán contra vosotros los fieles, ¡para destruiros porque les parecéis una amenaza! Amén."

Nuestra Santa Madre Habla:

"Amados hijos Míos, Yo os hablo para que abandonéis este tipo de vida. No os traerá alegría ni paz incluso aunque ahora penséis que estáis en un estado de felicidad – tomado en préstamo a Satán, Mi adversario. A su debido tiempo él os abandonará y os dejará desolados, y vuestra fe será suicida, porque estos pecados solo llevan a la creencia de que 'no hay Dios' y 'no queda vida', ¡lo cual no es cierto!

¡Os suplico con Amor Maternal que volváis! Aquí Conmigo, está hoy vuestra pequeña hermana Cleofas, co-redimiendo, ¡perdiendo sangre para que podáis volver! Todo esto porque hay esperanza, hay esperanza incluso para ellos, ¡porque nuestro Jesús está sufriendo tanto como sufrió ese primer Viernes Santo! ¡Continúa sufriendo en vuestro mundo para traeros de vuelta! Aunque sufrió una vez, ¡si os arrepentís, Su Misericordia es para vosotros!

¡Yo estoy aquí como *Co-Redentora* intercediendo para ayudaros! Espero con lágrimas, lágrimas por vuestro 'Sí' y 'ayúdame, Santa Madre' – eso es todo lo que espero oír, – ¡y os ayudaré! ¡Yo soy la Madre Que os ama! Yo no tengo en cuenta vuestra miseria. Os arroparé con Mis Vestiduras, Mi Manto Inmaculado y ¡os ayudaré a volver! Amén."

"Ves, hija, qué importante es orar. ¡Muchos han abandonado la oración! ¡Orar es tan importante! Cuando rezáis el Rosario, Yo puedo abrir las arterias atascadas del Alma. El Alma es el corazón invisible del hombre. Sin el Alma, el corazón no puede funcionar. La oración es como sangre nueva. La Sangre en Mí, la *Inmaculada Concepción*, corre a través de sus venas, sus arterias y la Sangre, la Preciosa Sangre de Nuestro Salvador, ¡renueva el Alma como un sentimiento reanimador! Amén". *(Jueves Santo, 13 de Abril de 2017).*

69. ES NECESARIO QUE TODOS MIS HIJOS OFREZCAN SU SUFRIMIENTO PARA CO-REDIMIR CADA DÍA

La Santa Madre habla:

"Sí, hija, ¡cada pequeño sacrificio, cada pequeño sufrimiento es un gran consuelo para el Maestro, el *Redentor!* Sepas bien y entiende: Tú eres parte del Cuerpo del Maestro, justo como Yo soy una gran parte de Su Cuerpo. Él es la Cabeza y así todos somos parte de Su Cuerpo; por eso es necesario que todos Mis hijos ofrezcan su sufrimiento para co-redimir cada día de sus vidas, ¡es la hora de ponerse a ello! Esta es la oración que enseñé a los niños pequeños, los pequeños Pastores niños en Fátima. Todos debéis recitarla también:

'Oh Jesús Mío, te amo y te ofrezco este sufrimiento por la conversión de los pecadores y por todas las ofensas e insultos cometidos contra el Inmaculado Corazón de María. Amén.'

Recitad esta oración, amados hijos, cuando ofrezcáis vuestro sufrimiento a Jesús y para consolar Mi Inmaculado Corazón. Esta oración repartirá gracias para traer la conversión. Y a ti Mi amada hija, besa la 'Medalla.' Ahora Yo intercedo como *Co-Redentora* para repartir la Gracia por la conversión antes de tiempo. ¿Entiendes ahora? Junto con esta oración, besa la 'Medalla.' He anunciado a través de ti sus promesas para todos Mis amados hijos que la llevarán con fidelidad. Amén."

*

Jesús habla a Mi Alma:

"Pequeña Mía y de Mi Madre Bendita, Cleofas, estás co-redimiendo en este día a través de la *Co-Redentora* siendo Yo el *Redentor*, ¿Entiendes? Es así que la persecución que ha empezado por todas partes, ¡aumentará y se extenderá alarmantemente! Se está acercando, incluso en el país donde vives. ¡Muchos serán crucificados injustamente! No os defendáis[112], Mi Espíritu y el de Mi Padre en Mí vendrá y residirá en cada uno de Mis hijos y hablará a través de ellos. Es de esta manera que ellos co-redimirán para salvar a aquellos que son elegidos para los tiempos de *'la Iglesia Clandestina'*, tanto Sacerdotes como Monjas, Mis Esposas y Mis Fieles. ¡Muchos de vosotros debéis pagar el precio!

¡Orad mucho en estos momentos! ¡Orad, orad, orad como os ha enseñado Mi Santa Madre, Mi Madre Afligida! Cómo deseo liberarLa de esta angustia, pero era para este momento, ahora como *Co-Redentora, que* Ella os ayudaría en vuestro sufrimiento para Co-Redimir muchas Almas de fieles que han caído presas de Mi adversario y de los no-Católicos que aún no me conocen como su Dios. Ellos vendrán e

---

[112] *Lucas 21,14*

incluso derramarán su sangre y permanecerán fieles a Mis enseñanzas y a Mi Santa Iglesia Católica, Mi Esposa. Amén."

*

"¿Dónde está, dónde está?" Dice la Santa Madre. "Ven", dice Juan abriéndose camino entre la multitud, mientras esta se acerca mucho al estrado donde Jesús estaba y se acercarán de nuevo antes de que se lo lleven para ser crucificado.

María Magdalena está gritando "¡No le crucifiquéis! ¡No ha hecho nada malo! Y hay muchos otros como ella…así de este modo están co-redimiendo."

La Santa Madre se vuelve hacia mí y habla a mi Alma:

"Hija, pequeña Mía, entiendes ahora, así es como será en los días venideros cuando Mis hijos ofrezcan su sufrimiento en los momentos de persecución que sufriremos, para co-redimir por la purificación necesaria de la Esposa de Cristo, ¡la Iglesia Católica! ¡Lo que ellos Le han hecho al Señor, se lo harán a los Sacerdotes! ¡Se están riendo de Mí! ¡Escarnecerán a las Monjas! ¡Muchos serán asesinados! Aquellos que están consagrados a Mí, a Mi Inmaculado Corazón, sufrirán, ¡pero no serán destruidos! Son aquellos que no están consagrados a Mi Inmaculado Corazón los que sufrirán mucho, ¡el horrible hedor de la destrucción! *(Jueves Santo, 13 de Abril, 2017).*

70. ¡TENEOS EN VELA Y REPARAD TALES OFENSAS!

Se pone a correr. Puedo verLa a través de los ojos de mi Alma. Ha ido al Pretorio a ver a Jesús, pero le han llevado a una habitación donde Le ponen sus vestiduras y Le preparan para la crucifixión. Se ríen de Él y le escupen pero Jesús no protesta. La Santa Madre viene corriendo. Juan hace un gesto con la cabeza a los guardias para que la dejen pasar y hace signos con las manos como diciendo "dejadla en paz, es Su Madre".

Esta ve toda la Sangre por el suelo, así como trozos de carne desprendidos. Se quita el velo y limpia la Sangre.

Juan y Nuestra Santa Madre están limpiando todas las piedras, así como la columna. ¡La Santa Madre está llevando la Carne de Su propio Hijo!

A continuación se dirige a mi Alma:

"Pequeña Mía y de Mi Jesús, Cleofas, ¡así es cómo Jesús es traicionado por muchos! ¡Trozos de Su Sagrada Carne son arrojados al suelo y pisoteados! ¡La irreverencia! ¡Y aquellos que practican la Comunión Sacrílega hacen esto al Maestro! ¡Ofreced muchas Santas Comuniones y celebrad muchos Santos Sacrificios en la Sagrada Montaña del Monte Batim para reparar tales ofensas! ¡Vosotros mismos teneos en vela, reparando tales ofensas! Irán a más, destruirán vuestros Tabernáculos y ¡esparcirán la Santa Carne de Jesús por todas partes! ¡Ya han empezado! ¡Está en las manos de los fieles que han caído en las garras de Satán, que Jesús sufra de este modo!"

Iveta: ... Santa Madre ... ¡Estoy temblando, madre!

Santa Madre: "No tengas miedo. Estoy aquí."

Iveta: "Madre, ¿Cómo puedes decir eso (llorando)? Mira lo que le están haciendo a Jesús."

Santa Madre: "Hija"

Se pone a hablar a mi Alma, al tiempo que mira al Señor. "Da gracias a Dios Padre. Es por los pecados del Hombre, tus pecados y los pecados de todos tus hermanos y hermanas, por lo que este sufrimiento ha recaído sobre ti. Ahora tú estás co-redimiendo después de haberte arrepentido de los tuyos; ora para que muchos vengan a hacer lo mismo. De esta manera, ¡ganaremos Almas para Dios! Amén."

¡Oh! ... ¡Oh! ... llorando ... Nunca le he visto así Ahh...

Nuestra Señora: "Este es el sentido de Co-Redimir; ahora tú lo estás sintiendo y viéndolo de cerca". *(Jueves Santo, 13 de Abril de 2017).*

71. ¿VES LO VALIOSO QUE ES EL SUFRIMIENTO?

Vuelve a dirijirse a mí *de Alma a Alma, Co-Redentora a co-redentora... Yo solo soy un pequeño recipiente. Ahora la Santa Madre vuelve a hablarme, y a través de mí a todos los demás que están co-redimiendo.*

"Amados hijos míos, ¿veis lo valioso que es el sufrimiento? Veréis los frutos a su debido tiempo. No os preocupéis por ser consolados o recibir consuelo por vuestras oraciones o sufrimientos. Os hablo a todas las Almas Víctimas: no os preocupéis más que de ofrecer vuestro sufrimiento para la conversión de los pecadores, especialmente aquellos que están extendiendo herejías y cismas en la Iglesia, ¡La Iglesia Católica! Es una ofensa grave hacia el Espíritu Santo, Mi Esposo.

Sabed y entended bien: Predicaréis con vuestra vida, ¡No con vuestras palabras! Las Palabras del Evangelio en las Escrituras, en el Libro Sagrado, La Santa Biblia como se conoce, viven en vosotros, ¡en cada uno!

No dejéis de consagraros a Mi Inmaculado Corazón. Es a través de Mi Inmaculado Corazón que entraréis en el Sagrado Corazón de Jesús de acuerdo con el Deseo de Dios Nuestro Padre, para sufrir, en Él, Su sufrimiento en Su Humanidad como

Hombre-Dios. Os amo a todos entrañablemente. Os agradezco vuestro consuelo en este momento. Amén."

*

Jesús habla de Alma a Alma Conmigo:

"Pequeña Mía, co-redimiendo con Mi Bendita Madre la *Co-Redentora*, junto Conmigo el *Redentor*, ¡cómo me consuelas!"

Iveta: Señor Mío, ¿Qué tengo yo para ofrecer? ¡Ah! … exagero mi sufrimiento.

"No hija, estás equivocada entendiéndolo así; no piensas como Yo. Tú escondes más tu sufrimiento como es la labor de Mi Santa Madre, y está bien. Se llama sufrimiento silencioso, ¡es la manera de ofrecerte a ti misma para redimir Almas!

Ahora mientras entras Conmigo, obtendrás Gracia para tu Santo Padre, Mi Sacerdote amado, ¡Mi Pedro! ¡Oh cómo sufre! Cómo me habría encantado haberle librado de este momento, pero es por esto que nació, para llevar esta Cruz. No está solo; mi Madre está Co-Redimiendo como *Co-Redentora* con él y también Mi Pedro, el Papa oculto conocido por vosotros por sus nombres: el Papa reinante, el Pedro actual, el Papa Francisco I y el Papa oculto, el Pedro en la sombra, el Papa Benedicto XVI.

Tu sufrimiento, pequeña Mía, aunque te parezca tan pequeño, traerá muchas Almas de vuelta, confortando de este modo sus corazones y fortaleciéndolos: Almas de Sacerdotes, Almas de Obispos, Almas de Cardenales, Almas de Monjas, Mis Esposas que desean abandonarMe y elegir otro Jesús, ¡al cual proclaman por su infidelidad a Mí!

Yo soy Jesús de Nazaret, llevando hoy en día Mi Cruz por vosotros y por el bien de muchos, como en ese Primer Viernes Santo. Amén. Amén". *(Jueves Santo, 13 de Abril de 2017).*

72. SE NECESITA SILENCIO PARA ESCUCHAR EN CADA MOMENTO A MI ESPOSO EL ESPÍRITU SANTO

De Alma a Alma, de Corazón a Corazón, habla con Su Madre:

"Madre, Madre, ayuda a estos hijos Míos. Me ven de esta manera pero no entienden que es por su bien que estoy soportando todo esto, ¡igual que Tú! Te amo Madre, Bendita eres entre todas las Mujeres, porque de Ti ha nacido el Hijo de Dios. Bendita eres entre todas las Mujeres porque has obedecido la Voluntad de Dios, ¡Co-Redimiendo en este momento Conmigo como *Co-Redentora!* Amén. Amén."

La Santa Madre me mira y habla de Alma a Alma mientras la multitud parece haberse detenido.

"Pequeña Mía y de Mi Jesús, Cleofas, oh amada hija, ¡Cuán grande es tu Amor! Has obedecido la voluntad de Dios. ¡Has sacrificado tanto! Este es el poder de Co-Redimir Conmigo: ¡Tu obediencia y tu fidelidad! Esta es la Gracia que Yo derramaré sobre vuestro Santo Padre que está angustiado por los muchos hijos de Dios que no obedecen, ¡por los muchos fieles que le están condenando injustamente! Ten valor, por el momento solo hace falta oración y silencio para escuchar en cada momento a Mi Esposo, ¡el Espíritu Santo que hablará con vuestra Alma y descansará en vuestros corazones cuando le invitéis a entrar!

¡Te amo! Ya he dado a conocer a todas las madres la forma de Consagrarse por sus hijos a Mi Inmaculado Corazón. ¡Seguidla y no os preocupéis! Yo, la Madre Celestial, cuidaré de ellos y los protegeré, y si interferís como madres, no iré contra vuestra voluntad. Debéis entregármela para que yo pueda hacerlo todo como amorosa Madre con amabilidad y delicadeza para traerlos de vuelta a Dios con amorosa Misericordia. Amén."

*

La Santa Madre me vuelve a llevar a lo que llamamos la décima estación, en la que Jesús es despojado de Sus Vestiduras. Una en particular[113], les pide a los Soldados que no se la retiren... les da en su lugar Su segundo manto, no el que lleva la Carne de Jesús, para cubrir Su Santas Partes Íntimas.

Vuelve a revelarme de Alma a Alma:

"Amada Hija, ¿Entiendes lo que acabas de ver? Muchos de Mis hijos sufrirán de esta manera. El hambre y la guerra que aún están por venir traerán este sufrimiento. Cómo deseo evitarlo; basta con que oréis; orad, hijos Míos, ¡orad!"

Me revela de nuevo, llevándome al Monte Batim Ganxim, esta Sagrada Montaña, el Lugar de Su Aparición:

"Deseo de todo corazón que muchos Santos Sacrificios se celebren por las muchas Almas que deben sufrir las consecuencias del pecado: Guerras y hambre, pestilencia, guerras provocadas por el hombre y plagas devastadoras provocadas por el hombre.

Deseo enormemente que Mis hijos salgan en procesión para venerarMe, por las ofensas cometidas contra Mi Inmaculada Concepción y Mi Inmaculado Corazón, graves ofensas, ¡rechazando por ello a Dios en la Segunda Persona de la Santísima Trinidad presente hoy con vosotros en la Santa Eucaristía!

Esto consolará y traerá desagravio para consolar Mi Inmaculado Corazón y el Sagrado Corazón de Jesús. Amén." *(Viernes Santo, 14 de Abril de 2017).*

---

[113] *Las vestiduras de Jesús que cubren sus Santas Partes Íntimas.*

73. ¡TRES CUARTOS DE LA TIERRA DESAPARECERÁN!

"Mis amados hijos, en esta Santa Mañana que es conmemoración del Primer Sábado Santo, vengo a imploraros con urgencia que oréis, ¡amados hijos!

Sabed y entended que hay muchos de vosotros que sufren enfermedades, y que vuestros médicos no quieren tratar con vosotros. Es esta la hora en que puede que aprendáis a Co-Redimir Conmigo, la *Co-Redentora*, como esta pequeña Mía y de Mi Jesús, vuestra amada hermana Cleofas lo está haciendo en este día y cuando Yo le pida que lo haga.

Amados hijos, ¡la urgencia a la que os llamo es a orar! Coged vuestra arma que es el Santo Rosario. Es vuestro deber ahora orar contra lo que se os viene encima, la guerra del mal contra el mal, cada vez más cerca por la codicia del Hombre.

Preparaos hijos Míos, ¡Preparaos ahora! No deberíais desoír mi Mensaje para orar, orar, orar, en solidaridad con vuestros Sacerdotes, vuestras Monjas, rezad el Santo Rosario – esta debe ser ahora la llamada de urgencia: orar, ¡porque la Tercera Guerra Mundial está a punto de empezar!

¡Mi Corazón Maternal llora por tantos que perecerán! Tres cuartos de la Tierra serán aniquilados y lo que permanecerá en el cuarto, ¡será lo que Dios elija entre el *Remanente*!

En esta Guerra, ¡las criaturas y la creación serán devastados! ¡Os lo ruego con la urgencia de la súplica de Mi Corazón Maternal! No tenemos más tiempo para prepararnos, preparad a las Almas, viviendo cada día unidos a Mi Inmaculado Corazón. Es de vital importancia que os consagréis a Mi Inmaculado Corazón y que os preparéis abrazando la devoción a Mi Inmaculado Corazón de *Los Cinco Primeros Sábados*.

¡Participad en ellos, tantos como podáis, hasta ese momento crucial en que el hombre se levante contra el hombre!

La Humanidad ya no verá más a los demás como humanidad, ¡sino como una amenaza a su codicia! Lo habéis visto en pequeñas dosis, ahora vendrá la grande. ¡Solo vuestras oraciones pueden evitar este mal! Muchos de vosotros que podéis ayunar y orar, ¡aplicaos a este momento de ayuno y oración los Primeros Viernes y los Primeros Sábados!

Yo soy vuestra Madre Celestial orando en este día con muchos de vosotros que estáis orando y consolando Mi Inmaculado Corazón y el Sagrado Corazón de Jesús. Pronto celebraréis la Resurrección que llamáis Domingo de Resurrección, ¡pero muchos no veréis este día porque la *guerra del mal contra el mal* ha empezado! Vosotros, hijos Míos, os habéis convertido en una amenazada para el Maligno, que ha arrastrado a muchos de los fieles en su seducción y les ha dado el arma para aniquilarse unos a otros, como una nación aniquila a otra, ¡y muchos están caminando por este sendero de perdición![114]

Estoy aquí con vosotros para acompañaros. Os amo tanto. Yo soy la Madre de Dios, La Madre que se apena de Misericordia por vosotros, la *Mediadora de Toda Gracia, Co-Redentora* y *Defensora* esperando ese momento en que Yo pueda prodigar Mi Gracia, ¡pero vosotros no oráis, Mis amados hijos, como os he hecho saber! ¡Solo un puñado está orando las tres mil Avemarías para que se lleve a cabo este pronunciamiento! ¡Os Bendigo y os agradezco y os garantizo mi protección Maternal! Os amo a todos entrañablemente, vuestra *Defensora* en el Cielo, recordándoos, intercedien-do por vosotros en vuestra última hora de agonía. Amén". (*Sábado Santo, 15 Abril de 2017*).

---

[114] *Mateo 7,13*

74. REPARAD AYUNANDO Y ORANDO PARA CONSOLAR AL SAGRADO CORAZÓN DE NUESTRO SEÑOR

"Amados hijos Míos, ¡cómo desea Mi Inmaculado corazón ser amado por todos los Hombres! ¡El Sagrado Corazón de Jesús está infligido por la ingratitud y abandonado por Mis fieles y por la falta de oraciones de Mis fieles para consolar el Sagrado Corazón de Jesús, Nuestro Señor, y Mi Inmaculado Corazón!

Hoy os pido, amados hijos, que reparéis a través del ayuno y orando para consolar al Sagrado Corazón de Nuestro Señor.

Yo te pido, pequeña Mía y de Mi Jesús, Cleofas: ¿Sufrirás hasta la hora de la Divina Misericordia para consolar al Sagrado Corazón de Jesús que vive con vosotros en todos los Tabernáculos del mundo y permanece abandonado en tantos Tabernáculos?" *(Primer Viernes, 7 de Julio de 2017).*

75. SUS HIJOS QUE HAN ABANDONADO LA FE

El Arcángel San Miguel:

"Yo soy San Miguel Arcángel, así llamado por vosotros, el que permanece en Presencia de Dios, aquí ante vosotros a las órdenes de Nuestra Santísima y Bendita Madre, Cuyo Cumpleaños celebramos hoy al unísono con la Iglesia Católica.

Vengo a pedirte a ti, pequeña de Dios, amada hija Cleofas de la Bendita Virgen María, nuestra amada hermana, que soportes el sufrimiento que recaerá sobre ti y que ya ha comenzado[115], y así hasta la hora de la Divina Misericordia de este día, en reparación por todas las ofensas y la ingratitud

---

[115] *Iveta ya estaba sufriendo.*

que Nuestra Bendita Madre recibe de todos Sus hijos que han abandonado la fe. Estas son las ofensas que ofenden terriblemente a la Inmaculada, y Dios, que las ve, ¡está a punto de castigar al mundo con un duro castigo que ya ha empezado y se está recrude-ciendo!" … *hace una pausa y sonríe.*

"En este día, amados hijos, permaneced en ayunas, tú, pequeña de la Bendita Madre y del Señor Jesús, Cleofas, y tú, amado del Amado, Félix Xavier, hasta la Hora de La Divina Misericordia. Este ayuno se lo ofreceréis a vuestro Santo Padre. ¡Hay un inmenso peso cayendo sobre Él de todas las falsas acusaciones entre la Jerarquía!

Yo estaré con vosotros. ¡No os abandonaré! ¡Invocad Mi Presencia cuando sintáis peligro o interferencia! ¡A la hora de la Divina Misericordia, Nuestra Santa Madre vendrá y recibirá los méritos de este sufrimiento y los llevará al Trono de Dios para rescatar Almas y comprar tiempo para que os preparéis! ¿Le ayudaréis? *(Natividad de la Santísima Virgen María, 8 de Septiembre de 2017).*

76. QUÉ DOLOROSO SERÍA SIN ESTAS ORACIONES

El Arcángel San Miguel habla.

"Amados hijos de Dios, Yo soy San Miguel, el defensor de los elegidos de Dios, que permanece en Presencia de Dios aquí ante vosotros; soy también el sirviente de María, siempre Virgen, *Madre de Dios, Mediadora de Toda Gracia, Co-Redentora* y *Defensora* que espera tal proclamación, pero es así ya en el Cielo, intercediendo por vuestro mundo.

Ha venido ahora ante vosotros para recoger todo este sufrimiento y presentarlo como oraciones para rescatar Almas en la Iglesia Universal y en la Iglesia Doméstica. ¡Oh! ¡en qué estado está la Iglesia Católica y aún así vuestras oraciones y las oraciones de todos los fieles se elevan para rescatar Almas para Dios. Yo estoy aquí ante vosotros, para daros el mensaje de Nuestra Santa Madre..."

Nuestra Señora habla.

"Mi amada hija, pequeña Mía y de Mi Jesús, Cleofas. ¡Oh, qué olor tan agradable tienes después de ofrecerte por la Iglesia Católica – ambas, la Universal y la Doméstica! Hoy tus oraciones y las oraciones de Mi amado del Amado, tu marido Félix Xavier y aquellos que oraron en la Sagrada Montaña del Monte Batim-Ganxim ascendieron para rescatar Almas de la Iglesia Universal y la Iglesia Doméstica.

¡Qué doloroso sería sin estas oraciones, porque vuestros pastores se han extraviado y están dirigiendo a muchos de Mis hijos a la perdición! Son solo vuestras oraciones las que me sostendrán y harán posible que Yo traiga estas Almas de vuelta a Dios. ¡Ojalá supierais cuán valiosas son vuestras oraciones y cuán valioso es el sufrimiento! Te agradezco, Mi amado del Amado, haber dado tu 'Sí' y consentir incluso aunque eras reacio a entender. No siempre se trata de que entiendas; lo único es que entregues todo a Mi Inmaculado Corazón. ¡Si no es de Dios, lo destruiré!

Yo soy la *Inmaculada Concepción* y todo aquello que sea encomendado a Mi Inmaculado Corazón que no esté en el *orden* de la Gracia y la Verdad, ¡será destruido! Tal es el poder que se Me ha confiado.

Hoy también es el cumpleaños de esta pequeña y es importantísimo que entendáis, cuando volváis del Santo Sacrificio, que habéis de tomar vuestros votos, vuestros votos Bautismales. Entenderéis esto en los días venideros. ¡Es oportuno para recordar lo que Dios ha hecho por vosotros!

Pequeña Mía y de Mi Jesús, te agradezco que hayas respondido a Mi petición, incluso aunque sufres la oscuridad de tus dudas. Pasaréis por muchos momentos conocidos como *la noche oscura* del Alma, amados hijos. Cuando os encomendéis todos a Mi Inmaculado Corazón, no sufriréis ningún daño; incluso en estas noches oscuras vuestro camino parecerá estar en la Luz, porque la verdad siempre caminará por delante de vosotros como la Luz de Jesús, Mi Divino Hijo.

Te amo entrañablemente, Yo soy la *Madre de Dios*, tu Madre Celestial junto con todos los Ángeles y Santos y la Santísima Trinidad morando en Mi Inmaculado Corazón. Deseo derramar una Bendición sobre ti y a través de ti, pequeña Mía, sobre las Almas por las que has orado y orarás hasta la hora final de este día. Recibe esta bendición "IN NOMINE PATRIS, ET FILII ET SPIRITUS SANCTI, AMEN."

Dios Padre te da las gracias, Dios Hijo te da las gracias, el Espíritu Santo Mi casto Esposo te da las gracias, San José mi casto Esposo te da las gracias y todos los Ángeles y Santos te lo agradecen. Yo te lo agradezco, Mi amada hija, siempre estoy muy cerca de ti.

¡No estés ansiosa, no te preocupes, te amo entrañablemente! Amén." *

Este Mensaje es para todos aquellos que se reunieron en el Monte Batim-Ganxim (India)

"Amados hijos Míos, os agradezco haber recordado y conmemorado este día. En recuerdo de mi primera Aparición, ascendisteis a esta Montaña para orar y dar las gracias a Dios por Mí, un Regalo para vosotros como vuestra Madre Celestial, siempre aquí esperándoos y para ayudaros.

Orad por vuestros Pastores. Deseo grandemente que se oficien muchos Santos Sacrificios sobre esta Montaña; veréis el fruto a través del cual podré rescatar a los pecadores más empedernidos y también a aquellos que no creen en la fe de la enseñanza Católica, ¡aún así son mis hijos! Les amo entrañablemente. Agradezco a todos aquellos que son conocidos como no-Católicos, que hayan subido a esta Santa Montaña. Yo soy su Madre y los amo ¡e intercederé por ellos también! Yo os bendigo en este día y prometo estar con vosotros siempre.

Hace una pausa con un profundo suspiro…

"Agradezco a todos aquellos que no pueden entrar, y que aún así se han quedado, tanto a Mis hijos elegidos, los religiosos, como a los laicos, y que han orado en conmemoración de este día de mi Aparición en esta Santa Montaña. Entenderéis el plan de Salvación de Dios para vuestro mundo en los próximos días.

Venid, amados hijos, venid en gran número, venid en Procesión ¡recitando el Santo Rosario!

Os amo entrañablemente, Yo soy la *Madre de Dios*, Vuestra Madre Celestial, La *Mediadora de Toda Gracia, Co-Redentora* y *Defensora* en el Cielo; se conocerá como el último dogma, ¡el quinto dogma en la Tierra[116] a través de vuestras oraciones! Amén". *(Aniversario de la primera Aparición de Nuestra Santa Madre en el Monte Batim, 24 de Septiembre de 2017).*

---

[116] La *"Maternidad Divina"* proclamada en el Concilio de Éfeso en el 431. Nuestra Santa Madre siendo concebida *"sin ningún detrimento de su virginidad, que permaneció inviolada incluso después de su nacimiento"* (Concilio Laterano, 649), *Inmaculada Concepción* (ver la Constitución *"Ineffabilis Deus"* del 8 de Diciembre de 1854), y la Asunción de Nuestra Santa Madre proclamada por el Papa Pío XII el 1 de Noviembre de 1950 en su Encíclica *"Munificentissimus Deus"*. El quinto Dogma proclamará quién es Nuestra Santa Madre para nosotros.

77. VUESTRO MUNDO SE HA CONVERTIDO EN EL MUNDO DEL HOLOCAUSTO

San Miguel Arcángel hace una reverencia como saludándonos, y habla.

"Hijos de Dios, sois como el incienso que está ardiendo en el trono de Dios y aplacando la ira de Dios en el intento de comprar tiempo Celestial para rescatar Almas de la esclavitud del pecado.

Yo soy San Miguel, que permanece en presencia de Dios aquí y ahora ante ti, pequeña Mía y de Mi Jesús. ¡Hablo de parte de Nuestra Santa Madre, cuyo sirviente soy! Para Mí eres Mi amada hermana Cleofas. Traigo el mensaje que Ella desea encomendar a través de ti a todos Sus amados hijos. Ella está aquí para recibir los méritos de este sufrimiento. Continuará hasta la tercera hora (15h), La hora de la Divina Misericordia.

Se dispone a pronunciar Su mensaje:

"Mi amada hija Cleofas, pequeña Mía y de Mi Jesús, cuánto has amado con el Amor de Dios en ti. ¡cuánto estás sufriendo en este día! He estado cerca de ti, aunque en algunos momentos no estabas segura de que Yo estaba ahí. ¡Es un sufrimiento tan grande! Hoy vengo ante ti, para agradecerte tu 'Sí' y tu fidelidad para sufrir como Alma Víctima unida a mi Divino Hijo Jesús, Tu Salvador, Tu Redentor, Yo como *Co-Redentora* redimiendo a Mis hijos, ¡a través de este sufrimiento!

Los hijos que te he referido son aquellos que permanecen en la vocación del Santo Amor Matrimonial, los matrimonios de hoy. Los matrimonios Católicos en la Iglesia Doméstica, ¡cuyos valores se están desintegrando! ¡Hoy has rescatado tantos de estos matrimonios salvando a los niños que eran amenazados con ser abortados! ¡Abortados por pensar como el mundo piensa, con valores insuficientes… en Matrimonios Católicos!

La vida está amenazada e incluso usada como holocausto, ¡sacrificios a Satán! Debes saber que estos niños iban a ser abortados y que sufriste los tormentos de la mente y la ansiedad de estas mujeres, amadas hijas Mías, que no entienden el valor de la Vida ¡y lo preciosa que es en ellas! ¡Estos son futuros Sacerdotes y Monjas que habrían sido asesinados hoy!

Valores insuficientes porque se sienten no queridas, no deseadas, porque se les inculca la idea de que hay algo anormal en ellos, incluso así en vez de acudir a Dios acuden a la abominación de matar a estos niños, conocida como aborto, como un medio rápido de librarse de este niño ya que no entienden que están ofendiendo a Dios, ¡Nuestro Padre que es el dador de esta vida!

Amadas hijas, cómo os amo, ¡Venid a Mí! Yo soy vuestra Madre, vuestra Madre Celestial, incluso cuando estéis angustiadas de esta manera, ¡venid a Mí! ¡Yo os ayudaré! No cometáis tal abominación por la que estaréis pagando el precio hasta el último suspiro de la Tierra. ¡Qué gran desagravio se necesita!"

Hace una pausa ¡y llora! llora… ¡Oh Madre!… lágrimas, lágrimas de Sangre cayendo por Sus Mejillas… tal es Su dolor… llorando… ¡y la angustia por salvar a estos niños!…

"Os agradezco, queridos hijos, haber elegido no abortar a estos niños sino abrazarlos como una cruz, una Cruz Alegre … ¡la Gracia se os garantizará! A los padres de estos niños, los padres terrenales, ¡solo sois un instrumento! ¡Acoged a este niño en vuestra vida, hoy! Dios os dará todo lo que necesitéis. Su Amor es suficiente, y Su Gracia os ayudará en todas las necesidades de estos niños. ¡No consintáis tal abominación! ¡Vuestro mundo se ha convertido en un mundo de holocausto! No sigáis ese consejo ni ese camino malvado que solo os dirige al Infierno, ¡Donde Satán os espera!

Os amo entrañablemente, Os lo agradezco. Amén."

Me sonríe...

"Yo soy la *Madre de Dios,* vuestra Madre Celestial, la Madre de todos los Hijos de Dios, la Madre de toda la humanidad, intercediendo por vosotros en vuestra vocación de entendimiento del Santo Matrimonio en el Matrimonio Católico como *Co-Redentora y Mediadora de Toda Gracia,* para garantizaros las Gracias que os faltan; y *Defensora* ante el Juez Divino cuando continuéis ofendiéndoLe, aceptando los modos y maneras del mundo, para que os apartéis de este sendero ¡y acojáis Su yugo que es Luz y está exento de cargas! ¡Yo estoy aquí para guiaros, vuestra Madre Celestial que os Ama entrañablemente! Amén."

San Miguel repite "Amén". Ve y yo también veo ahora mismo, Almas que están ascendiendo – Almas de estos abortos hacia el Cielo, porque hace un rato se me concedió la Gracia de llevar a cabo un Bautismo Espiritual dándoles nombres de Santos: el nombre de Nuestra Santa Madre María, José, Juan, Magdalena, Jacinta, Catalina, David, Jacobo. Amén.

La Visión se cierra... el Sufrimiento continúa hasta la hora de la Divina Misericordia, las 15h (Primer Viernes de Octubre, 6 de Octubre de 2017).

AÑO 2018: SOLO ELLA COMO MEDIADORA Y MADRE DE DIOS, LA MUJER QUE VISTE DE SOL, QUE APLASTARÁ LA CABEZA DE SATÁN AL FINAL, PUEDE ESCONDERTE Y RESCATARTE

78. ¡MUCHOS ESTÁN CAYENDO EN LA OSCURIDAD PORQUE NO ENTIENDEN ESTOS MOMENTOS!

Veo en este momento a Nuestra Señora viniendo antes de la hora de la Divina Misericordia a recibir este Sufrimiento por el Santo Padre, y aquí y ahora el Arcángel Gabriel, Mi segundo Angel de la Guarda[117], trae el mensaje, las palabras de Nuestra Señora para nosotros:

"Amados hijos míos, si entendierais cuánto Me consoláis a mí y a Nuestro Señor orando por el Santo Padre, lo haríais con más frecuencia en estos tiempos, ya que la persecución va en aumento y el terrible hedor del cisma en la Iglesia Católica se está extendiendo como fuego incontrolado, como lo llamarían los humanos. Y muchos están cayendo en esto, ¡sin ni siquiera darse cuenta ni discernir! Aquellos que incluso dicen tener discernimiento pero que no lo tienen porque están cayendo en habladurías y en la tendencia de pertenecer y caminar por el sendero de la perdición.[118] Orad amados hijos, ¡orad para permanecer obedientes! Orad por sus Almas, ¡orad por su conversión!"

... en ese momento hace una pausa y me mira.

"Deseo grandemente, pequeña Mía y de Mi Jesús, Cleofas, agradecerte el haberte sometido a este tipo de obediencia en su momento, aunque sé que no entendiste la visión que se te presentó en el Santo Sacrificio del Santo Padre: aún así la recibiste ya que se la explicaste a tu esposo Mi amado del Amado Félix Xavier, cuyo discernimiento era claro porque estaba orando y le agradezco inmensamente haber orado por el Santo Padre de una manera tan ferviente y diligente, haciendo subir sus oraciones, el Santo Rosario y las Avemarías, las tres mil Avemarías.

---

[117] *El Arcángel San Gabriel se le dió a Iveta como segundo Ángel de la Guarda para ayudarla en su sufrimiento: Iveta puede darle el sufrimiento más extraordinario.*
[118] *Mateo 7,13*

¡Qué maravilloso olor a incienso y oración subió por el Santo Padre! Y ahora, unidos a este sufrimiento, adquiriréis mucha fuerza; ojalá entendierais lo importante que es para vosotros permanecer escondidos y orando. A menudo se os tienta con salir al mundo a dar a conocer la Palabra de Dios. En su momento, pequeños Míos. ¡Solo haced lo que os he pedido!

Te agradezco, Mi amado del Amado, una vez más, haber respondido diligentemente a Mi petición de traer estos Mensajes y ponerlos en orden. Es de gran importancia porque el día se está haciendo más corto, la oscuridad va en aumento, y muchos están cayendo en la oscuridad ¡porque no entienden estos momentos! Enséñales amado Mío entre los Amados, cómo entender Mi mensaje ya anunciado en el libro que se titula: *'La Misericordia de Dios y la Llamada a la Vuelta al Puerto de la Verdad.'*

Aquí ellos aprenderán a ser obedientes y fieles al Santo Magisterio y a la cabeza de la Iglesia Católica, Su Santidad, Mi Amado Hijo Elegido – hoy el Papa Francisco I. Está sufriendo en manos de los fieles, y sufriendo mucho – por todas las falsas acusaciones y cargos que se levantan contra él, que pueden distanciarle de la silla de Pedro y prepararla para el que llevará a Mis hijos a extraviarse totalmente, ¡el antipapa! Su amor por el poder ya se está haciendo manifiesto.

¡Atentos a seguir orando! Ejercitaos en el silencio para que podáis oír el Espíritu de Dios dirigiéndoos, y no el Espíritu de este mundo y al padre de las mentiras[119] y los engaños, el espíritu del anticristo!

Os amo entrañablemente, Yo soy la *Madre de Dios*, Vuestra Madre Celestial, la *Mediadora de Toda Gracia, Co-Redentora* y *Defensora* en el Cielo. ¡A través de vuestras oraciones se me proclamará como tal! Es suficiente con que oréis, amados hijos, ¡basta con que oréis!"

---

[119] Juan 8,44

Ahora sonríe; Sus vestiduras son como las de una Reina. Tiene una corona sobre la Cabeza, que representa los doce Apóstoles con las cruces en ella – La Corona de la Mediadora de Toda Gracia. Su vestido sobresale de su manto exterior y está sujeto por los Ángeles.

El Manto abraza la Iglesia Católica. Nos está cobijando a todos en él, la Iglesia Universal. El Vestido que sobresale son aquellos que se han consagrado hoy a Su Inmaculado Corazón y están protegidos bajo Su vestido, ¡protegidos! Los Ángeles vienen y lo traen poniéndolo a nuestro alrededor y se quedan como guardias.

El Rosario está en Su mano derecha y el Escapulario de la **Mediadora de Toda Gracia** *está en Su mano izquierda, cubierto por Su Dedo Corazón y 'Jesús' está suspendido de Su Inmaculado Corazón y el Cáliz está sosteniendo al 'Jesús' suspendido sobre él y debajo están las dos llaves de Pedro.*

Sonríe y nos hace una reverencia como conclusión de Su Saludo final. Nuestro Altar vuelve y veo a la **Mediadora de Toda Gracia** *completamente como se presenta Ella misma en esta visión. La visión termina. (Viernes después del Miércoles de Ceniza, 16 de Febrero de 2018).*

79. ¡HAY TANTA POBREZA DE PRIVACIÓN DE PADRE!

San Miguel habla:

"Amados hijos de Dios, soy San Miguel, que permanece en Presencia del Señor, Nuestro Dios, aquí ante vosotros a las órdenes de Nuestra Madre Celestial, Que permanece a Mi lado y desea que os transmita estas Palabras."

Iveta: Estoy teniendo problemas al corazón.

"Soy Su sirviente, amados hijos de Dios. Esta hora, conocida como la hora de la Divina Misericordia, aunque se esté acabando para este continente, es todavía hora de la Misericordia a través de la intercesión de Nuestra Bendita Madre como *Mediadora de Toda Gracia, Co-Redentora* y *Defensora* Que sostiene el Cuerpo Sin Vida de Su Hijo, Nuestro Salvador, en Sus Manos, ahora presente ante vosotros en Su Inmaculado Corazón."

... *y ahora las Palabras de Nuestra Señora:*

"Amados hijos míos, os agradezco que os hayáis mantenido en vela para orar Conmigo, en este día conocido como Viernes, el Segundo Viernes de Cuaresma, la Hora Santa de la redención del hombre, en recuerdo y para entender lo que Dios dio por ellos, por vosotros, ¡por nosotros!

Te agradezco, pequeña Mía y de Mi Jesús, que en este día hayas soportado este sufrimiento por la Iglesia Doméstica, la pequeña iglesia que es cada familia, siendo la cabeza de la Iglesia Doméstica el marido, el padre.

Hoy hay tal pobreza de privación de padre, ¡la falta de amor de la figura paterna por su hogar! Sus responsabilidades se han alterado según los modos y maneras del mundo dejando una peligrosa pobreza en su casa. ¡El abuso está tan extendido! La violencia controla la naturaleza dominante de su autoridad, ¡pero no es la manera de Dios! Está ahí para gobernar su hogar como sacerdote, profeta y rey de su hogar, manteniendo a su familia en el conocimiento de Dios como profeta. Como rey, gobernando sobre su esposa, que es la Reina, y sobre sus hijos; con amor, no con malicia, y no con el látigo de su lengua, ¡y no con el látigo de su mano para usarlo como en una pelea a puñetazos! Esta situación está rompiendo y separando familias, ¡por tal falta de Amor!

Vengo a pedir a esta pequeña que sufra hoy para que yo pueda rescatar algunos hogares que están rotos por este tipo de pobreza y traer estas familias de vuelta al orden de La Gracia y La Verdad- ¡familias Católicas!

Vengo a pedir a Mis amados hijos, Mis hijos amados por Mí, que amen a sus esposas y a sus hijos con ese Amor que Jesús, Mi Divino Hijo, muestra por Su iglesia[120], un amor sacrificado; y sean proveedores para sus familias, pero ¡principalmente sean proveedores de mantener la Verdad, la Vida y el Camino de las enseñanzas de la Iglesia Católica!

Suya será la continuación de la *Cultura de la Vida* como se conoce, los caminos de Dios, ¡para las generaciones futuras! El deterioro en las familias, por falta de todo esto, ¡nos dirigirá a la cultura de la muerte y a la muerte de la familia con un horrible hedor!

Mi adversario les está dando herramientas de todo tipo para destruir a la familia y ser maridos infieles a sus esposas, dirigiéndolas por ello a ir incluso por el camino de la infidelidad al Sacramento del Santo Matrimonio, ¡El Amor Matrimonial!

Vengo a suplicaros, hijos Míos, amados hijos Míos, cabezas de familia y modelos de comportamiento para vuestros hogares. También vengo a llamar a los padres adoptivos en este preciso momento, viudas que se han vuelto a casar y padres adoptivos que han adoptado hijos.

Os agradezco haber tomado este rol como figura paterna para estos niños que han sido abandonados y os pido que os encomendéis todos a Mi Inmaculado Corazón cada día, ¡vuestra familia entera! De esta manera os ayudaré. También os pido que Consagréis vuestras familias a mi casto Esposo en la Tierra, San José, que fue Padre Adoptivo, la Figura Paterna de Jesús en la Tierra. Él os ayudará a sacar adelante vuestra familia para ser habitantes de la Iglesia futura en la *Cultura de la Vida*.

Os amo entrañablemente. Estoy profundamente y seriamente preocupada por los problemas de las familias de hoy en día.

---

[120] *Efesios 5,25*

Pero estoy aquí como vuestra Madre, vuestra Madre Celestial, para traer la fuerza de Dios y Su Gracia a cada familia, para fortaleceros contra los ataques del adversario, Mi adversario, el adversario de Dios, contra Su pequeña Iglesia, la Iglesia Doméstica. San Miguel está aquí para defenderos. *(San Miguel asiente con un 'Sí' a Nuestra Señora).*

Debéis recitar Su coronilla e invocar Su Presencia cuando tengáis necesidad.

Os amo entrañablemente, Yo soy la *Madre de Dios*, soy Vuestra Madre Celestial, la Madre de todos los hijos de Dios, la *Mediadora de Toda Gracia, Co-Redentora* y *Defensora* intercediendo por vosotros en este día y cada día cuando Me invoquéis bajo esta advocación por vuestras necesidades, ante el Trono de Dios.

Espero ser proclamada como tal sobre la Tierra y que así pueda repartir las Gracias necesarias para vosotros en este terrible, terrible, terrible tiempo de persecución contra la Iglesia Doméstica. ¡A través de vuestras oraciones llegaré a serlo en la Tierra! ¡Continuad, hijos, continuad orando diligentemente por esta intención conocida como el *Quinto Dogma*! Amén." *(Primer Viernes de Cuaresma, 23 de Febrero de 2018).*

80. LOS MODOS Y MANERAS DEL MUNDO SE HAN CONVERTIDO EN DOCTRINA Y PRECEPTO DE LAS FAMILIAS DE HOY

San Miguel Habla:

"Soy San Miguel, el que permanece en Presencia de Dios aquí y ahora ante vosotros a las órdenes de Nuestra Santa Madre, cuyo sirviente soy, La Virgen María.

La enseñanza que traigo ante vosotros es la enseñanza de la Divina Justicia. Si obedecéis, recibiréis la recompensa de la

Salvación Eterna. Si desobedecéis y camináis por los senderos de dolor que ofende a Dios, recibiréis vosotros mismos los dolores de la condenación eterna. Esta enseñanza es para todas las hijas de Dios conocidas como mujeres, madres."

Continúa hablando (las palabras de La Santa Madre):

"Amados hijos míos, pequeña Mía y de Mi Jesús, Cleofas, amada Mía y de Jesús, Amado del Padre, Félix Xavier, cuánto me complacéis con vuestra reverencia y vuestra respuesta en venir ante Mí a orar a esta hora de la Divina Misericordia. Es la oración lo que falta en cada hogar y de esto Mi adversario es el causante, entrando a través de la puerta principal a traer discordia y perturbación a las familias y a acusar a las madres, que se han entregado ellas mismas a sus estratagemas y a sus complots, ¡entrando en el mundo y en sus formas de ganarse el pan! Esta no es la orden de Dios; ¡los que ganan el pan son los cabezas de familia! ¡Esto ha traído falta de respeto a sus esposos que en cambio se han trastornado y no saben ya cuál es su rol, generando violencia en los hogares!

Hoy, Mis Amadas hijas, vosotras que se os conoce como madres, os estáis vistiendo con desvergüenza – faltando así de inocencia por la cual fuisteis revestidas con Mi Gracia. ¡Muchas de vosotras incluso Me deshonráis y no entendéis que Yo soy vuestro modelo de comporta-miento! Para esto no vengo sola, sino que el Padre Me designó como vuestro Modelo y Madre de todos los hijos de Dios.

Si recurrís a Mí todavía, traeréis armonía y aprenderéis paciencia – que tanto necesitáis – y ¡a perdonar! Cuando os decidís a no perdonar, traéis dolor y extraviáis a vuestros hijos. Esta generación de ahora se está vistiendo de perversidad y de una terrible iniquidad y está adoptando los modos y maneras del mundo como el modernismo y el socialismo. ¡Esto se ha convertido en la doctrina y el precepto de las familias de hoy!

Hoy esta pequeña sufre por las Madres que desean volver al *orden de Nazaret*. A ellas les impartiré Mis Gracias para traerlas de vuelta al orden de la vida familiar. E incluso si oran, sus hijos por los que no oran y a quienes no encomienden por su nombre a Mi Inmaculado Corazón, serán protegidos contra la iniquidad de la doctrina de hoy en día terriblemente permeada del padre de las mentiras [121] y padre de este mundo. Aunque Su hora está llegando, sabed que, con todo, no tiene poder sobre el Padre de Jesús[122]…el Padre Eterno que Me ha nombrado la *Madre Eterna*.

Amados hijos, volved al *Puerto de la Verdad* ¡y acoged los caminos de Dios! A todas vosotras, madres: ¡no sucumbáis a los caminos del mundo, no busquéis las cosas de este mundo! Estad contentas con lo que tenéis y todo lo que necesitáis se os dará. ¡No os faltará nada si buscáis primero el Reino de Dios![123] Y se os confiará lo necesario para que glorifiquéis a Dios. Amén.

Yo soy la *Madre de Dios*, Yo soy la Madre de todas las madres, Yo soy vuestra Madre Celestial, la *Mediadora de Toda Gracia*, *Co-Redentora* y *Defensora* en el Cielo intercediendo por vosotros cuando Me invoquéis bajo estas advocaciones. Espero que se me reconozcan sobre la Tierra algún día; y por medio de vuestras oraciones, Mis amados hijos que con fe oráis por este Mi propósito, ¡así acontecerá en la Tierra!

Os amo entrañablemente, Yo estoy aquí para ayudaros a volver a Dios y al orden de la familia de Dios. Amén". (*Primer Viernes de Cuaresma, 9 de Marzo de 2018*).

---

[121] *Juan 8,44*
[122] *Juan 19,11*
[123] *Mateo 6,33*

81. EN MUCHAS ÓRDENES, LAS ENSEÑANZAS DE LA RELIGIÓN UNICA MUNDIAL SE HAN INFILTRADO

Nuestra Señora habla:

"Amados hijos Míos, siempre tenéis un olor agradable ante Mí cuando oráis. Consoláis Mi Inmaculado Corazón; pero estáis a menudo distraídos sobre las cosas de este mundo y las preocupaciones de la gente de mundo, amados hijos Míos. ¡Debéis orar por ellos! Debéis hablar menos de las cosas de este mundo y concentraros en orar.

¡El Santo Rosario es de vital importancia! No recitéis oraciones vacías, como palabras vacías ante Mí, porque así no podré atraer Gracias sobre vosotros.

¡Solo el Rosario es la oración más eficaz que necesita vuestro mundo de hoy!

Pides el diálogo con Mi Corazón, pero vuestros corazones están preocupados por asuntos de vuestro mundo y no por la Palabra de Dios. Te agradezco, Mi amada hija, haber respondido a Mi petición. Incluso aunque hay sobre ti pesadas cargas, que no son el camino de Dios, ¡la ayuda llegará! Debes estar abierta para aceptar la ayuda y pasar por alto las faltas de los demás, como Dios pasa por alto tus faltas. ¡No pienses que eres más justa que otros!

Amada hija, hoy sufres por la Iglesia Universal, por todas las Madres Superioras, las Superioras y las Postulantes, las Novicias que llegarán a ser Esposas de Cristo. Sin embargo hay muchas que ya han entrado pero no han sido llamadas por mi Divino Hijo. Vienen para escapar del mundo, vienen porque han sido traicionadas por los hombres. Sería mejor que permanecieran fuera, en el mundo, quedándose vírgenes. En esta vocación, una es llamada al Santo Estado de Virginidad, preservada para ser Esposa de Cristo.

Esta Alma debe entenderse como un alma llamada a orar por el mundo y a no estar preocupada por los problemas del mundo. Hoy, en muchas Órdenes como es costumbre llamarlas, las enseñanzas de la *religión única mundial* se han infiltrado en ellas, infiltrándose en las mentes incluso de las elegidas, llamadas Monjas, como Esposas de Cristo, ¡trayendo mucha confusión!

La práctica del movimiento de la *nueva era* se ha introducido porque muchas están buscando seguir varias órdenes, cuando lo que les estaría bien es adecuarse a las directrices de los fundadores y fundadoras. Aquí ya se les subraya y se les da a conocer qué obligaciones tendrán en cada Orden. Esto cambiará cuando Rusia se Consagre a Mi Inmaculado Corazón durante los mil años de Paz, la era de Paz que prometí, que anunciaré el Jueves Santo, esto es Yo misma y Mi Jesús el *Redentor* y Yo como *Co-Redentora*, en que aclararemos lo que esta era de Paz traerá, y cómo el Gozo del Evangelio Viviente se vivirá por los religiosos y por los laicos." …

… *hace una pausa y llora. Se la ve arrodillándose, orando a la hora en que las Monjas deben orar individualmente ante Jesús. Están faltando a la oración, porque están fuera practicando la infidelidad a Dios y otras abominaciones, mientras Nuestra Santa Madre toma sus lugares.*

"Con respecto a aquellos para los que no es esta llamada, el adversario se está burlando de Dios en estos casos. Estos son aquellos que buscan casarse y que buscan convertirse en Sacerdotes para Consagrar a Jesús; ¡jamás debe ser así! Tal cosa está reservada para el Santo Sacramento del Matrimonio y es para aquellos que son llamados a esta vocación y a la continuidad de la raza humana. Y la llamada al Sacerdocio y el seguimiento del Divino Redentor como el Sumo Sacerdote y la Consagración de la Sagrada Eucaristía, es para los hombres – los solos llamados a esta vocación para servir a Dios."

Nuestra Señora llora y se queda en silencio.

"Cómo os amo, Mis hijos queridos. Deseo ayudar a aquellas que son llamadas a esta vocación como Esposas de Cristo, Mi Divino Hijo Jesús, y que están confusas. Si se encomiendan todas a mi Inmaculado Corazón cada mañana, las ayudaré como he ayudado a la devota María Magdalena que había caído, para que permaneciera santa como esposa de Cristo, vocación a la que se entregó después de arrepentirse. Fui Yo la que la formé y la traje hasta el Señor para aceptar ser una Virgen, una Virgen Consagrada y Su Esposa.

Y para las Madres Superioras que han sido llamadas y nominadas para estos cargos y las Superioras que enseñan y las Prioras que enseñan el *Orden de la Gracia* y la orden de esta llamada: ¡Poneos en guardia contra la anarquía! Debéis pasar mucho tiempo orando. ¡Encomendaos todas a Mi Inmaculado Corazón! ¡Hay muchas entre vosotras que aún no lo han hecho! Debéis estar en guardia contra esto dentro de vuestras paredes. Estáis preocupadas por los asuntos externos; ¡Así Satán se os ha metido dentro!

Debéis comprender lo que pasa en este momento de perturbación que ha surgido entre vosotras. Estáis buscando al ladrón[124] que podría venir del exterior, pero ¡está dentro de vuestras propias paredes! Cuando veáis y oigáis sobre abominaciones cometidas por aquellos que están dentro de vuestras Órdenes, traedlas ante el Padre Espiritual, el Sacerdote. Vendrán ante todas vosotras, porque sois sus Madres Espirituales; pero debéis traerlas ante el Padre Espiritual para ser liberadas y exorcizadas incluso, y si no desean ser liberadas, deberíais tratarlas como alguien no llamado por Dios y despedirlas, o causarán un gran daño y discordia entre las Órdenes.

¡No las instéis a entrar haciendo publicidad de tal llamada! Este llamamiento es un llamamiento, por eso el Espíritu Santo de Dios las guiará hasta vosotras. Vosotras como superioras

---

[124] *Juan 10,10*

junto con vuestras Monjas que han sido formadas y las novicias, debéis orar por esto, ¡para que vengan a vosotras! De esta manera estaréis a salvo al saber que aquellas que han sido llamadas, vendrán a vosotras y la paz permanecerá dentro de las paredes de las Santas Órdenes.

Estos son también los tiempos en que, a causa de la falta de oraciones, muchas de las que han sido llamadas y han sido tentadas han caído en la tentación y no han respondido a la llamada; pero están preparándose ahora para ser consagradas como vírgenes sin adoptar la vocación de Monja. Esta Sagrada vocación es una vocación que debe ser entendida como un pilar que mantiene el mundo, sin el cual la ira de Dios que se enciende y se desborda, habría llegado al mundo mucho antes de este día. ¡Es por vuestras oraciones y las oraciones de los fieles que están elevándose! ¡Las oraciones deben ser practicadas con vigilancia! ¡Cómo os amo, cómo oro por vosotros!

Yo estoy aquí como *Co-Redentora* y como *Mediadora* para cubriros con Mi Gracia, Gracia tras Gracia[125] que estáis perdiendo por una variedad de preocupaciones mundanas, cuando solo tenéis que estar preocupadas de un asunto y es de orar. Orad, Mis amadas Esposas de Cristo, Mi Divino Hijo.

Os revestiré con Mi manto Inmaculado y os presentaré ante Mi Divino Hijo, cuando llegue la hora de que seáis Sus Esposas.

Os amo entrañablemente, os agradezco a los muchos que habéis respondido, el haber permanecido fieles, no comprometiéndoos con los modos y maneras del mundo. Yo soy Ella, La *Madre de Dios*, Yo soy la Madre de las Monjas, Yo soy vuestra Madre Celestial que os ama entrañablemente, la *Mediadora de Toda Gracia, Co-Redentora* y *Defensora* en el Cielo.

---

[125] *Juan* 1,16

Orad por vuestro Santo Padre actual el Papa Francisco I, que lleva una pesada carga con esta pesada cruz junto con el Papa Benedicto XVI que también la lleva. Vuestras oraciones son necesarias para él también y para el propósito de Mi Inmaculado Corazón de que Yo sea proclamada *Mediadora de Toda Gracia, Co-Redentora* y *Defensora*. Llegará el momento, ¡si oráis por este propósito! Os amo entrañablemente. Amén."

San Miguel sonríe y nos hace una reverencia. "Os protegeré si Me invocáis. ¡Continuad así, diligentemente! Van a pasar muchas cosas. No os relajéis, no estéis preocupados con los asuntos del mundo de ahí fuera. Se os llama a la vida semi-monástica, ¡acogedla con alegría! Estoy aquí con vosotros a las órdenes de Nuestra Bendita Madre, San Miguel. Amén."
(Segundo Viernes de Pascua, 16 de Marzo de 2018)

82. ¡MUCHOS DE LOS SEMINARISTAS VIENEN DE SATÁN COMO SUS SACERDOTES!

San Miguel habla.

"Amados hijos de Dios, vengo hoy ante vosotros por petición de Nuestra Madre Celestial Que está aquí presente y que ha estado orando con vosotros, para anunciar Su deseo. ¡Soy Su sirviente! Soy San Miguel, Que permanece en presencia de Dios aquí y ahora ante vosotros. ¡Qué olor tan grato tenéis ante Dios mientras observáis lo que pasa en este momento para entender vuestra redención, que nuestro querido Salvador ha ganado para nosotros al precio de Su Preciosa Sangre[126] y su ignominioso sufrimiento para reconciliar criatura con Creador. ¡Aún así las criaturas han endurecido el corazón y rechazan el precio de la Redención!

---

[126] 1Pedro 1,18-19

Hace una pausa y expone el mensaje de Nuestra Santa Madre:

"Os agradezco haber respondido a Mi petición y haber venido a orar ante Mí y Mi Jesús a la hora de la Divina Misericordia."

Hoy vengo para dar a conocer la tristeza de Mi Inmaculado Corazón. Esta tristeza respecta a Mis amados Hijos que se han unido a la sinagoga de Satán[127] y que enseñan esta doctrina en los Seminarios. El humo de Satán ha entrado en los Seminarios y muchos de los Seminaristas no han acudido a la llamada de Jesús, el Sumo Sacerdote, para seguir Sus Pasos, ¡sino a la de Satán como sus Sacerdotes! Muchos de los profesores, sacerdotes ellos mismos, están enseñando la doctrina antidios. Han abandonado las enseñanzas de la Iglesia Católica para traer lo que se llama el movimiento de la nueva era, la religión única mundial; los cambios, como ellos los llaman, que se necesitan para estos tiempos; estos tiempos de la enseñanza del no defender la verdad como ha sido desde el principio de esta Institución, conocida como el Seminario.

En obediencia al Santo Padre, hoy en la silla de Pedro, el Obispo de Roma, Mi amado elegido, ¡agoniza por estos crímenes tan horribles! Su Santidad el Papa Francisco I en unión con el Papa Emérito en la sombra Benedicto XVI, ¡lloran por ellos Conmigo también! Se están presentando con la idea de abandonar el celibato, con la idea de que Mi Divino Hijo Jesús reveló como Sumo Sacerdote aceptar que los Sacerdotes se deberían casar y que las mujeres pueden ser ordenadas Sacerdotes. ¡No es así! ¡Esta es la sinagoga de Satán preparándose para la *religión única mundial!*

Sabed y entended bien que estos son los tiempos que vienen. Estos seminarios se las darán de estar defendiendo la verdad incluso en tiempos de persecución donde Mis seminarios estarán en la *Iglesia Clandestina,* en lugares en los que nadie querría vivir. Pero Yo estaré con ellos y ellos mantendrán la orden del Sumo

---

[127] *Apocalipsis 2,9: "aquellos que dicen que son judíos y no lo son."*

Sacerdote Jesucristo y permanecerán en obediencia a la Silla de Pedro, incluso cuando se infiltre el anti-papa y aquellos que le siguen. Amén."

Ahora se pone a hablar a todos Sus hijos:

"Amados hijos míos, sabed y entended que será la hora en que tendréis que dejar vuestras iglesias y orar en casa, cuando oigáis la doctrina que se predicará contra Mi *Inmaculada Concepción,* contra la Divinidad de Jesús presente en la Santa Eucaristía como Dios Verdadero y Hombre Verdadero. Cuando estén contaminadas, ¡alejaos de esas iglesias! ¡Estas serán las iglesias que permanecerán abiertas como las sinagogas de Satán!

Mis Sacerdotes irán a aquellos a quienes Yo les enviaré, y Yo estaré con ellos. Tenéis que orar como os he hecho saber. Esto tendrá lugar cuando el que se sienta hoy en la Silla de Pedro, el Papa Francisco I, huya a la *Iglesia Clandestina*. Aún así mi iglesia no estará sin Pedro, la Piedra. ¡Solo debéis creer! Muchos de vosotros donde vuestras iglesias estén cerradas, haréis Comuniones Espirituales. Jesús vendrá a estar con vosotros de esta manera; y a su debido tiempo, Mis Sacerdotes vendrán a oficiaros el Santo Sacrificio y a daros la Eucaristía Consagrada.

¡No temáis, os daré a conocer todo esto una vez más! ¡Ya están tan cerca estos momentos!

Orad, orad mucho, amados hijos, como Yo os he enseñado, para que sea proclamada *Mediadora de Toda Gracia, Co-Redentora* y *Defensora* en la Tierra para ayudaros y estar con vosotros en estos tiempos y repartir las Gracias que necesitéis.

¡No temáis, incluso si el Martirio es vuestra llamada! ¡Permaneced fieles a Jesús! ¡No os abandonará! Os recibirá en el Cielo si el Martirio fuera lo que os toque sufrir. Llevad vuestras cruces con fidelidad y encomendaos todos a Mi Inmaculado Corazón. Os ayudaré cuando Me llaméis e intercederé por vosotros cuando Me llaméis bajo la advocación de *Mediadora de Toda Gracia, Co-Redentora* y *Defensora* en el cielo. Espero serlo proclamada en la Tierra, ¡por vuestras oraciones así será! Amén. *(Tercer Jueves de Cuaresma, 22 de Marzo de 2018).*

83. EL MAYOR PECADO AHORA MISMO A LOS OJOS DEL SEÑOR ES EL ABORTO

Jesús se deja caer sobre una piedra, una gran roca, y allí se arrodilla, mientras hay una luz brillando. Es la luz del Ángel que le trae el Cáliz[128], pero con angustia, ante Él desfilan todos los pecados y sufrimientos que debe pasar por nosotros.

El Mayor pecado ahora mismo es el aborto que desfila ante el Señor... y la Eutanasia viene antes de él. ¡El hombre juega a ser Dios! Este es el horrible hedor de la impureza... cada pecado está desfilando ante Dios y Jesucristo le grita al Padre:

"Padre, si es posible que pase de Mí este Cáliz"[129]... y en ese momento hace una reverencia con la cabeza..." Pero que no sea Mi voluntad, sino la Tuya, si debo beber de él."

Se levanta y se tambalea... está sudando, es sudor de miedo; se acerca a sus apóstoles y les encuentra dormidos. 'Pedro', le llama, "Pedro, ¿estás dormido?" No hay respuesta de Pedro... "Descansa" y se vuelve a tambalear y cae sobre la roca otra vez. Esta vez el Ángel está más cerca de Él, sujetando el Cáliz, y el Señor grita de nuevo, "Padre" con las mismas palabras "Permite que pase de Mí este Cáliz" pero añade: "Si debo beber de él, que no sea mi voluntad, sino la tuya", y cae. En ese momento Su sudor cambia. Tiene un aspecto como de Sangre por toda la cara y está cayendo al suelo.

---

[128] Mateo 26,39
[129] Mateo 26,39

Jesús parece asustado y viene y sigue acercándose como un borracho, ¡tambaleándose!

"Todavía estáis dormidos" *les dice* "La hora en que seré traicionado a manos de pecadores está cerca."[130] *Pedro mira al Señor con dificultad, intentando abrir los ojos y ve al Señor sangrando, pero no puede hacer nada. Está tan sobrecargado que se vuelve a dormir mientras sacude a Santiago y a Juan; pero no pueden levantarse.* "¡El Señor, El Señor!" *dice Pedro,* "¡Mirad al Señor, algo le pasa al Señor!

Todavía no entiende lo que pasa.

El Señor se va y cae sobre una roca otra vez y permanece en silencio durante un tiempo. Hay silencio; pero el ruido – de los guardias, los soldados – se acerca. Los soldados se están burlando y riendo mientras marchan – un horrible estruendo de miedo.

Veo en este momento tantos Ángeles Guardianes de todos aquellos que están orando, mientras Jesús habla con mi Alma.

"Hija"

Iveta: ¿Cómo puedo ayudarte, Señor?

"Sepas que he superado este momento que recaerá sobre todos Mis amados hijos. Así es como vendrán cuando la Ley Marcial sea impuesta en todas partes, por todo el mundo, sobre la Tierra. Los primeros – serán aquellos que están siguiendo una cultura de la muerte y han acogido a Satán como su Dios. ¡Estas son las leyes del anticristo y las leyes del antipapa!

Mi Pedro está angustiado, ¡No temas! ¡Yo estoy contigo, Mi Pedro! ¡No te abandonaré! Prometo que las puertas del Infierno no prevalecerán contra Mi Iglesia[131]. Esto es lo que

---
[130] *Mateo 26,45*
[131] *Mateo 16,18*

digo ahora mismo de Mi Iglesia que mantendré como la Iglesia Clandestina. Hasta el momento que Yo anunciaré ... Amén, Amén." *(Jueves Santo y Viernes Santo, 29-30 de Marzo de 2018).*

84. ¿QUÉ DEBO HACEROS?

Jesús habla de Alma a Alma Conmigo. Se dirige a los sacerdotes.

"Mis Sacerdotes, Mis Amados, Yo, que soy el Amado de Mi Padre, os pido ¡preparad a vuestras ovejas! Muchos de entre vosotros mismos tendréis que enfrentaros a este momento. Vuestra Corona os espera en el Cielo, lo entenderéis cuando Yo sea resucitado[132] como os lo he anunciado. Permaneced unidos y cerca de Mi Santa Madre que está Co-Redimiendo Conmigo.

Vuestra sangre es la sangre que se necesita para que mi *Remanente* sigan adelante. ¡Vuestra sangre es necesaria para purificar a Mi Esposa La Iglesia Católica! Vuestra sangre es necesaria, en unión Conmigo, para rescatar Almas de la cruel esclavitud del demonio, Mi adversario el mismo Satán, que ha tentado a muchos de Mis Sacerdotes a engrosar sus filas.

Yo soy Jesús de Nazaret, El Sumo Sacerdote, sufriendo en este día como hice esa primera noche, Jesús de Nazaret. Amén. Amén". *(Jueves Santo y Viernes Santo. 29-30 de Marzo de 2018)*

*

La cara de Jesús está tan hinchada, y Sus Ojos como inflamados ... pero ¡no protesta! Le atan una cuerda alrededor del cuello y Le cuelgan y entonces cortan la cuerda e inmediatamente cae...

Iveta: ¡Oh! ¡Oh! ¡Oh... Llorando ...

---

[132] Juan 12,32

Es una horrible tortura… discuten entre ellos mismos si llevarLe ahora o esperar a los soldados porque puede haber gente en las calles. Jesús está tumbado en el suelo y ellos le quitan la cuerda del cuello y atan otra en torno al pecho y le levantan y le dejan caer de nuevo. No hay luz en el sótano excepto la de las antorchas.

Ahora el Señor se dirige a mí, de Alma a Alma:

"Pequeña Mía"

Iveta: Sí Señor … llorando…

"Gracias por despertarte, y a ti, Mi amado del Amado. Soy Yo el que está sufriendo en este momento por todos los pecados. Gracias por abrazar Mi Misericordia. ¿Entendéis este sufrimiento? ¡Esto es lo que hacen a aquellos que no tienen voz!

Estos son los criminales, no en vuestras celdas de la cárcel sino en vuestros hospitales, que arrebatan las vidas de los inocentes, que arrebatan las vidas bajo la ley actual de la cultura de la muerte; conocida por vosotros como Eutanasia, privándoos de sufrir por Mi Justicia, ¡que es Mi Amor! Mi Justicia no es como la Justicia injusta de la Tierra de aquellos que juzgan injustamente – ¡absolviendo al culpable y condenando al justo! Mi Justicia es para aquellos que se arrepienten y acogen Mi Misericordia"… *silencio…* "Yo soy Jesús de Nazaret sufriendo hoy".

En ese momento Jesús me muestra "muchas de mis Esposas, sí, pequeña Mía… Monjas, han cometido la ofensa de la impureza contra su voto de castidad y hay muchos Sacerdotes involucrados en tales actos diabólicos y están cometiendo esta ofensa de llevar a este pequeño bebé a la muerte bajo la ley del aborto." *Jesús añade:*

"¿Qué debo haceros? ¿No es Mi Amor suficiente como para que Me abandonéis por mis enemigos y permitáis a Satán entrar en vosotros?"

"Sabed que incluso en esos casos, si os arrepentís y os mantenéis cerca de mi Bendita Madre, Ella os cuidará, ya que está Co-Redimiendo por vosotros Conmigo."

... en este momento se presentan a mi vista estos Ángeles, numerosos Ángeles de la Guarda. Veo también los Ángeles de la Guarda de los Sacerdotes y las Religiosas. Con esto quiero decir que no son como Ángeles normales, como Ángeles pequeños, sino que tienen Arcángeles como Ángeles de la Guarda – aquellos que son llamados por Dios a su vocación del sacerdocio y Religiosas.

Todos ellos han formado un círculo a mi alrededor y están orando. Algunos están leyendo su oficio litúrgico y lo están ofreciendo. Otros están leyendo el Libro Sagrado, la Biblia, La Palabra de Dios. Algunos están orando el Rosario, y otros solo están alabando a Dios como hacen los Carismáticos. Pero están orando, y orando a esta hora por las Religiosas y los Sacerdotes

Este sufrimiento está siendo aplicado a esta hora fundamentalmente por ellos.

Jesús habla otra vez:

"Muchos de vosotros Me abandonaréis. ¡Me abandonaréis, como aquellos que Me abandonaron esa noche! Sabed que Yo he orado por vosotros. ¡Arrepentíos y volved a Mí! Volved acogiéndoos al Amor de Mi Madre Bendita que os traerá de vuelta a Mí. Muchos de vosotros Me negaréis. ¡No temáis! Basta con que os arrepintáis y volváis a Mi a través de Mi Santa Madre que está Co-Redimiendo Conmigo."

Cuando Jesús dijo que muchos de los Sacerdotes Le negarían, se refería a aquellos que se visten como hombres normales y no llevan alzacuellos.

"Pero Yo os amo, Mis Sacerdotes. Estoy muriendo en este día para reconciliaros con vuestra humanidad. Mi Divinidad en vosotros es suficiente; ¡Aún así vuestra humanidad la supera! ¡Basta con que os arrepintáis! Alejaos del camino de los vicios del mundo que os son presentados como trampas por Mi adversario a través de la Jerarquía. ¡Satán mismo coloca las trampas, como cepos!

Yo soy Jesús de Nazaret, el Sumo Sacerdote, sufriendo en estos momentos. Os doy las gracias a todos los que estáis orando en solidaridad con esta pequeña esta noche. La mañana llegará cuando la noche dé paso a la luz y harán esto incluso a la luz – Lo que me han hecho a Mí.

¡No temáis! Los he conquistado. Permaneced fieles como lo habéis sido, recordando que vuestra Corona os espera en el Cielo cuando Yo sea elevado.

Yo soy Jesús de Nazaret, Dios Verdadero y Hombre Verdadero, Os amo a todos Mis queridos hijos. Amén, Amén." *Jueves Santo y Viernes Santo, 29- 30 de Marzo de 2018 Viernes Santo).*

85. CUANDO CAE LA OSCURIDAD Y LA PERSECUCIÓN COMIENZA

La multitud chilla y grita fuerte "¡No tenemos Rey sino César[133]! Es Barrabás al que queremos liberar[134]!" ... y entre la multitud están aquellos fieles a Jesús, que gritan "¡No, es inocente! ¡No a ese asesino por encima de Jesús de Nazaret!"

Pilato tiene miedo de la multitud y se acerca a Jesús y Le dice, "así que tú eres Rey[135]". Y Jesús contesta "Tú lo dices." Pilato añade, "¿te he condenado yo?, ha sido tu propia gente."

---

[133] Juan 19,15
[134] Juan 18,40
[135] Juan 18,37

Pilato está sentado mientras Jesús está en silencio, preguntándose lo que ha de hacer; por eso sale y toma asiento, su asiento en el juicio, y Jesús habla de Alma a Alma.

"Pequeña Mía, Mi amada hija Cleofas, verás, así es como será en los días venideros. Mi Madre ha anunciado que el tiempo con luz diurna se acortará. Cuando caiga la oscuridad y comience la persecución, condenarán a los justos – ¡que sois vosotros, Mis fieles, Mis Sacerdotes, y absolverán a los culpables! ¡Los hombres sin ley hablarán mientras los justos serán condenados! Levantarán falsos testimonios contra vosotros. Vosotros que suplicáis por vuestra alianza Conmigo vuestro Dios, sufriendo en recuerdo de ese primer Viernes Santo, así conocido por vosotros.

¡Yo soy vuestra recompensa, completa! ¡Permaneced en Mi Luz! Acoged a mi Santa Madre. Ella os ayudará en estos momentos. Os amo. Jesús de Nazaret, Dios Verdadero y Hombre Verdadero, el Sumo Sacerdote. Amén. Amén." (*Viernes Santo, 30 de Marzo de 2018 Viernes Santo*)

86. OS PIDO QUE ABRACÉIS EL SACRAMENTO DE LA RECONCILIACIÓN

Jesús habla:

"Pequeña Mía, Cleofas Mi amada hija, ¡date cuenta de que la hora se cierne sobre toda la humanidad a causa de las graves ofensas cometidas contra Dios el Creador y la falta de arrepentimiento de los hombres pecadores! Y vosotros, Mis fieles, a quienes agradezco y amo tanto, muchos de vosotros seréis tratados de esta manera: ¡Os meterán en celdas de prisión y os azotarán! Os infligirán graves torturas en vuestro cuerpo. Es por esta razón que os pido que abracéis el Sacramento de la Reconciliación y Me recibáis dignamente para que Yo more completamente en vosotros, soportando todo esto con vosotros. ¡Yo ya he pasado por esto!

¡No os preocupéis! Vuestra Corona os espera en la Eternidad donde os regocijaréis cuando Yo sea resucitado. Yo soy Jesús de Nazaret vuestro *Redentor*, pidiéndoos que acojáis a Mi Madre Bendita como *Co-Redentora*, La que os preparará como Me preparó a Mí, La que orará por vosotros, La que ora ahora como lo hizo esa *primera* noche y el *primer* Viernes Santo por la mañana. Dios Verdadero y Hombre Verdadero. Amén. Amén." *(Viernes Santo, 30 de Marzo de 2018).*

87. SOIS PEQUEÑOS RECIPIENTES DE REDENCIÓN

Veo incontables Almas que están haciendo el Via Crucis a esta hora unidas a nosotros, como ofrecimiento. ¡Ojalá supieran que lo están ofreciendo por la conversión de tantos seres queridos! Y Jesús está llevando Su cruz mientras que camina, la cruz está golpeando Su Frente y está clavando aún más la Corona de Espinas en Su Frente…

Iveta: ¡Ah ¡Ha!!!!! … llorando ¡Ah!!! … fuertes sollozos … llorando … Sangre sale de Su Cabeza Sagrada… llorando … y Jesús se pone a hablar conmigo de Alma a Alma:

"Pequeña Mía, Cleofas."

Iveta: Sí, Señor estoy aquí. No sé qué puedo hacer. ¡Ah!!! … ahora me veo a mí misma con la Santa Madre, a Su derecha caminando a su lado. El Señor habla: "¿Entiendes lo que pasa?

Iveta: No, Señor, soy tan ignorante … gritando como puedo ¡Ah!!! … sollozando …

"Te agradezco que soportes esto, Conmigo y con Mi Santa Madre. De esta manera vosotros sois pequeños vasos de Redención, Yo el *Redentor*, Mi Madre la *Co-Redentora* y vosotros estáis todos co-redimiendo con Ella – los que estáis orando en este momento, honrándoMe en este sufrimiento con tan gran amor por Mí y Mis Sagradas Llagas que Yo estoy soportando y soportaré ahora mismo y hasta que sea resucitado. ¡Para vosotros no se ha terminado! ¡Es ahora cuando empieza para vosotros! ¡Sabed que Yo ya he caminado por este sendero! *(Viernes Santo, 30 de Marzo de 2018).*

88. MUCHOS DE MIS FIELES ME HAN DEJADO POR UNA RELIGIÓN LLAMADA 'LA RELIGIÓN ÚNICA MUNDIAL'

Iveta: Veo el Vaticano. Hay personas fuera ironizando. Y alrededor, y al interior, hay una gran división. No están con el Santo Padre. ¡Un gran porcentaje no está con el Santo Padre!

"¿Entiendes lo que te estoy enseñando?"

Iveta: No, Señor.

"Ves cómo están divididos; aquellos que ves bajo las sombras de la oscuridad son de Mi adversario. Una vez Me pertenecieron, pero ahora han engrosado las filas de los masones".

Iveta: No, Señor, ¡Ahh!

"Sí, hija Mía, así es como me han traicionado – ¡y también están entre vosotros! Muchos de Mis fieles me han dejado por una religión llamada *'La Religión única mundial.'* Creen en todo y no creen en nada; porque para ellos no existe el Único Dios Verdadero que creó el Cielo y la Tierra. Yo estaba presente en ese momento y voy a volver a Él cuando sea resucitado en recuerdo de ese Primer Viernes – conocido como Viernes Santo para vosotros. Teneos unidos a mi Santa Madre, ¡No os abandonará! Es Mi más grande Amor e incluso eso lo entenderéis en unos minutos. ¡Estoy vacío! ¡No os aferréis al amor de las criaturas, os abandonarán! Se acerca la hora que se predijo en el Libro Santo conocido por vosotros como la Biblia; seréis traicionados por aquellos de vuestra propia casa[136].

Yo soy Jesús de Nazaret, Dios Verdadero y Hombre Verdadero, El Sumo Sacerdote. Os amo. Amén, Amén."

*

Ahora se pone a caminar y caminar... está temblando como si se fuera a caer, y uno de los soldados ve desde lejos a un hombre que está bajando. Su nombre es Simón, un Cireneo[137]; lo agarra y este replica "No vengo por ningún particular, solo vengo a la ciudad".

"Sí, pero tú pareces capaz; ven, tengo un trabajo para ti". Lo deja todo mientras es arrastrado hacia Jesús. Simón mira a Jesús y Le dice: Qué es todo esto, Yo llevo esta cruz; pero no he hecho nada malo."

"No por tu mal", le gritan. "¡Ayúdale!"

Simón dice: "Oís lo que la multitud está gritando... que es un Rey. No necesita mi ayuda." En ese momento Jesús le mira y Simón cambia de parecer y desde su corazón dice "Lo siento, te ayudaré." Y lleva la Cruz con el Señor.

... La Santa Madre con sus Ojos Tristes... una lágrima que Le escapa aquí y allá... esconde todas Sus Lágrimas.

Iveta: ¡Ah! ... llorando ... ¡Ah! ...

La Santa Madre le sonríe a Simón en agradecimiento. "¿Tú eres Su Madre?" Simón pregunta de Alma a Alma y Ella asiente... llorando... "Le ayudaré" ¡Ah!!! Pobre Mujer... y piensa en su madre...

---

[136] Mateo 10,36
[137] Mateo 27,32

Jesús habla de Alma a Alma:

"Pequeña Mía Cleofas."

Iveta: Sí, Señor, aquí estoy.

"¿Ves, y entiendes? Deseo que mis amados hijos abracen a sus Mayores. Cuidad de ellos, ¡no los dejéis en hogares donde los matarán! Sí, muchas de Mis monjas dirigen tales hogares, los hacen funcionar, cuidando de estos Mayores por vosotros. ¿Cómo expiaréis vuestros pecados? ¡Es con el amor y cuidado de ellos!

Yo se lo agradezco, pero la hora está llegando en que ni siquiera puedan mantenerlos vivos, porque tan pronto como un médico sea necesario y tengan que hospitalizarlos, serán eliminados, porque son una carga para el sistema del anticristo. Su sufrimiento es de gran valor, ¡ojalá entendierais cuántas Almas rescatan! Algunos ni siquiera saben cómo sufrir; ¡se necesita vuestro Amor! Vosotros, mis fieles, visitad a los que han sido abandonados por sus seres queridos; ¡porque esa es la enseñanza de los modos y maneras de este mundo!

Se te encomienda, pequeña Mía Cleofas, querida, que te prepares por aquellos que están aún por venir, a los que tú rescatarás. Se lo haré saber a ellos. Tú solo prepárate con la ayuda de Mi Santa Madre y Mi Padre Adoptivo que intercederá desde el Cielo para obtener los dones y las gracias necesarios para su homónimo: El Centro Comunitario Saint Joseph; más propiamente para Dios como la organización Caritativa Saint Joseph. 'Organización' tal como lo ve el Hombre, ¡pero ante Dios es simplemente vuestros actos de Amor y Misericordia!

Yo soy Jesús de Nazaret, Dios Verdadero y Hombre Verdadero, el Sumo Sacerdote. Sí, incluso el hogar para el Clero debe ser entendido, en este sentido de preservación, con el propósito de dar dignidad a los ancianos. Porque Dios ha creado desde el principio un propósito para cada criatura y Él señalará la hora que ha sido escrita en la que vendré como un ladrón[138] y le ofreceré a esa Alma venir a Mí. Amén, Amén." *(Viernes Santo, 30 de Marzo de 2018).*

89. ¡UNA DE LAS SIETE COPAS DE LA PLAGA SERÁ LA PLAGA DEVASTADORA QUE CAERÁ SOBRE VOSOTROS!

… Veo que se ponen a caminar. Mientras caminan, Verónica, como se la conoce, se quita en ese preciso instante el velo y corre hacia Jesús. Intentan impedírselo pero no sirve de nada. Parece tener una fuerza tan sobrenatural que ni siquiera los guardias pueden detenerla.

"¡Dejad a la loca pasar! Veamos lo que hace. La cogeremos. "Corre hasta Jesús y el Señor la mira con Su cara desfigurada; llega a la altura de la cruz y pasa el velo por Su Cara para limpiarla…

Iveta: llorando … ¡Qué acto de Amor!

Los soldados la azotan con el látigo, pero no parece tocarla. Es lo que menos le preocupa ahora… llorando… sufriendo. Debe aguantar… llorando… sonríe y Jesús asiente y le dice "¡Cuánto Amor!" *Ella recupera el velo, lo sujeta y lo besa, y ve Su Semblante en él. Jesús me habla de Alma a Alma:*

"Pequeña Mía Cleofas."

Iveta: Sí, Señor ¡Ah!!! … llorando …

"¿Ves lo que pasa en este momento? Haz saber a Mis amados hijos que es de esta manera en que ellos deben ayudar a Mis pobres. Han sido apaleados y arrojados al borde del camino. Lavadlos y dadles una muerte digna. De esta manera debéis profesarMe vuestra fidelidad.

---
[138] Apocalipsis 16,15

... Ves cuántos son adictos a las drogas o tienen otros tipos de vicios. Cuando les veáis, mostradles Amor – Mi Amor, como Yo os lo he enseñado. Vestidlos y alimentadlos, y enjugad sus lágrimas. ¡Oídlos llorar! ¡Podréis rescatar muchas Almas! ¡Muchos son aquellos amados hijos de vuestros propios hogares! ¡No los abandonéis! Simplemente amadlos como Yo os he amado a vosotros. Es a través de vuestro amor como ellos entenderán Mi Misericordia y volverán a Mí.

Yo soy Jesús de Nazaret, Dios Verdadero y Hombre Verdadero, el Sumo Sacerdote. Sí, Mis hijos elegidos, incluso entre vosotros, están aquellos que han sido adictos a varios vicios a través de las tentaciones. Muchos soportan cargas ya que están atrapados. Vosotros que habéis conocido Mi Amor, mostradles fidelidad con vuestro Amor por ellos y sacadlos de su miseria. Amén, Amén."

*

De Alma a Alma Jesús habla. De Redentor a Co-Redentora:

"Madre, Madre, harás…" *Su Madre me mira y dice:* "Sí, no hables más, Amado hijo Mío, Mi Divino Hijo no hables más; Les ayudaré." *A continuación me mira para decir de nuevo:*

"¿Ves ahora? Vuestro sufrimiento está rescatando a tantos, dándoles la gracia para decir no a esta abominación de matar a los inocentes bajo la regla del aborto."

De Alma a Alma Jesús habla Conmigo de nuevo:

"Amada Hija, pequeña Mía Cleofas y Mi Amada Madre, Mi Bendita Madre que te está abrazando en este momento y a todos Mis amados hijos, Sacerdotes, Monjas, y a todos mis fieles que se oponen a esta matanza del inocente, ¡os doy las gracias!¡Os doy las gracias! ¡Vuestra recompensa será grande en el Cielo! No sucumbáis a tal maldad. Sí, muchas de las naciones la han aceptado como una regla de la vida. Una regla tal no es una regla de vida, sino una *regla de muerte*, ¡la muerte eterna!

Os advierto, todos vosotros, autoridades y aquellos en posiciones de autoridad; estáis condenándoos a vosotros mismos aceptando tal regla, como regla de vida.

Esta sangre, pagaréis el precio por ella, ¡vosotros y vuestras familias! ¡Una de las siete copas de la plaga[139] será la plaga devastadora que caerá sobre vosotros! No escaparéis a Mi ira ni al grito de este inocente que llega ante Mi Padre.

¡Mejor sería para vosotros arrepentiros y denunciar tal mal!

Yo soy Jesús de Nazaret, Dios Verdadero y Hombre Verdadero, el Sumo Sacerdote que está orando por ellos, *Redentor* con la *Co-Redentora* y unidos a la *Co-Redentora* todos aquellos unidos a esta pequeña, como pequeños vasos de co-redención. Amén, Amén". *(Viernes Santo, 30 de Marzo de 2018).*

90. ¡MUCHOS NO SIGUEN LA REGLA DE SUS FUNDADORES Y FUNDADORAS!

Jesús habla de Alma a Alma:

"Mi amada hija pequeña Mía, Cleofas y Mi Amada Madre, Mi Madre Bendita. ¿Comprendéis cuáles son los medios necesarios para llegar al entendimiento de la Constitución de las Santas Órdenes dedicadas a Mi Sagrado Corazón desgarrado por el dolor y El Inmaculado Corazón de Mi Madre perforado por espinas y espadas?

Mis Sacerdotes que Me han dado su 'sí' y ahora acogen los modos y maneras de este mundo, están dirigiendo a Mis Ovejas

---

[139] *Apocalipsis 15, 5-7*

y a Mis pequeños corderos a la perdición. Mis Esposas que Me han dado su 'sí', que ahora Me denuncian, que no son llamadas a la vocación del Santo Matrimonio, El Sacramento del Matrimonio, ¡se están convirtiendo ahora en esposas de hombres! Esto es porque no han renunciado a sus tentaciones, sino que han aceptado sus tentaciones como fuente de su felicidad que traerá gran miseria a la Iglesia Doméstica. ¡Oh! Ya han traído un gran dolor a la Iglesia Universal y hay muchos que están gritándole al Santo Padre que les permita casarse, ¡Mis Sacerdotes!

¡E incluso mis Monjas quieren ser Sacerdotes! ¡Esto nunca debe ser así! Esta no es la Voluntad de Mi Padre que Me envió para instituir la sacralidad de la Santa Castidad. ¡Muchos no siguen la regla de sus Fundadores y Fundadoras! ¡Han concebido su propia regla y están siguiendo sus propios criterios y han traído la división! Muchos adoptan las Reglas de otras Órdenes que no son la Regla de sus Fundadores y Fundadoras que han conocido. Aquellos a los que Mi Espíritu ha dictado cómo debería ser, ¡están confundidos sin saber lo que hacer! Muchos no oran sino que siguen la moda de pertenecer al socialismo. Su vocación de orar es de máxima necesidad para la humanidad, ¡para que el hombre se arrepienta!

Es esta oración la que falta, y la carga ha recaído sobre Mis fieles que oran, y se lo agradezco en este día. Tantos unidos a esta pequeña Mía están orando y los Bendigo a todos. Prestaré atención a sus oraciones y escucharé su llanto de súplica. Satisfaré sus necesidades de acuerdo a la Voluntad de Nuestro Padre. Cuando Yo sea elevado, derramaré Mi Espíritu sobre ellos[140]." (*Viernes Santo, 30 de Marzo de 2018*)

---

[140] *Hechos 2,33*

91. MIS AMADOS SACERDOTES: SI UNO DE VOSOTROS CAE Y NO SE ARREPIENTE, ¡MUCHAS OVEJAS CAERÁN Y ABANDONARÁN LA FE!

Veo que están desvistiendo a Jesús. Han tirado Su Cruz … qué dolor, llorando… La Sangre se ha secado por la parte interna de sus Vestiduras sobre sus Santas Heridas y cuando le quitan la Ropa, arrancan la carne y las Heridas vuelven a abrirse. La Santa Madre hace un gesto de dolor y corre, y Juan y María Magdalena la sujetan. El sufrimiento del Señor es doloroso y brutal; una brutalidad que no conocéis… llorando… nadie podría soportar este sufrimiento y vivir. Morirían … ¡si no fuera por el poder y el amor de Dios en el Señor Jesús! Dios mismo es tan inmenso, no puede ser medido…ahora aquí, mientras Jesús está de pie y los espera, los otros cogen los clavos y el martillo. Tres soldados a cada lado son elegidos por el soldado que da las órdenes para la crucifixión.

Jesús habla de Alma a Alma.

"Mi amada hija Cleofas, ves lo que estoy a punto de padecer. Tal es Mi Amor por ti y por todos Mis hijos que Mi Padre Me ha dado. No perderé a ninguno de ellos. Me ayudarás a mostrar Mi Amor a aquellos que todavía no lo conocen, para que puedan arrepentirse y desprenderse de todo lo que les está sujetando en esclavitud y cautividad por mi adversario – especialmente Mis Sacerdotes, que dejarán los caminos de este mundo y adoptarán los caminos de la pobreza y del celo por los Sacramentos para que sean impartidos a Mis hijos que ansían recibirlos."

… y ahora Jesús se dirige a Sus Sacerdotes:

"Mis amados Sacerdotes que seguís Mis Pasos, sabed y entended bien, si uno de vosotros cae y no se arrepiente, muchas ovejas que os han sido encomendadas caerán y abandonarán la fe, diez mil … ¡huirán de la fe!

He sufrido en este Primer Viernes Santo. Hoy esta pequeña está soportando este sufrimiento en conmemoración de ese primer Viernes Santo junto a Mí y Mi Santa Madre que sufrirá mucho más después de que Mi sufrimiento haya terminado."

En este momento veo el Vaticano; Jesús me está mostrando cómo lo desmantelarán todo, haciendo eco al "Mi Cuerpo ha sido desnudado". Lo desmantelarán cuando el *sacrílego desolado*[141] tome la silla de Pedro; ¡Pero sabed que Yo soy vuestra recompensa, y Mi Pedro estará con vosotros siempre hasta el fin de los tiempos! Algunos sabrán de él y otros deberán creer que no os dejaré sin Mi Pedro.

Orad por el Santo Padre, Mi amado, que está sufriendo gravemente, a menudo atenazado por un temblor de miedo por los acontecimientos que han de venir. Orad por Mi Pedro en la sombra; Mi Pedro que se sienta hoy en la silla del primer Pedro; conocido por vosotros como Su Santidad el Papa Francisco I, y mi Pedro en la sombra que ora y sufre y entiende los acontecimientos que pronto ocurrirán en la Iglesia, La Iglesia Católica, y cuánto más él tendrá que sufrir: el conocido por vosotros como Papa Emérito Benedicto XVI, Su Santidad, revelando verdaderamente el Santo estado en que llamo a Mis Pedros para servirMe, renunciando a su humanidad como su tentación.

A través de vuestras oraciones, amados hijos, os llamo a que oréis por ellos. Se mantendrán como pilares de la Iglesia, Mi Iglesia.

Yo soy Jesús de Nazaret, el Sumo Sacerdote que nombra con Mi Espíritu al Pedro reinante desde el primer día hasta este día y lo hará hasta el final de los tiempos. Amén, Amén". *(Viernes Santo, 30 de Marzo de 2018).*

---

[141] Marcos 13,14

92. ¡SOLO LA MUJER QUE VISTE DE SOL PUEDE ESCONDERTE Y RESCATARTE!

La multitud se está burlando y aplaudiendo, y Jesús revela de nuevo:

"Sabed y entended Mis amados hijos, os hablo a todos a través de esta pequeña Mía, vuestra querida hermana Cleofas. Así es como se burlarán y aplaudirán a cada esfuerzo que estén haciendo; junto a ellos están los fieles, que una vez fueron conocidos como devotos Católicos, para denunciar a Mi Pedro. Permanecedle fieles, ¡prestad atención a sus Palabras! Él os dará conocimiento de estos tiempos y así entenderéis cuándo llega la hora de huir de las ciudades a las montañas[142] y, para aquellos de mi *Remanente*[143], de entrar en Mi refugio donde Mi Madre os espera.[144] Ella os llevará a todos a través de estos momentos; a aquellos que sufrirán Martirio y a aquellos que entrarán en el *Remanente*. Solo Ella como *Mediadora* y *Madre de Dios*, la Mujer que viste de Sol[145], que aplastará al final la cabeza de Satán[146], ¡puede esconderos y rescataros!

Yo soy Jesús de Nazaret, el Sumo Sacerdote. Ya he vencido este trance por vosotros con Mi sufrimiento. Amén. Amén."

Hay confusión. Se ve a todo el mundo, especialmente a aquellos que llegan a la ciudad, interrogando y tomándoselo a risa. Pedro está de pie bastante apartado y está mirando a Jesús. Algunos de los Apóstoles han escapado, están incluso dejando el país; pero algunos están escondidos y observando, y otros están todavía en la habitación de arriba y no abrirán la puerta. En este momento de desesperación, veo a Judas colgado y su sangre cae al suelo[147].

---

[142] *Lucas 21,21*
[143] *Apocalipsis 12,17*
[144] *Apocalipsis 12,6*
[145] *Apocalipsis 12,1*
[146] *Génesis 3,15*
[147] *Hechos 1,18*

Jesús habla con Nuestra Santa Madre:

"Madre, Madre no dejes que Mis hijos que me ha dado Mi Padre[148] caigan en la desesperación. Acrece su esperanza y su fidelidad a Mí, aumenta su amor por Mí para que me amen tanto como me amas Tú. Amén, Amén."

Ella asiente y le hace un gesto para que no hable.

Se abre otra zona, y veo las 'Naciones Unidas' como se las llama; se cree ser un lugar para mantener la paz, pero se están firmando tratados para hacerse aliados de Rusia en la Tercera Guerra Mundial.

La Visión se cierra y el documento se enrolla. (Viernes Santo, 30 de Marzo de 2018).

93. MADRE … PRIMERO PREPARARÁS A MIS HIJOS EN ESTOS TIEMPOS DE GRAN PERSECUCIÓN

'Madre ahí está tu Hijo[149]'. 'Hijo, ahí está tu Madre' *Jesús cae … llorando …*

De Alma a Alma, de Redentor a Co-Redentora:

"Madre, te dejo aquí. Si pudiera librarte de este momento, lo haría; pero por esto viniste al mundo y me concebiste en Tu Seno Virginal como la *Inmaculada Concepción* y la *Madre de Dios*, siendo Dios Yo mismo. ¿Serás mi *Defensora* para estos que rescates y traigas de vuelta a Mí, Tú, La que está sufriendo y La que debe sufrir aún más tiempo?

---
[148] *Juan 17,6*
[149] *Juan 19,25-27*

Madre, ojalá que, incluso cuando vengas a casa Conmigo en el Cielo, en Cuerpo y Alma, Tu labor sea preparar mi Segunda Venida, pero primero prepararás a Mis hijos en estos tiempos de gran persecución contra Mi Iglesia durante esta generación; hijos que de otra manera serían malditos por Mi Padre. Pero Yo he sufrido en esta noche y este día por ellos.

"Te amo."

La Madre asiente.

"Yo también Te amo Hijo Mío."

"Amén, Amén" *responde Jesús.*

Hay silencio ... Sus labios ahora mismo están resecos; aún así no es por ello por lo que gritará ...

"¡Tengo sed, tengo sed![150]"

Uno de los guardias Le ve y Le oye y corre y moja el hisopo en el vinagre y se lo lleva a Jesús. Pero Jesús no lo prueba. Lo huele y lo aparta. ¡Es de Almas de lo que está sediento!

De Alma a Alma me vuelve a hablar:

"Amada hija Mía, sufriendo este trance Conmigo en este día, en conmemoración de Mi primer Viernes Santo conocido así por vosotros: ¡Tengo sed de Almas! Quédate junto a Mi Santa Madre que está Co-Redimiendo como *Co-Redentora* y tú con Ella y con todos Mis amados hijos que están orando en este momento. No están orando por ti sino orando contigo. Han formado una bella corona de flores para consolar el Inmaculado Corazón de Mi Madre. Deseo que oren así en los días venideros cuando oigan

---

[150] *Juan 19,28*

sobre la persecución y las guerras, terremotos y hambrunas. Todo esto debe ocurrir, pero a través de sus oraciones y las tuyas a través de Mi Bendita Madre, ¡muchas Almas escaparán de las garras de Satán, Mi adversario!

Os amo, Yo soy Jesús de Nazaret, Dios Verdadero y Hombre Verdadero, el Sumo Sacerdote sufriendo por mis Sacerdotes. ¡Así también debéis hacer vosotras… conocidas como religiosas! Amén. Amén" *(Viernes Santo, 30 de Marzo de 2018).*

94. YO SOY A LA QUE DIOS HA DADO TODO EL PODER, TODA GRACIA

El pergamino se abre y el Arcángel San Gabriel lo sujeta y se coloca debajo de Nuestra Santa Madre. Y dice:

Sujeto ahora el pergamino con las palabras de Nuestra Santa Madre. La *Madre de Dios*, Nuestra Madre Celestial, la Cual dice:

"Amados hijos míos aquí presentes ante Mí, pequeña Mía y de Mi Jesús, Cleofas y Mi amado del Amado Félix Xavier, su esposo, os agradezco por haber respondido a mi petición: sufrir por vuestro mundo que aflige a Mi Inmaculado Corazón hasta sangrar y causar lágrimas de sangre en mis Ojos Inmaculados que caen por este sufrimiento sobre aquellos que desean salir de estos graves estándares de inmoralidad en los que esta nación Canadá está sumergiendo a sus hijos, hijos que una vez pertenecieron a Dios y ¡ahora han acogido a Satán como su regidor y rey! ¡Pero vosotros mis amados hijos no sufriréis ningún daño!

¡Haced solo como os he pedido! Encomendaos todos a mi Inmaculado Corazón; de vital importancia también – como respirar lo es para vosotros y vuestras Almas – es especialmente vuestra Consagración cada mañana a mi Inmaculado Corazón.

¡No dejéis vuestros hogares sin consagraros a Mi Inmaculado Corazón! ¡Vosotros y vuestros seres queridos! Todo lo que os he confiado debe ser repuesto en mi Inmaculado Corazón, todos aquellos que han venido a vuestra mente por su nombre, especialmente las madres recordando a sus hijos, ¡que serán expuestos a graves peligros! ¡Solo Yo puedo ayudar! ¡Verdaderamente solo Yo puedo ayudar! ¡Porque Dios me ha dado esta facultad y me ha otorgado Toda Gracia, todo el poder y todos los dones!

La Corte Celestial de legiones de Ángeles cuyo Príncipe es San Miguel permanece a Mi disposición para venir ante vosotros cuando pidáis ayuda a través de Mi intercesión.

Espero la proclamación del *quinto dogma;* donde se Me dará poder para proteger a todos los hijos de Dios Consagrados a Jesús a través de Mi Inmaculado Corazón.

Amados hijos, no os ocupéis en charlas inútiles; ¡es la oración lo que es importante!"

… *La veo ahora elevando las cuentas del Rosario.*

"¡Es la única arma para vuestro tiempo y una oración tan poderosa! Si entendierais su valor, estaríais recitando el Avemaría continuamente incluso cuando habláis con alguien – escuchad recitando el Avemaría, ¡hablando muy poco!

Amados hijos, no estéis afligidos, ¡no estéis ansiosos! Yo estoy aquí con vosotros. ¡Invocad Mi Presencia, con eso basta! Este Arcángel que está a Mi derecha, San Miguel, tiene el poder de destruir cualquier poder malvado que se os haya lanzado y se os lanzará. Por lanzar, quiero decir, será dirigido a dañar pero no puede hacer ningún daño, porque el escudo de Dios está a vuestro alrededor y alrededor de aquellos que invoquen Mi Manto Inmaculado. ¡Es un escudo que Satán no puede atravesar!

Sabed que Soy la Mujer Vestida de Sol[151] y ¡aplastaré la cabeza de Satán![152]

Mi Inmaculado Corazón Triunfará al final y Rusia será consagrada a Mi Inmaculado Corazón y la era de paz descenderá sobre vuestro mundo. Pero ahora debéis pasar por estos momentos. Yo soy a la que Dios ha dado todo el Poder, Toda Gracia, todos los Dones para dirigir estos tiempos y proteger a los Hijos de Dios que los atravesarán, de entre los cuales ¡el Remanente será elegido! ¡Vuestra fe es vital! Sabed, debéis orar por este Don; especialmente mis Hijos elegidos y las Esposas de Cristo, conocidas como Monjas, las Religiosas, ¡que deben orar por este Don!

Vendré a recibir este sufrimiento en su integridad, pequeña mía y de Mi Jesús, a la hora de la Divina Misericordia mañana, día conocido como el primer Viernes.

Yo soy la Madre de Dios, la *Mediadora de Toda Gracia, Co-Redentora* y *Defensora* en el Cielo, esperando serlo proclamada sobre la Tierra; y así llegará a ser con vuestras oraciones.

Os amo entrañablemente. Os agradezco inmensamente que hayáis respondido de esta manera para estar unidos a Mi Jesús y a Mí que Soy Co-Redentora con el *Redentor* Jesús, Dios Verdadero y Hombre Verdadero. Amén". *(Primer Jueves, 6 de Septiembre de 2018).*

95. NO HAY MUCHAS ALMAS VÍCTIMA

… tantos bebés deformados … se hace tanto daño con esta droga … Avemaría … la legalización de esta droga es la veneración de Satán y el sacrificio del nonato … comportamiento Satánico … Avemaría … protégenos Santa Madre … protege a estos niños … Avemaría …

---
[151] *Apocalipsis 12,1*
[152] *Génesis 3,15*

Muchos serán usados como holocausto para la veneración Satánica, bebés prematuros ... Avemaría ...

La legalización de esta droga es una terrible implicación para la humanidad ... es Satán llegando al poder en estos momentos ... Avemaría ...

Con ella, todas las otras drogas llegarán al poder como medicina para eliminar a tantos hijos de Dios. Ellos serán esclavizados a este poder malvado.

La Santa Madre habla:

"Mis amados hijos, sabed y entended bien este momento que va llegar. Es el reinado de Satán que llega bajo el disfraz de legalizar esta droga. Muchos de vosotros os someteréis a él.

Sabed cuando os sometáis, que os convertiréis en los defensores de Satán; os levantaréis contra vuestros propios parientes y vuestros propios padres; y los padres contra sus hijos, llevándose los unos a los otros a la muerte[153]. ¡Os advierto de esto! Yo soy la *Madre de Dios*, Yo soy vuestra Madre Celestial. Me dejáis sin poder cuando elegís a Satán como vuestro padre y vuestra madre y sus defensores, los ángeles caídos para que sean vuestros ayudantes. Ellos os destruirán, extremidad por extremidad y os usarán como sacrificio para la veneración Satánica. Esta es la libre voluntad que Dios os ha dado; ahora debéis elegir entre Dios o Satán como vuestro dios.

Al final Mi *Inmaculado Corazón Triunfará*, ya que Satán será destruido y la era de paz descenderá sobre vuestro mundo. Sabed, amados hijos, Dios es siempre el ganador.

Podría parecer que está perdiendo la batalla, pero Él os ha dado libertad para elegir entre Él y Satán que quiere ser como

---

[153] Marcos 13,12

Dios, ¡pero no lo es! No tiene poder sobre Dios, solo el poder que Dios le ha dado durante un tiempo. Ahora debéis daros cuenta de que estáis entrando en una era de grave peligro y oscuridad, cuando las Almas de la humanidad serán tentadas, y en las cuales se escribirán las leyes de Satán, aquellos que elijan a Satán como su dios, ¡renunciarán a Dios!

Solo a través del sufrimiento como el de esta pequeña Mía y de Mi Jesús, pueden tales Almas ser rescatadas, pero no hay muchas Almas Víctima, ni siquiera Mis Sacerdotes quieren ser Almas Víctima; los llamo ahora para que se conviertan en Almas Víctima, ¡para rescatar Almas! No tengáis miedo de sufrir, habéis visto a vuestro Maestro Cuyos pasos, Mis amados hijos elegidos, estáis llamados a seguir. Sabed y entended: el sufrimiento caerá sobre vosotros incluso si no elegís ser Almas Víctima. ¡La hora ya está cerca!

Muchas de Mis iglesias cerrarán, de lo cual sacaréis una enseñanza sobre las Iglesias – La Iglesia Católica que Me honra como su Madre, la *Madre de Dios* y como la Madre de toda la humanidad, ¡por la cual Dios elige liberar y rescatar a Sus Hijos! Es Mi hora de Poder manifestándome como la *Inmaculada Concepción* que aplastará la cabeza de Satán[154], pero debéis elegir entre Satán y Dios. Solo entonces me convertiré en vuestra Ma-dre Celestial, porque todo el Poder, Toda Gracia, se Me han confiado para rescatar a Mis hijos de la esclavitud del enemigo de Dios, el mismo Satán.

Al final, Mi Inmaculado Corazón Triunfará y la era de paz descenderá sobre vuestro mundo y el reinado del Inmaculado Corazón y El Sagrado Corazón de Jesús florecerá durante mil años de Paz[155].

---

[154] *Génesis 3,15*
[155] *Apocalipsis 20,2*

Yo soy la *Madre de Dios,* la *Mediadora de Toda Gracia, Co-Redentora* y *Defensora* en el Cielo esperando serlo proclamada sobre la Tierra; a través de vuestras oraciones así será, y de esa forma podré rescatar más Almas que se están esclavizando a cultos satánicos, ¡acogiendo a Satán como su dios!

"¿Quién se parece a Dios?

¡Nadie sino Tú! ¡Nadie sino Tú, Oh Dios! ¡Oh Dios, Oh Dios!"

"Nadie sino Tú", gritó San Miguel, que será vuestro compañero cuando Le llaméis. Él os ayudará a luchar contra estas fuerzas de la oscuridad. Él es el Poderoso Ángel de Dios, Mi sirviente, como Él se llama a sí mismo, sirviente de la *Inmaculada Concepción* que soy Yo.

Os amo queridos hijos Míos. Yo soy vuestra Madre Celestial.

No tengo poder cuando no me invocáis. Necesito vuestro consentimiento para acogeros y rescataros de la esclavitud del mundo Satánico ¡e incluso de Satán mismo! Él no tiene poder sobre Mí como *Inmaculada Concepción* que soy, vuestra Madre Celestial que os ama entrañablemente, la *Madre de Dios*; os lo recuerdo. Amén" *(Primer Jueves, 6 de Septiembre de 2018).*

AÑO 2019: YO SOY EL MEDIADOR ENTRE VOSOTROS Y MI PADRE, PERO MI MADRE ES LA MEDIADORA ENTRE VOSOTROS Y YO

96. SAN JOSÉ ES AL QUE HABÉIS DE INVOCAR Y ORAR A LA HORA DE LA MUERTE.

Nuestra Señora dice:

"Amados hijos míos, os agradezco inmensamente, especialmente a esta pequeña Mía y de Mi Jesús, que sufráis por los hermanos y hermanas que están pagando a La Divina Justicia y por permitirMe ofrecer este sufrimiento, para expiar el tiempo que deben servir en el Purgatorio. Entended que además de Mí está San José, Mi Casto Esposo en la Tierra, ahora en el Cielo. Su Reino se debe entender en la Tierra como 'silencio'. Él es el único al que invocar y orar en *la hora*, la hora final de la transición de la Tierra a la Resurrección, conocida como el momento de la muerte, muriendo en la Tierra, levantándose por la Resurrección. A Él le es dado este privilegio especial de traer él mismo Almas a Jesús el Divino Salvador, y de interceder por ellas en este momento. En los días venideros explicaré este conocimiento sobre el Reino de San José. Amén.

Ahora amados hijos, Yo también deseo enormemente agradecer a mi amado del Amado, Félix Xavier una vez más por ayudarMe, ayudando a esta pequeña Mía y de mi Jesús, Cleofas, su esposa, mientras ella experimenta ese sufrimiento que traerá fruto, fruto eterno para traer las Almas de vuelta a Dios y a la eternidad con Dios.

Deseo de todo corazón anunciar que el próximo sufrimiento que le ocurrirá a esta pequeña Mía y de mi Jesús, será por la Iglesia Universal y la Iglesia Doméstica, por la gran tempestad que está empezando por el pecado de Sodoma. Ella sufrirá enormemente, pero Yo estaré con ella durante todo el proceso"... (*Primer Viernes de Cuaresma, 15 de Marzo de 2019*).

97. ESTE ES EL PENSAMIENTO HUMANO QUE HA ABRAZADO SER COMO DIOS, LA VOLUNTAD DEL DEMONIO

Jesús gesticula con Sus Manos para ver ... los soldados son dirigidos por Judas, el cual viene con paso de marcha directo a Jesús; pero ya les ha dicho que Al que bese es Al que deben arrestar[156] para llevarlo a un lugar seguro. Aquí la palabra 'cisma' aparece.

Jesús habla de Alma de Alma:

"Amada hija Mía, pequeña Cleofas: Yo el Maestro, te agradezco por inmolarte a Mí. Sepas y entiende bien: Por este beso con el que Judas Iscariote me traicionará, él piensa que me está salvando por la Voluntad de Dios que él no entiende. Esto es lo que debes entender – ¡el 'cisma actual en Mi Iglesia'!

Estos son aquellos que traicionarán al Santo Padre, Mi Pedro, porque no entienden la Voluntad de Dios. De esta manera también entenderéis que cuando Yo sea elevado y respire Mi último aliento mañana, en ese primer Viernes Santo, veréis el velo rasgándose[157] – ¡Esta es la representación del *Gran Cisma!* Nunca ha habido uno como este, ¡y nunca lo habrá! Esta es la traición a Mi Pedro, ¡y haciendo esto Me están traicionando! Esto es el ser humano que ha adoptado la idea de ser como Dios – la voluntad demoníaca – ¡y aún así no lo saben! Estos son Mis fieles, como el mundo los veía una vez y hablaba de ellos. Hoy ellos traicionan a la Iglesia Católica con un beso como Judas. ¡Estaría bien que nunca hubieran nacido[158]! Amén, Amén."

Judas viene con paso de marcha y va directo a Jesús y Le besa. Y el Señor le mira y dice:

---

[156] Mateo 26,48
[157] Mateo 27,51
[158] Mateo 26,24

"Con un beso me traicionas, Judas[159]." *Y Judas no entiende lo que Jesús está diciendo, piensa que está salvando a Jesús de Su locura de morir, y es esta 'locura' la que es Voluntad de Dios y es Judas quien lleva al Señor a este sendero que le conducirá a la Resurrección. Judas mira a Jesús mientras los soldados vienen a arrestarLe.*

Y Jesús habla de Alma a Alma con Judas: "¿Por qué has hecho esto?"

Judas habla con el Señor, de Alma a Alma: "Tú dijiste que iban a matarTe y que el Hijo del Hombre sería traicionado y llevado a la muerte y resucitaría el tercer día. ¡No quiero que esto Te ocurra! Tú no sabes de lo que estás hablando. ¡Debes estar padeciendo algún tipo de locura!"

Judas mira a Jesús como si estuviera haciendo un bien por Él, y Jesús habla con Judas diciendo: "Judas, cómo te he amado, incluso ahora", *y entonces es como si algo se rompiera como un cordón, como un cordón umbilical desde la Madre hasta el bebé, y Jesús ya no puede hablar más con Judas, y Judas ya no puede oír más al Señor. Y mientras ellos están saliendo del Huerto de los Olivos, Judas mira a Jesús y ve que Lo están apaleando, ¡y Judas no sabe lo que hacer! Intenta detenerlos, pero no puede.* "Vete por tu camino", *le dicen*, "te hemos pagado."

... y la visión se cierra para mí, y el sufrimiento empieza en mi cuerpo, el sufrimiento de tantos que traicionarán al Santo Padre, ¡La Iglesia Católica!

... Muchos falsos testigos están apareciendo justo como aquellos de los que he dicho, "Este es El que dijo que destruyéramos el templo y Él lo levantaría en tres días[160]!"

Marcharán contra el Santo Padre no dándose cuenta de que están extendiendo una plaga devastadora de mentiras y engaños, todo en el

---

[159] *Lucas 22,48*
[160] *Marcos 14,58*

nombre de la 'Verdad' y que el Santo Padre está blasfemando contra Dios. Ya han sido convencidos de la idea de que Él es el anticristo, y el Papa en la sombra es el antipapa. ¡Muchos están confundidos! Creen en el Papa en la sombra, el Papa Emérito Benedicto XVI como un buen Papa, ¿cómo podría al mismo tiempo ser el 'antipapa'?

Jesús habla desde su Alma a Mi Alma:

"¿Cómo puede ser que el que llamáis 'Papa Bueno', Mi Papa en la sombra, que está sufriendo tanto por Mi Iglesia, Mi Esposa, que ayuda y apoya a Mi Pedro, que está sufriendo gran ansiedad a causa de vuestras falsas acusaciones – sea esto? ¿Puede el Papa verdadero autenticar al falso? ¡Nunca podría ser así! Estáis trayendo la condenación sobre vosotros mismos y sobre vuestros hijos, que estáis criando, para vivir como verdaderos Católicos en el entendimiento de vivir la cultura de la Vida, pero habéis abandonado lo fundamental, la Piedra, sobre la que Yo he construido Mi Iglesia[161], ¡Mi Palabra permanecerá[162]! ¡Nunca podrá ser anulada! 'Tú eres Pedro. Sobre esta Piedra, construiré Mi Iglesia y las puertas del Infierno no prevalecerán contra ti. Estaré contigo hasta el fin de los tiempos.[163]' No entendéis, vosotros los fieles que Me amáis, me estáis traicionando ahora con un beso traicionando a Mi Pedro – ¡El Cisma!

Yo soy Jesús de Nazaret, Dios Verdadero y Hombre Verdadero traicionado a manos de pecadores, sufriendo esta noche, por lo que le pasará al mundo a causa del Cisma en la Iglesia Católica, Mi Esposa. Amén. Amén."

La Visión se cierra para mí.

… ¡Santa Madre!

---

[161] Mateo 16,18
[162] Mateo 24,35
[163] Mateo 28,20

"Hija, Yo estoy contigo. Ahora te irás a descansar hasta que Yo te despierte y camine contigo a ver lo que Nuestro Amado Salvador, Mi Divino Hijo Jesús, está soportando a causa de este Cisma en la Iglesia, la Iglesia Católica.

Yo soy la *Madre de Dios*, Yo soy Vuestra Madre Celestial llevándoos a través de estos momentos. Amén" *(Jueves Santo, 18 de Abril de 2019).*

98. ESTE ES EL CISMA, ¡EL GRAN CISMA!

Están dando patadas a Jesús y cogiéndoLe. Mi cuerpo está experimentando este dolor… ¡Ah! Señor… Yo tampoco veo ni oigo, solo siento dolor en mi cuerpo…

… Algunos de nosotros, cuando golpeen a los Pastores, huiremos a lugares como celdas nauseabundas. No habrá elección. Debéis entender bien que esta circunstancia de falsas acusaciones y falsos cargos no vendrá de aquellos que no creen. Es el espíritu del orgullo, Almas rebeldes llenas de engaño y celos que harán que un hermano mate a su hermano, una madre a su hija, una hermana a su hermana, un padre a su hijo.[164] *Pensarán que están haciendo el bien, tolerarán abominaciones y gente abominable, pero no tolerarán a aquellos que creen en el Papa reinante, hoy Su Santidad el Papa Francisco I en unión con el Papa Emérito Benedicto XVI.*

Sobre esto trata la división, la cultura de la muerte y aún así pensarán que están aplicando la cultura de la Vida. En estos, ¡Mi Espíritu Santo no morará! Es el entusiasmo por las leyes, las ordenanzas y los preceptos, ¡pero no por el amor! Es solo el amor lo que traerá la Misericordia y la Justicia, ¡pero no acogerán este Amor! ¡Es una falsa noción de amor y arrogancia por la que ellos marcharán! ¡Os sacarán de vuestras casas y os apalearán hasta la muerte! Incluso os apedrearán convencidos de que se están librando de aquellos que creen

---

[164] *Lucas 12,53*

en el anticristo y en el antipapa pero no en la Silla de Pedro – pero creyendo ellos mismos que es esta. ¡Qué momento tan horrible!

… Han llevado a Jesús de vuelta a Pilato desde Herodes.

"Verás hija", *de Alma a Alma Jesús me habla:*

La Santa Madre sabe que ahora mismo estoy aterrorizado. Pone Su Manto alrededor mío y puedo ver y oír por lo que ella está pasando en este momento.

"Verás cómo Yo estuve en silencio ante Herodes[165] y él no me apedreó, pero Me envió a Pilato de nuevo; ellos ni siquiera te darán la oportunidad de estar ante los jueces; se harán a sí mismos jueces y matarán al inocente y absolverán al culpable, como verás dentro de poco cuando Pilato se lave las manos[166] y Me condene a Mí y ¡ponga en libertad al culpable! Tal es su frialdad de corazón, tal es la falta de fe y no son aquellos que no Me conocen; son aquellos que dicen que Me conocen, ¡los fieles! Este es el Cisma, *¡el Gran Cisma!*

Yo soy Jesús de Nazaret, ¡sufriendo aquí gravemente por las Almas indiferentes que han apartado su mirada de Mí y Mi Padre del Cielo! Amén. Amén" (*Jueves Santo, 18 de Abril de 2019*).

99. DEBÉIS VENIR A ELLA Y DESPUÉS A MÍ, ¡ES EL DESEO DE MI PADRE!

Jesús habla de Alma a Alma mientras se Lo llevan:

"Pequeña Mía, cómo deseo que muchos Me consuelen como tú haces. ¡Ojalá supieran cuánto los amo! Valen mucho más que en lo que han sido tentados. ¡Se han envilecido por

---

[165] *Lucas 23,9*
[166] *Mateo 27,24*

debajo del valor de los animales! Incluso ahora si vuelven sobre sus pasos y acogen la cruz que Yo he diseñado para ellos en unión Conmigo, ¡serán levantados!

Debes saber, hija, que ¡te arrastrarán! Hablo a la Iglesia Militante de esta manera. ¡Muchos de vosotros seréis lacerados así, apaleados para denunciarMe!" … *y aquí ¡Oh Señor! … Ah … una lágrima cae de Jesús lleno de Sangre ¡Ah! … llorando … ¡Ah!… Señor me gustaría recoger esa lágrima y salpicarla sobre las Almas por las que quieres que ore…* "Ojalá supieran que denunciarMe sería la muerte eterna, ¡y aún así lo hacen por miedo a los hombres!"

Yo soy Jesús de Nazaret, sufriendo aquí por cada uno de Mis hijos."

Llegados a este punto, presenta algo bastante diferente:

"Yo soy el Mediador entre vosotros y Mi Padre, pero Mi Madre es la Mediadora – Mediadora entre vosotros y Yo. Entendedlo de esta manera: debéis venir a Ella y luego a Mí, ¡es la voluntad de Mi Padre! Es aquí donde entenderéis la Consagración y el Amor que tengo por Mi Santa Madre, que debéis acoger, todos vosotros Mis amados hijos como esta pequeña y su esposo, Amados míos, como Yo soy el Amado de Mi Padre, Jesús de Nazaret, Amén, Amén" *(Jueves Santo, 18 de Abril de 2019).*

*

Jesús habla de Alma a Alma: "Pequeña Mía Cleofas."

Iveta: 'Sí, Señor'.

"¿Ves? ahora estás llevando Mi sufrimiento junto con Mi Santa Madre. Se llama *'sufrimiento oculto'*. Así es como Mi *Iglesia Clandestina* llevará el sufrimiento. Muchos a la vez serán arrastrados, miembros entre ellos, ¡debiendo dar testimonio de esto y sufrir! ¿Ves cómo Me saludan? Esta es la mofa de aquellos que han sumado fuerzas.

Han dividido a la Iglesia Militante y, entre la jerarquía también, se han separado ellos mismos formando una 'nueva iglesia'. No hay tal cosa como una 'nueva iglesia' ¡Yo no estoy dividido! Yo Estoy unido a Mi Padre y Mi Padre a Mí y a Mi Esposa[167], cuya cruz lleva ahora vuestro Santo Padre, Bendito Mío, Mi Papa, Mi Pedro como fue mi instrucción ese primer día cuando nombré a Pedro, diciéndole que debería ser él al que yo diera las llaves de Mi Iglesia y sobre él Yo construiría Mi Iglesia[168]

¿Ves cómo se mofan de Mí? Estos son aquellos que no honran a Mi Madre en lo que se llama el 'movimiento Carismático', tras Mi Corazón, ¡pero sin Amor! Es solo un nombre. Con todo, hay algunos que en este movimiento carismático, honran verdaderamente a Mi Madre y tienen devoción hacia Ella, alabándoMe y saludándoLa, venerándoMe y Consagrándose a Su Inmaculado Corazón para pertenecerMe. Su Inmaculado Corazón está Co-Redimiendo Conmigo. Su Inmaculado Corazón recibirá todas las Gracias que me han sido concedidas por Mi Padre y los Dones que os he dado a conocer.

Ahora, cuando Yo expire y vuelva a Mi Padre y vuestro Padre,[169] Ella será la que os lleve a vosotros y a Mi Iglesia. De esta manera, si os Consagráis a Su Inmaculado Corazón, vuestros corazones serán circuncidados de todo mal.[170] Ella puede cortar el prepucio más grueso de maldad que está estrangulando vuestro corazón para recibir Mi Gracia a través de Ella y Ella os presentará a Mí; Yo que Soy El *Defensor* entre Mi Padre y Yo, y Ella entre vosotros y Yo; Yo que Soy El Juez Divino en el Cielo; Ella, Mi *Defensora* en la Tierra para traeros

---

[167] *Efesios 5,25*
[168] *Mateo 16,18*
[169] *Juan 20,17*
[170] *Deuteronomio 30,6 – Jer 4,4*

a Mí y que os preparará a pesar de todas vuestras faltas, incluso después de que Yo haya muerto por vosotros; ¡aún así continuáis por el camino de la perdición![171]

Deberíais volver y Consagraros a Su Inmaculado Corazón, entenderéis que Ella os preparará e incluso inclinará la balanza llamando a Almas Víctima como esta pequeña Mía, vuestra amada hermana Cleofas, a sufrir por vosotros, y que ahora está sufriendo por tantos que hoy volverán y regresarán a través de Su Inmaculado Corazón, y La abrazarán como su Madre, su Mediadora – Mediadora y *Defensora*, ¡que Co-Redimirá por ellos!

Jesús de Nazaret, Amén. Amén." (*Jueves Santo, 18 de Abril de 2019*)

*

Jesús habla ahora de su Alma a mi Alma:

¿Ves, hija?: Esto es lo que ellos están haciendo con cuerdas en este extendido cisma de Mi Iglesia. ¿Cómo se puede extraer la médula ósea del hueso? Separándose entre ellos, están vaciándose y convirtiéndose en huesos vacíos. La médula existe en Mi Pedro, la línea que da la Vida y La Sangre a la Gracia Sacramental de Mi Iglesia Católica, Mi Esposa.

Han empezado a burlarse de él en la jerarquía, se burlan de él a cada momento. No importa lo que él diga, su decisión está tomada – como oís a la multitud, los Fariseos, los Saduceos, los Escribas y a todos los que Yo he sanado y curado – han apartado incluso sus caras y han cerrado sus oídos, ¡al ver no querían ver, al oír no querían oír![172] Ya he dicho estas cosas, que viendo son como aquellos que no pueden ver, y oyendo son como aquellos que no pueden oír y ¡perseverando en ello, dejan de percibir!

---

[171] *Mateo 7,13*
[172] *Marcos 8,18*

¿Entiendes el cisma ahora? Han perseverado diligentemente, lo saben todo de Mí, conocen los caminos, y aún así no entienden la Misericordia y el Amor, ¡y no tienen Fe! La Fe nace con la Misericordia y el Amor en cada Alma. Cuando no privas al Alma del Amor por Dios, en la pequeñez de ser humilde y no os prodigáis en jugar a ser Dios y os amáis los unos a los otros, con Misericordia para perdonar, ¡creceréis en la fe y os enriqueceréis de Amor! Es entonces cuando Mi Padre y Yo vendremos a morar en vuestra Alma[173]. ¡Nosotros viviremos en vosotros y vosotros en Nosotros! Es en esta fe en la que naceréis a una nueva vida[174] Conmigo y Mi Padre, y aquí Mi Madre estará con vosotros. A través de Su Inmaculado Corazón pasaréis por este conocimiento y os quitaréis todo lo que os estrangula y os bloquea de la Verdadera Fe y Amor, ¡acogiendo Mi Misericordia!

Jesús de Nazaret, a punto de ser condenado por tantos… y Jesús derrama una lágrima ¡Ah! … esto es una idea de las Almas tibias que no cambiarán. Amén. Amén (Jueves Santo, 18 de Abril de 2019).

100. SOBRE AQUELLOS QUE PIDEN LA RENUNCIA DE MI PEDRO, ¡PARA DESTRONARLE!

"A quién queréis que libere, a Barrabás (no puedo ni siquiera pronunciar su nombre, tengo escalofríos con solo presenciar la escena) o a Jesús, Rey de los Judíos. Y ellos gritan "No tenemos Rey sino César[175], libera a Barrabás!"

"No quiero parte en Su Sangre" les dice Pilato, "este Hombre es Inocente, no encuentro falta en Él". A lo que responden "Que su sangre caiga sobre nosotros y nuestros hijos."[176]

---

[173] *Juan 14,23*
[174] *Juan 3,3*
[175] *Juan 19,15*
[176] *Mateo 27,25*

Jesús se pone a hablar de Alma a Alma:

"¿Entiendes esto, pequeña Mía, Cleofas?"

Iveta: "No Señor… llorando… soy solo una hija, ¿qué es esto?

Jesús habla:

*"*Esto se refiere a aquellos que están pidiendo la dimisión de Mi Pedro, ¡Para destronarle! Estos son aquellos que le llaman anticristo, ¡el antipapa! Ni siquiera entienden lo que están diciendo. Quieren que Su Sangre recaiga sobre ellos, sobre sus hijos. Están caminando por el sendero de la perdición[177] como Mi Madre ha anunciado. Este es el veneno mortal, ya que Rusia no se Consagró a Su Inmaculado Corazón a tiempo, ¡que ha entrado ahora en los Elegidos y en los fieles! Debéis entender y ser fieles, aquellos que estáis Consagrados genuinamente al Inmaculado Corazón de Mi Madre, Mi Santa Madre, ¡que sufre tanto por el mundo de ahora!

Jesús de Nazaret Amén. Amén" *(Jueves Santo, 18 de Abril de 2019).*

101. TODAS LAS IRREVERENCIAS BAJO LAS QUE JESÚS ES RECIBIDO

Jesús no protesta. Como un Cordero dirigido al matadero en silencio, ¡ni siquiera una queja![178]*. Sacan a Jesús, y mientras Le preparan para recibir Su Cruz, sacan la Cruz.*

La Santa Madre se ha quedado atrás de nuevo. A mi espalda otra vez, quiero decir que ya había visto esta visión en los años pasados en la que Ella estaba recogiendo, limpiando Su Sangre con Su Vestidura

---
[177] Mateo 7,13
[178] Isaías 53,7

y la esposa de Pilato baja y Le da toallas y la mira y dice "¿Tu hijo?" ... ¡Ah! ... Y la Santa Madre le hace gestos para que no llore por Él sino por sus hijos, ella misma y por las mujeres y sus hijos y Ella continúa limpiando. Ella recoge toda Su Carne y La pone en una pequeña bolsa que hace a partir de un pliegue en Su Vestidura y la esconde en Su Cinturón para guardar esta Carne.

La Santa Madre Me habla:

"Pequeña Mía y de Mi Jesús, Cleofas, sufriendo este día por tantas Almas, no entiendes lo que he hecho. Esto es lo que ocurre en muchas comuniones sacrílegas bajo todas las irreverencias con las que Jesús es recibido. Fragmentos cayendo en el suelo, Jesús abandonado por aquellos que no desean recibirLe, ¡dejado en los bancos y tirado con incredulidad! Así es como Yo envío a Mis Ángeles a reunir tales Fragmentos como vosotros hicisteis una vez.[179] Fuisteis como Ángeles para llevar a cabo la reparación que debéis hacer, ¡la reparación necesaria de orar por tales ofensas! Ahora esta ofensa está extendida, ¡y la condena[180] recaerá en forma de persecución! Aquí también has de entender que es el mal que Yo había predicho, que Rusia extendería sus errores ¡dando lugar al laxismo de la increencia en la Verdadera Presencia de Jesús en la Sagrada Eucaristía como carne Verdadera y Sangre Verdadera!

María de Nazaret, Co-Redimiendo con el *Mediador* como *Mediadora* – Mediadora. Amén "(*Jueves Santo, 18 de Abril de 2019*).

---

[179] *A menudo ocurría que Félix e Iveta encontraban en algunas iglesias trozos de la Sagrada Eucaristía lanzada con desconfianza y los recogían con gran veneración.*
[180] *1Corintios 11,29*

102. LA IGLESIA CLANDESTINA ESTÁ PREPARADA PARA LOS FIELES QUE QUEDAN

La Santa Madre está siendo sujetada por María Magdalena y el Apóstol San Juan. Hay muchas mujeres detrás de Ella. Es como un pequeño grupo de fieles, en medio de la multitud que está gritando "¡Crucificadle!", y Jesús abraza la cruz con los brazos abiertos. Ellos la dejan caer sobre Su hombro derecho.

Jesús me habla de Alma a Alma: "Pequeña Mía Cleofas, ¿entiendes ahora?"

Iveta: No Señor, Entiendo que debo llevar Mi Cruz, pero no entiendo más."

"Sí, con fidelidad debes llevar tu cruz,[181] eso es lo que Mi Santa Madre dejará sobre vuestro hombro en los momentos de vuestro exilio en la Tierra, para estar unidos a Mí. Ahora sabed y entended, la *iglesia clandestina* está preparada para el *Remanente fiel*[182], aquellos que permanezcan fieles, y no para aquellos que hayan escogido el sendero del cisma, la maldad extendida de los que una vez fueron fieles y que acogieron Mi Cruz – donde se recibe la Gracia Sacramental de la Iglesia – ¡y ahora me traicionan! Porque ellos están jugando a ser iguales a Dios y explotando los caminos de Dios para hacer caer en una manera de pensar humana y demoníaca, reclamando que están construyendo una 'nueva iglesia.' Y esto lo permitiré, pero vuestra fe será ahora probada contra tales, y no los no creyentes, para permanecer fieles a Mi Pedro, el Papa reinante actualmente, el verdadero Papa tras Mi Corazón, Mi Sagrado Corazón y el Papa en la sombra. ¡Así debéis entender al antipapa, cómo tomará su lugar!

Y las oraciones del Papa en la sombra son para vosotros, la Iglesia Militante actual, ya que alguien empezará a construir

---
[181] *Mateo 16,24*
[182] *Apocalipsis 12,17*

una 'nueva iglesia' ¡y será el anticristo! ¡No dejéis que el miedo os gobierne sabiendo todo esto! Limitaos a ir por mis caminos Consagrándoos al Inmaculado Corazón de Mi Madre. ¡Su Bendito Corazón reinará y Triunfará sobre todos Mis adversarios en estos tiempos!

Y de mayor importancia es la proclamación del *Quinto Dogma*, como se ha dado a conocer, que Ella sea proclamada *Mediadora de Toda Gracia, Co-Redentora* y *Defensora* para repartir las Gracias necesarias sobre mi Remanente, Mi verdadero Remanente, y no la 'nueva iglesia' – ¡no existe tal cosa! Sí, el Cielo y la Tierra pasarán, pero Mis Palabras no pasarán,[183] ¡ni siquiera el punto más pequeño![184]

Yo soy Jesús de Nazaret sufriendo ahora por el *Gran Cisma* en la Iglesia, llevando esta Cruz, orando para que muchos renuncien a esta falsedad y vuelvan a la Verdad. Yo soy Él en Mi Iglesia Católica, permaneciendo todavía sobre la Roca Sólida sobre la que la construí[185], ¡y permanecerá! Amén. ¡Amén! Ahora descansa, hija, tu cuerpo está cansado" *(Viernes Santo, 19 de Abril de 2019).*

103. ¡TENED VALOR, YA HE RECORRIDO ESTE SENDERO!

Jesús habla de Alma a Alma Conmigo:

"Vosotros, Mi *Remanente,* la Iglesia Militante como hemos venido a ser conocidos: ¡Permaneced fieles! ¡Permaneced fieles! Lo que ellos Me han hecho hasta esta hora y a la hora que llevará a Mi Resurrección, ¡os lo harán a vosotros! Pero tened valor, Yo ya he recorrido este sendero, ¡solo tenéis que

---

[183] *Mateo 24,35*
[184] *Mateo 5,18*
[185] *Mateo 16,18*

serguirMe! Y ahora debéis entender que, en todas vuestras Santas Órdenes y entre aquellos que permanezcan fieles a Mí, están aquellos que harán lo mismo; lo que ellos me han hecho a Mí os lo harán a vosotros; ya lo he anunciado.

Este es el gran castigo, la catástrofe de la pérdida de la consciencia de la humanidad que dirigirá al reino del anticristo y al antipapa, pero Yo estaré con vosotros mientras paséis por todo esto.

En la *Iglesia clandestina* serviréis como ministros, y recibiréis los frutos de la Nueva Tierra y los Nuevos Cielos[186], la Nueva Orden, la *Orden de Mi Sagrado Corazón y El Inmaculado Corazón de Mi Madre,* para Mis Sacerdotes y para Mis Esposas. Entenderéis que ahora en estos tiempos tendréis que aprender a asumir el papel de amalgamar y Yo estaré con vosotros para pasar por todo ello, igual que Mi Pedro. Jesús de Nazaret, Amén, Amén."

Jesús habla de Alma a Alma mientras se acerca a la cima:

"Todos los muchos periódicos que están extendiendo mentiras malvadas sobre Mi Pedro, están destruyendo las mentes de los inocentes, sus hijos; sus engaños irán a más porque Yo lo permitiré y fortalecerán su orgullo mientras las conciencias se apagan a cada momento y con cada mentira. No reconocerán la verdad cuando la tengan delante. Este es el Gran Cisma, ¡como nunca lo fue! He anunciado esto claramente. Esto es peor para las Almas de los hijos de Dios que han elegido recorrer el camino de la perdición, que los efectos de la Tercera Guerra Mundial; ¡sucederá!

Jesús de Nazaret, Dios Verdadero, Hombre Verdadero, ahora listo para ser Crucificado, Amén. Amén." *Viernes Santo, 19 de Abril de 2019).*

---

[186] *Apocalipsis 21,1*

104. ESTA SANTA IGLESIA SERÁ RECONSTRUÍDA Y CONSAGRADA A MÍ BAJO BAJO EL NOMBRE DE 'MARÍA, MADRE DE LA IGLESIA, NUESTRA SEÑORA DEL MONTE GANXIM – BATIM'

Nuestra Señora habla:

"Amados hijos Míos, Mis amados hijos elegidos, Mis amadas hijas elegidas, ¡qué olor tan placentero me traéis! Os habéis reunido tantos. ¡Ojalá entendierais este momento! Sois la fuerza que seguirá adelante en estas horas de oscuridad contra la cultura de la muerte para construir la *cultura de la vida* como Dios pretendía desde el principio.

Deseo de todo corazón agradeceros inmensamente y a todos vosotros que habéis sido fieles a Mí desde el primer momento que descendí sobre esta Sagrada Montaña y la reclamé para Dios: ¡Entenderéis este día! Sed pacientes con vuestra Madre celestial, porque tengo mucho que revelaros.

Esto que digo ahora, lo digo al Pastor de esta Diócesis, Mi amado hijo elegido, el Arzobispo, su Gracia el Arzobispo Filipe Neri Ferrao. Te agradezco inmensamente haberme dado la bienvenida, aunque sabía que no estarías aquí presente; así como a la Diócesis conocida en el Cielo como hermana Diócesis de Goa, a Su Gracia el Obispo Alwyn Barreto: soy consciente de que vuestra presencia se requiere en otros lugares, aún así es la obligación de vuestra Madre celestial daros la bienvenida y haceros conscientes de Su presencia que descenderá sobre esta Sagrada Montaña. Sin vuestro permiso, no sería posible. Os lo agradezco inmensamente y ahora deseo de todo corazón colocar un yugo sobre vuestro hombro.

Este es el yugo: deseo enormemente que esta Santa Iglesia, una vez Tabernáculo de Dios lleno y vivo, trayendo Almas de vuelta a Dios, que está en estado semi-ruinoso, sea reconstruida y consagrada a Mí bajo la advocación de 'María, Madre de la Iglesia, Nuestra Señora del Monte Ganxim – Batim'.

Os prometo, Mis amados hijos elegidos: No dejaré esta carga sobre vuestros solos hombros, les pido a todos mis amados hijos presentes aquí y ahora, y a todos aquellos que están presenciando este momento a través de dispositivos electrónicos, que lleven este yugo como Simón de Cirene. Con vuestra ayuda, esta Iglesia será reconstruida, y entenderéis lo que significa en los días venideros."

Hace una pausa y habla de nuevo:

"Mis amados hijos, Os advierto ahora como vuestra Madre celestial de un gran mal que está desgarrando el foro interno de la Iglesia Católica bajo el disfraz de vivir la naturaleza Ortodoxa de la Iglesia Católica separándose del Santo Padre, la cabeza de la Iglesia Católica. ¿Cómo, si no, veréis, amados hijos? Esto se lo digo a Mis fieles y a Mis hijos elegidos e hijas también involucrados en este movimiento llamado *(Iveta: no puedo pronunciar esa palabra, Madre)* cisma *(Iveta: no estoy segura)*. No te preocupes, continúa, lo entenderás. *(Iveta: Ok)*.

Os aseguro que este Papa reinante no es ni el anti-Papa ni el anti-Cristo. Este va a venir pronto y se sentará en el trono de Pedro como un sacrilegio desolador[187]. Su reinado debe llegar a ser tal que el poder y la Gloria de Dios llegarán a ser conocidos. Pero no temáis, ¡Yo estoy con vosotros! Caminaré con vosotros, correré[188] con vosotros y ¡os llevaré para evitar estos momentos de oscuridad! ¡Solo encomendaos a Mi Inmaculado Corazón! Amén.

Ahora, deseo de todo corazón que recéis por vuestro Santo Padre, Mi amado hijo elegido, Su Santidad el Papa Francisco

---
[187] *Marcos 13,14*
[188] *Apocalipsis 12,6*

I en unión con el Papa Emérito Benedicto XVI, el Papa en la sombra que ora por vuestro mundo. Soy consciente de que habéis orado por ellos. ¡Continuad de esta manera! Me agrada mucho y recibiréis muchas bendiciones para las generaciones venideras. Amén."

Hace una pausa y se dirige a los otros[189]:

"Deseo enormemente en este momento anunciar el pozo, que contenía el agua Sagrada para traer prodigios y sanaciones, primero espirituales y luego físicos; debe ser re-bendecido por Mis amados hijos elegidos presentes aquí porque las aguas fueron alteradas. ¡Dios no engaña ni debe ser engañado! Sabed y entended, este pozo está dedicado a San Juan Bautista. Tal es la conversión de los pecadores que vendrán a beber de esta agua. Y el Custodio es San Miguel, pero a menos que Dios dé una orden, no puede hacer nada, excepto mirar con sufrimiento, como Yo hago." *(25° Aniversario de la Primera Aparición de Nuestra Señora, Batim, Goa, India, 24 de Septiembre de 2019).*

105. "¿ENTENDÉIS LA IGLESIA DENTRO DE MI INMACULADO CORAZÓN?"

Vuelve a hacer una pausa y habla de nuevo.

"Amados hijos elegidos Míos, sobre vosotros descansa el peso de esta terrible oscuridad. ¡Pero no temáis! ¡Sabed y entended el poder confiado por Dios a vosotros! Permanecéis en el más alto rango que pueda tener un hombre. Vuestra función es de las más altas. ¡No os andéis con medias tintas! Solo sabed que tenéis el poder de exorcizar a todos estos hijos de los espíritus de la oscuridad y traerlos al espíritu de la luz. Sabed y entended también que debéis hacer uso de la Gracia Sacramental que se os ha otorgado y confiado por Jesús Mi

---

[189] *Los otros malvados*

Divino Hijo, el Sumo Sacerdote, cuyos pasos seguís, para llevar esta Misión y dirigir la Iglesia en unión con el Santo Padre. ¡Permaneced fieles a Él!

Y vosotras, sobre vosotras Mis amadas hijas elegidas, las Esposas de Cristo, descansa un gran peso para traer y enseñar a los hijos de la Iglesia Doméstica, para llevarles a entender la Voluntad de Dios en la comprensión de la cultura de la vida contra todo lo que se les está predicando por la cultura de la muerte. Reconoceréis estos momentos. Amén."

Iveta: "Ahora parece que vuelve."

Nuestra Señora: "¿Entendéis la Iglesia dentro de Mi Inmaculado Corazón?"

Iveta:" No, Madre, ¿Cómo puedo? Soy solo una hija."

"Yo protegeré la Iglesia. Yo soy la Madre de esta Santa Iglesia encomendada por Dios a toda la humanidad. Y en este preciso momento, coloco otro yugo sobre los hombros de los Pastores de esta Diócesis. Cuando esta Iglesia sea reconstruida, deseo enormemente que sea confiada a la custodia de la orden conocida como la Orden Carmelita. Comprender esto es sencillo: El Escapulario de La *Mediadora de Toda Gracia* tiene su origen en el Escapulario Carmelita, esa es Mi Prenda.

Os suplico ahora Mis amados hijos e hijas elegidos que tengáis un amor más profundo para venir a esta Montaña y supervisar el cuidado pastoral necesario para las ovejas que vendrán, que estén angustiadas y necesiten vuestra ayuda. ¿Me ayudaréis?

Os amo entrañablemente. Yo soy vuestra Madre celestial. Os ayudaré. Amén."

"Deseo vivamente dar las gracias a todos Mis amados hijos presentes aquí para que entiendan que habéis caminado en fidelidad durante un cuarto de siglo Conmigo, y aún así hay mucho todavía que llevar a cabo, y así será, porque Dios nunca falla en Su promesa de amor y Su promesa de traer el amor a todos los hombres. Como la Madre de todos, de toda la humanidad, ¡os amo a todos y os lo agradezco inmensamente!

Yo soy la *Madre de Dios*, siempre presente, recordando una vez más a todas las madres que no lo han hecho, que consagren a sus hijos por su nombre cada mañana, para encomendarlos a mi Inmaculado Corazón. Yo cuidaré de ellos. Solamente que sepan que puedo hacer esto en estos días. Os amo entrañablemente. Yo soy la *Madre de Dios, la Mediadora de Toda Gracia, Co-Redentora* y *Defensora* en el Cielo, esperando serlo proclamada en la Tierra. Amén."

Iveta: "Ahora veo que se eleva, pero deja el milagro del sol atrás, tantos pueden dar fe".

San Miguel Arcángel, defiéndenos en este día de batalla, sé nuestra salvaguardia contra la maldad y las trampas del demonio. Que Dios le reprenda, humildemente rogamos y así, Oh Príncipe de las huestes celestiales, por el poder de Dios, lo arroje al Infierno, Satán y todos los espíritus malvados que deambulan por este mundo en busca de la ruina de las Almas, Amén.

En el nombre del Padre, y del Hijo y del Espíritu Santo, Amén." (25° Aniversario de la Primera Aparición de Nuestra Señora, Batim, Goa, India, 24 de Septiembre de 2019).

AÑO 2020: CUANDO ELLA LO SEA PROCLAMADA, YO ABRIRÉ LAS PUERTAS DEL CIELO PARA QUE TODOS MIS AMADOS HIJOS PUEDAN SOPORTAR ESTE SUFRIMIENTO DE PERSECUCIÓN DE MI IGLESIA

106. UNA PLAGA MÁS DEVASTADORA CAERÁ SOBRE GOA PARA PURIFICARLA

Nuestra Señora habla:

"Amados hijos míos, os agradezco inmensamente haber venido ante Mí este día a esta hora, la hora en que elegiríais descansar y sí, pequeña Mía y de Mi Jesús, Cleofas, sobre ti descansa una carga muy pesada, la carga del pecado que se está manifestando por todas partes...

El Vaticano en Mi Inmaculado Corazón como os he anunciado en mi Visitación al Monte Ganxim – Batim se debe entender de esta manera: Hay una epidemia extendida... *"... esa palabra otra vez no, Madre, cisma, cisma..."* Sigue, hija, es así, lo entenderán... que está en aumento a un paso rápido para derrocar al Santo Padre. Orad, se necesitan muchas oraciones para mantenerle en estas horas, es de vital importancia. Sí, me siento muy complacida y aun así perpleja, con muchos que se preguntan por qué tienen que orar de esta manera. Es como si no vieran, ni entendieran lo que está pasando, que muchos estén orando en este preciso momento. Y aquí ante Mí están ellos, a través de sus Ángeles Guardianes con velas encendidas, orando por el Santo Padre. ¡Me complace mucho!

Ahora deseo de todo corazón daros a entender lo que quiere decir 'Batim permanece a la sombra de Fátima'. Lo que estáis viendo ahora como una perturbación[190], porque Jesús dijo 'Los pobres siempre estarán con vosotros, pero Yo no'[191]. Debéis entender esto: que el humo de Satán ha entrado incluso entre la jerarquía. ¡Hacen falta oraciones! ¡Debéis permanecer diligentemente en oración y unidos en el amor por Mí! Estáis viendo aquello por lo que Yo estaba orando, que Goa fuera Consagrada a Mi Inmaculado Corazón como ya os dije. Pero

---
[190] *Lo que ocurrió en el Monte Batim*
[191] *Juan 12,8*

no fue así, y ahora está padeciendo los errores de Rusia. Si, ¡Incluso en mi Tierra Santa! ¡Sabed y entended que hacen falta oraciones! ¡El Santo Sacrificio Sagrado debe celebrarse con mayor frecuencia! ¡Las Procesiones deben seguir! Esto cercenará la fuerza que causará agitación en la tierra que Dios ha elegido para manifestar Su Gloria, el Plan de Salvación de Dios para vuestro mundo. Se debe entender de esta manera: ¡La Era Eucarística!"

Hace una pausa y las lágrimas caen…

"Amados hijos míos, deseo de todo corazón anunciaros: Si el Santo Sacrificio no se celebrara como he pedido, no solo el Primer Sábado sino muchos Santos Sacrificios, para reparar las ofensas cometidas contra el Sagrado Corazón de Jesús y Mi Inmaculado Corazón, la plaga[192] con la que una vez Dios asoló la montaña de Ganxim-Batim y los pueblos de alrededor será seguida de otra más devastadora que caerá sobre Goa para purificarla; ¡y aún así el plan de Dios saldrá adelante! Para que esto no suceda, os pido que seáis diligentes en vuestras oraciones a Mí. Estaré ahí esperándoos. ¡No temáis! ¡No estéis preocupados! ¡No estéis ansiosos! Ningún daño vendrá a vosotros, ¡solo a través de las oraciones podemos anular al mal! La oración que deseo de todo corazón es el Santo Rosario. Atará a las fuerzas de la oscuridad. Sí, incluso en vuestras familias, ¡debéis orar muchos Rosarios! Amén" *(Festividad de María Madre de Dios, 1 de Enero de 2020).*

107. ESTE SUFRIMIENTO FUE PARA FORTALECERLE COMO PAPA REINANTE

"Amados hijos míos, os doy las gracias inmensamente por responder generosamente a mi petición en cada cosa que os solicito. Pero hay una cosa que os distrae. Son las obligaciones

---
[192] *Una peste bubónica que ocurrió alrededor del Año 1750*

de vuestra llamada.[193] Parecen desbordaros, estáis abarcando más de lo que deberíais. Sería mejor que ahora orarais juntos por estas cuestiones y lleguéis a un entendimiento, hasta que permitáis que os llegue ayuda. Y servir en este Viñedo Mío por el Señor. Tú, mi amado del Amado, te agradezco por todo aquello a lo que estás respondiendo. Y Mi Promesa permanece, ¡Estoy contigo en todo momento! Incluso en los momentos en que estás cansado, puedes hacer más que una persona que no lo está, haría. Sepas y entiende: es mi Gracia intercediendo en todo tiempo, pero ¡no te distraigas! Es de vital importancia lo que ahora daré a conocer a través de estos sufrimientos, de esta pequeña Mía y de Mi Jesús, tu esposa a la que le has dado tanta libertad para sufrir, para rescatar Almas y traerlas de vuelta. Y en ello tú sufres con ella también como he hecho saber."

"Deseo de todo corazón dar a conocer el sufrimiento que ella experimentó el *Miércoles de Ceniza*, como ha venido a conocerse, que da comienzo al santo tiempo de vuestra redención para toda la humanidad. Con tal de que la acojan y se arrepientan, esta redención es suya a través de la Misericordia de Mi Divino Hijo Jesús, el *Redentor*, y de Mí, la *Co-Redentora*. Y a través de estos pequeños recipientes, que son muy pocos, conocidos como Almas Víctima – como pequeños recipientes co-redimiendo Conmigo, y Yo, Que soy la *Co-Redentora*, Co-Redimiendo con el *Redentor*, entendiéndose así lo que fue dicho: que se ha de completar lo que falta a los Sufrimientos de Jesús el *Redentor*.[194] Pero uno diría, ¿cómo puede ser esto? Fue la Voluntad de Dios que cargarais con una parte de los sufrimientos. Amén.

Ahora me dirijo a ti, Mi amado del Amado. Sí, tú dirías: 'Madre, Te distrajiste'. No, hablo así con un propósito. He aquí la explicación del sufrimiento soportado por el Santo Padre.

---

[193] *El trabajo administrativo relacionado con el Centro Comunitario Saint Joseph en Foymont.*
[194] *Colosenses 1,24*

Este sufrimiento, como he hecho saber, es el sufrimiento por el terrible ultraje, sacrilegio e indiferencia de los fieles, tanto en la Iglesia Universal como en la Iglesia Doméstica, por el mal del Cisma que rasgará la Iglesia y la dejará en ruinas, así como en la explicación de su purificación, que marcará los días de la Iglesia Clandestina. El sufrimiento soportado por esta pequeña era por el Santo Padre, el Papa reinante hoy que se ha convertido ... *(Iveta: no puedo pronunciar esa palabra ... No puedo ver claramente porque tengo un peso en mi ojo derecho y estoy intentando leer con mi ojo izquierdo. Volveré más tarde, si Dios me deja ... otra palabra que significa 'odio'... él se ha convertido...)* en alguien que es odiado por los fieles por el malentendido sobre lo que dice, cómo vive y lo que hace, y con todo y con eso él es Jesús y sigue los pasos del Señor, es el Vicario de Jesucristo.

Este sufrimiento fue para fortalecerle, para consolarle y darle la gracia de moverse con amor y fidelidad a su llamada como Papa reinante". *(Viernes después del Miércoles de Ceniza, 28 de Febrero de 2020).*

108. ¡MUY PRONTO EL ESPÍRITU SANTO OS SERÁ RETIRADO Y VUESTRO PROPIO ESPÍRITU APARECERÁ COMO SI FUERA EL ESPÍRITU SANTO!

Después de una pausa, Iveta vuelve a tomar la palabra:

Veo: tantos, tantos por todas partes, parece que por todo el Globo, en el mundo – pequeños bolsillos; y con esto me refiero a que estuvieron una vez bajo El Manto Inmaculado de Nuestra Señora, bajo Su protección; ahora hay como un semi-Manto, el Manto está rasgado[195]. Estos son los que se han distanciado del Santo Padre; veo grandes centros de convenciones por todas partes y emisoras de radio. Parece que les va bien en hacer a la gente que han formado, que aúnen

---

[195] Juan 19,24

sus fuerzas contra el Santo Padre. Hablo de los laicos y los que serían considerados los futuros seminaristas viniendo de estos grupos.

Hoy Nuestra Señora está rescatando a los muchos que asisten a convenciones y que no saben qué camino seguir, pero viéndolas y oyéndolas, se están planteando optar por esa ruta que les dirigiría a la perdición. Hoy en este sufrimiento, Nuestra Señora estará rescatando estas Almas, dándoles la Gracia para distinguir más en profundidad y conocer y entender bien su razonamiento. Siendo su razonamiento que este Santo Padre no es el Papa válido; o es el antipapa o el anticristo. ¡Ni ellos mismos están seguros de quién es!

La visión se cierra; Nuestra Señora está llorando. Y se pone a hablar. Y mientras habla, las lágrimas que caen sobre Sus vestiduras blancas se convierten en manchas de Sangre sobre ellas. Pero en Sus Mejillas ruedan como lágrimas transparentes – como agua, ¡como nuestras lágrimas! Pero cuando caen sobre Sus vestiduras, ¡son como Sangre!

Y dice:

"Amados hijos Míos, qué momento tan triste ha sido veros a tantos de vosotros consagrados a Mi Inmaculado Corazón – ¡y ahora, rasgando Mi Inmaculado Corazón y apenándoLo! ¡Y sí, estoy llorando! Lloro por vosotros para que volváis al puerto de la Verdad, la Iglesia Católica, el Santo Padre, el que hoy es Mi amado Hijo elegido, Obispo de Roma, vuestro Santo Padre el Papa Francisco I. ¡Qué Cruz tan pesada lleva; estoy con él para consolarle! Con cuánta frecuencia siente que no puede seguir, y así estoy Yo intercediendo como *Mediadora de Toda Gracia*, dándole toda la fuerza para salir adelante.

Sabed y entended: de este sendero que habéis emprendido, os digo a aquellos que ya lo habéis elegido, si no volvierais – estaríais caminando por el camino de la perdición[196] – ¡vosotros y vuestros hijos! ¡No hay otra mane-ra! ¡No entendéis las vías de

---
[196] Mateo 7,13

Dios! Habéis hecho a Dios a vuestra propia imagen y semejanza[197]. ¡Y es por esta razón por la que os consideráis por encima de la ley de Dios y estáis extendiendo este terrible mal del cisma!

Iveta: Aquí está esa palabra de nuevo. Creo que lo hice bien, ¿Sí? La Madre asiente con Su Cabeza. Gracias, Madre.

"¿No crees en Mí, hija?"

Iveta: Yo creo, Madre, ayúdame en mi desconfianza. Miré a mi marido para ver si yo tenía razón, en vez de creer en la Madre

"Estos ahora serán conocidos como 'cismáticos'. ¡Cómo apenáis a Mi Inmaculado Corazón! Mis amados hijos, habéis llegado a ser conocidos como 'cismáticos' y ahora estáis dirigiendo a otros a lo largo de este sendero de perdición. ¡Muy pronto el Espíritu Santo os será retirado y vuestro propio espíritu aparecerá como si fuera el Espíritu Santo! ¡Estad en guardia contra tal desorden que ha salido de vuestro orgullo! ¡No consideréis que estáis sobre la ley! Porque Dios os perdonó a vosotros y a vuestros hijos, sacando a la luz la belleza de ser fieles a las enseñanzas de la Iglesia Católica, pero no con una comprensión discriminatoria, como segregándoos a vosotros mismos y separándoos de la Verdad, ¡como siendo más santos de lo que sois! ¡Solo Dios es Santo y solo Dios declara quién es Santo a través de la Iglesia Católica!

Amados hijos, ¡ansío que volváis! Amén.

Sepas y entiende, pequeña Mía y de Mi Jesús: soportarás esto durante un período de veinticuatro horas, me refiero al sufrimiento. Hoy esto es por la Iglesia Doméstica, al día siguiente se aplicará a la Iglesia Universal. Anunciaré por quién es el sufrimiento, por quién estarás atormentada. Porque de esta manera, las Almas que tú rescatarás, si no eligen –

---

[197] *Génesis 1,27*

aquellos que están siguiendo el camino como 'cismáticos' en este *cisma* – abandonarán completamente su fe y se convertirán en defensores de Satán. ¡Es por esta razón que Mi adversario te atormentará! Pero Yo estaré a tu lado en todo momento, justo como le hicieron a Jesús en Getsemaní.

Os amo de todo corazón. Te agradezco, Mi amado del Amado, todo lo que estás haciendo y ciertamente por trabajar en ello. Al final entenderás su significado. No te preocupes sobre el aspecto monetario. Se verá en su momento. ¡Solo haz como he hecho saber!

Os lo agradezco inmensamente. Yo soy la Madre de Dios. Os amo entrañablemente, la *Mediadora de Toda Gracia, Co-Redentora* y *Defensora* en el Cielo esperando serlo proclamada en la Tierra. Amén. Vuestra Madre celestial que os ama entrañablemente. Amén". (*Viernes después del Miércoles de Ceniza, 20 de Febrero de 2020*).

109. ESTAS SON LAS PRIMERAS CONTRACCIONES DE LA GRAN APOSTASÍA

Nuestra Señora hace una reverencia como saludo y habla:

"Amados hijos Míos, os agradezco inmensamente que oréis, que oréis el Santo Rosario ante Mí y que Me pidáis en estos tiempos de crisis. Pequeña Mía y de Mi Jesús, te agradezco enormemente que te ofrezcas como víctima en Unión Conmigo, la *Co-Redentora*. Y nosotras estamos unidas, tú co-redimiendo como víctima, ¡unida a Mí como *Co-Redentora*! Estamos unidas y moramos en el *Redentor*, para completar lo que Jesús anunció que faltaba[198]; aún así nada falta, pequeña Mía y de Mi Jesús. Es de esta manera que participamos en el Santo Sacrificio. Hoy este Santo Sacrificio ha sido suspendido

---
[198] *Colosenses* 1,24

por todas partes[199]. Pero Mis amados hijos elegidos lo están promoviendo de la manera que se entiende como La *Iglesia Clandestina* de aquellos que permanecen en el silencio.

También te agradezco, Mi amado del Amado, que permitas a tu esposa darse a sí misma de esta manera. ¡No te preocupes! ¡No estés ansioso! Te he hecho saber que todo esto ocurrirá y que todo lo que he anunciado, va a pasar. Sí, es verdad, estas son las primeras contracciones de la Gran Apostasía. Muchos se apartarán, ¡los conocidos como Católicos marginales! No saben a dónde ir. ¡Orad por ellos! ¡Ellos también son Mis hijos! ¡Mi Corazón está apenado!

Sabed y entended que el sufrimiento que esta pequeña está soportando es por el otro pulmón de la Iglesia Católica: el Rito Oriental y sus Patriarcas. Sabed y entended que están en disarmonía a escondidas con el Santo Padre, deseando deponerle. Y muchos están adoptando este Cisma y se están convirtiendo en Cismáticos. Es el poder del orgullo, orgullo Espiritual – ¡lo más peligroso para el Alma! Hoy rescataré a aquellos que estén indecisos y a aquellos que sean de ambos Ritos, el Latino y el Oriental, que no sepan qué camino tomar. Vendré a recibir este sufrimiento a prime-ras horas del primer día, al final de este día, a las doce a.m. del primer día.

*

"¡Os amo entrañablemente! Yo soy la Madre de Dios, la *Mediadora de Toda Gracia, Co-Redentora* y *Defensora* en el Cielo intercediendo por vuestro mundo. Para aquellos que me invoquen bajo esta advocación, dadles a conocer la 'Medalla' que ha sido encomendada a todos Mis hijos para que la tengan: que la besen continuamente cuando tengan dudas. De esta manera invocan Mi intercesión.

---

[199] *Porque las Iglesias estuvieron cerradas durante el confinamiento de la primavera de 2020 debido a la epidemia de Covid-19*

Haced saber también que deberían formar pequeños cenáculos y reunirse para orar el Rosario en Mi Sagrada Montaña, el Monte conocido como Ganxim-Batim. Si las puertas de las Iglesias están cerradas, pueden formar pequeños cenáculos y sentarse a orar ante Mi Estatua de Nuestra Señora, *Mediadora de Toda Gracia, Co-Redentora y Defensora*. ¡No os abando-naré, amados hijos! No temáis por estas cosas, ¡este es un momento de gran consolación! Consolación porque tenéis el poder de interceder por las Almas para traerlas de vuelta a Dios. Este es el momento de poner vuestra fe en acción, ¡basta que creáis! Vuestra fe es ese 'ahora' – que se moverá por orden de la Gracia y la Verdad, ¡Jesús viviendo en vosotros! Sí, ¡haced muchas Comuniones Espirituales! ¡Daré a conocer esto también! Hay muchas formas de comunión espiritual, pero es simple. ¡Solo invitad a Jesús a entrar en vuestro corazón! Amén.

Os Amo a todos entrañablemente, ¡y os doy las gracias inmensa-mente! Yo soy vuestra Madre Celestial intercediendo por vosotros; a través de vuestras oraciones acabaré siendo proclamada en la Tierra como *Mediadora de Toda Gracia, Co-Redentora y Defensora* y el Cielo abrirá las compuertas de la Gracia que fluirá hacia vosotros para combatir estos momentos. Amén." (*Viernes tras el Miércoles de Ceniza, 28 de Febrero de 2020*)

110. DEBÉIS TOMAR EN ADELANTE LA MEDICINA QUE TIENE DOBLE COMUNIÓN

"Amados hijos Míos, cómo os agradezco haber respondido a esta crisis a través de la oración. Aquellos que son ahora indiferentes están encendiendo a aquellos que están orando, que temen que los hombres se levanten y vean el mal tras ello, ¡que es mi adversario!

Levantaos, amados hijos, ¡levantaos Conmigo a recitar el Santo Rosario! Y pondremos un rápido final a esta maldad que

Dios ha permitido para que entendáis: se trata de las primeras contracciones de la Gran Apostasía.

¡Orad por vuestro Santo Padre! ¡Orad por vuestros Obispos! ¡Orad por vuestros Cardenales! ¡Orad por vuestros Sacerdotes! Orad por vuestras Religiosas, que se han vuelto indiferentes y en vez de dirigiros a la oración, ellas mismas han cerrado las puertas por el miedo a este virus. Pero Yo estoy con vosotros que Me habéis llamado e incluso estoy con aquellos que no me han llamado todavía y estoy con aquellos que oran por ellos. ¡Os lo agradezco amados hijos! Es así como hay que hacer: las obras de Misericordia[200] que estáis ahora practicando – amar incluso a vuestros enemigos y orar por ellos[201], ¡orando por la Salvación de sus Almas! Amén."

Después de una pausa, vuelve a hablar.

"Mis amados hijos, pequeña Mía y de Mi Jesús, Cleofas, Mi amado del Amado, Félix Xavier, os amo. Os amo y os agradezco inmensamente que hayáis respondido para orar Conmigo y manteneros en vela. Jesús no os abandonará, ¡ni Yo tampoco! ¡Es ahora cuando debéis empezar la misión!

… Sabed y entended que debéis tomar la medicina que tiene un doble significado tal como os he hecho saber. Medicina que fue usada en tiempos antiguos para la tos como la vuestra *(Iveta empezó a toser de repente)* y los virus en tiempos de epidemia.

El primer significado es un significado Espiritual. La Sal Bendita y el Agua Bendita deben ser bendecidas con las oraciones de la Iglesia para alejar y rescatarle a uno de malos espíritus. El segundo es el fruto de Dios dado como medicina: la cebolla – roja en la naturaleza – tiene un tinte que uno podría llamar malva, malva profundo (morado) – y miel. ¡Estos

---

[200] *Mateo 25, 35-36*
[201] *Mateo 5,44*

ingredientes deben usarse ahora para combatir esta terrible ansiedad!... Se han de combinar en las siguientes proporciones:

La Sal Bendita, un pellizco como vosotros diríais, o una pizca, o unos pocos granos. El Agua Bendita, una cucharada sopera o una buena rociada. La miel, en proporción con la cebolla. La cebolla – una proporción pequeña es de cinco cucharadas soperas, mediana son siete y grande son doce. Se ha de poner todo junto y dejarlo toda la noche. En su preparación se ha de recitar el 'Credo', la profesión de fe de la fe Católica. A la conclusión, se debe hervir, un solo hervor, durante el cual el 'Credo', el 'Padre Nuestro', los tres 'Avemarías', el 'Gloria', la 'Salve', la profesión de Fe Católica y las oraciones de la Fe Católica deben ser recitados. Esto se debe hacer tres veces al día durante veinticuatro horas, a menos que uno experimente una gran falta de aire; en ese caso debe suministrarse inmediatamente – una cucharada sopera; los niños, un cuarto de cucharilla de té. Daos cuenta de que todo esto es Madre Naturaleza, ¡de la cual Yo soy Reina, que lo sepáis!

Os amo entrañablemente, Yo soy la Madre de Dios, la *Mediadora de Toda Gracia, Co-Redentora* y *Defensora*, pidiéndoos al mismo tiempo elevar una petición al Santo Padre para que Me encomiende toda la humanidad. Yo soy la *Madre de toda la Humanidad*. ¡En esta crisis se debe entender que solo Yo puedo ayudar!

Yo soy vuestra Madre Celestial Que os Ama entrañablemente. Os agradezco a todos, Mis amados hijos, que me oréis a través de la advocación *Mediadora de Toda Gracia, Co-Redentora* Y *Defensora*. La *Madre de Dios*, que soy Yo. Amén."

La visión se cierra. Nuestro Altar vuelve. Nuestra Santa Madre se eleva. Los Arcángeles van detrás de nosotros, y todos los demás Ángeles ascienden con Ella, excepto tres círculos de Ángeles que nos rodean en este sitio – esta Montaña Foymont.

… El Arcángel San Rafael sujeta la Balanza esta vez, y en ella, la medicina se encuentra a un lado a Mi derecha, y en el otro lado están aquellos que creen, que aparecen como carbones de incienso, y se lee: 'A aquellos que creen, traerá el fruto de la sanación. A aquellos que no creen, traerá la condenación, porque se mofan del Espíritu Divino en su Santa Sabiduría y Entendimiento'. El Arcángel San Gabriel asciende. Amén. (Solemnidad de la Anunciación de Nuestro Señor, 25 de Marzo de 2020).

111. ENCOMENDADLE ESTE JARABE QUE OS HE REVELADO

Iveta en su Sufrimiento por la Iglesia Universal, tiene una Visión:

… Nuestra Señora de Gracia; pero Sus Manos están a la altura de su cintura y hay una cadena conectándolas. ¡Está llorando!

La Visión cambia.

Ahora Ella es Nuestra Señora Mediadora de Toda Gracia, Co-Redentora y Defensora con el Rosario colgando de su dedo corazón derecho y El Escapulario en Su mano izquierda. Lleva puesto un vestido completamente blanco con el Sol pulsante detrás de ella y emanando rayos dorados sobre Su vestido y a su alrededor, como en la imagen de Nuestra Señora de Guadalupe. Jesús está en Su Inmaculado Corazón en la Custodia, que es como un Cáliz. Las dos llaves de Pedro están debajo del Cáliz. 'Jesús' está suspendido en Su Inmaculado Corazón y hay Sangre goteando de la Eucaristía dentro del Cáliz, que está en la Custodia. Veo otra vez esa cadena, que estaba alrededor de Sus manos y emanan rayos de Sus manos, pero no pueden bajar a la Tierra. Solo emanan y bajan sobre aquellos que la invocan bajo la advocación de 'Mediadora de Toda Gracia: Madre de Dios, Mediadora de Toda Gracia, Co-Redentora y Defensora.'

Aquellos que La invoquen bajo este título de Gracia, lo que sea que Le pidan y lo que sea que Ella desee revelarles, está penetrando en tales

Almas y en tales situaciones. Pero a ningún lugar del mundo estos rayos pueden descender. Nuestra Santa Madre está sobre una nube, y bajo la nube está la misma cadena que fue vista antes alrededor de Sus Manos cuando llegó como Nuestra Señora de Gracia, con Sus Manos a la altura de la cintura. La cadena forma un círculo alrededor y bajo la nube. Esta cadena se romperá cuando Ella sea proclamada **Mediadora de Toda Gracia, Co-Redentora y Defensora,** *el quinto y último* **Dogma,** *que Le permitirá abrir las compuertas del Cielo para que la Gracia penetre en todos Sus hijos, para darles fuerza y todo lo necesario, los Dones del Espíritu Santo, para fortalecer a Sus hijos de modo que salgan adelante en estos tiempos de persecución de la Iglesia Católica. Y debajo de 'La Iglesia Católica' se lee 'Cristianos'; y debajo de 'Cristianos' se lee 'Todos los hijos de Dios, aún por conocerLe. Amén'.*

La Visión se cierra, pero Nuestra Señora está aquí todavía…

Estaba yo rezando treinta y tres 'Credos', meditando sobre los treinta y tres años de Nuestro Señor en la Tierra; llegado al decimoséptimo… Oramos el 'Ángelus' juntos (13:00 horas) … y el 'Padre Nuestro' en unión con Su Santidad el Papa Francisco I.

Veo ahora a Nuestra Señora Mediadora de Toda Gracia detrás de Nuestro Santo Padre que se arrodilla ante 'Jesús' en el Santísimo Sacramento, en la Adoración[202]*. La* **Mediadora de Toda Gracia, Co-Redentora y Defensora** *está detrás de él. Se levanta y coge a 'Jesús' en el Santísimo Sacramento en la Custodia, y se gira. Nuestra Señora está detrás de él, mientras inicia la Bendi-ción que va a darnos. 'Abrid vuestros brazos y recibidle', estas son Sus palabras. Ahora unid vuestras manos mientras él pronuncia las últimas palabras…* "En el Nombre del Padre y del Hijo y del Espíritu Santo. Amén". "IN NOMINE PATRIS, ET FILII ET SPIRITUS SANCTI, AMEN".

Se gira y coloca a Jesús sobre el Altar y recita las últimas oraciones.

---

[202] *Ese día el Papa Francisco dirigió un "extraordinario momento de oración" en la explanada de la Basílica de San Pedro en Roma. Ver:* http://www.vatican.va/content/francesco/en/homilies/2020/documents/papa-francesco_20200327_omelia-epidemia.html

Nuestra Santa Madre se gira hacia nosotros (mientras la Visión del Santo Padre se cierra) como Mediadora de Toda Gracia, *con 'Jesús' en Su Inmaculado Corazón, y dice:*

"Amados hijos míos, os agradezco inmensamente haber pasado este rato con el Santo Padre, vuestro Santo Padre, el Papa reinante actual, Su Santidad el Papa Francisco I. Estáis bajo su protección y en sus oraciones. Me ha invocado hoy para ayudaros[203]. ¡Confiadle también este jarabe que os he revelado! Es una respuesta a su oración en que Me ruega por todos los hijos de Dios; y hacedle saber que todavía deseo que proclame el *Quinto Dogma*. Este no es Mi deseo, de la *Madre de Dios*, sino de Dios Mismo, al que invocó hoy bajo el título de 'Nuestro Padre'.

Le Amo entrañablemente. Estoy con él en todo momento. Le protegeré hasta esa hora. Yo soy Su Madre Celestial. Él es Mi amado Hijo elegido para estos tiempos en unión con el Papa Emérito Benedicto XVI, el Papa que ora por vuestro mundo. Les amo sinceramente. Amén". (*Cuarto Viernes de Cuaresma, 27 de Marzo de 2020*).

112. ESTE VIRUS ES DE UNA GUERRA QUÍMICA

"Amados hijos Míos, qué placentero olor Me traéis, a Mí y a la Divina Trinidad. Sabed y entended, ¡cómo os amo! Cómo me complacéis inmensamente, orando de esta manera y estando en solidaridad con el Santo Padre. Hoy esta pequeña Mía y de Mi Jesús, Cleofas, sufre por la Iglesia Universal conocida como Rito Latino. Estas son las Santas Órdenes por las que ella sufre, las Santas Órdenes que están denunciando al Santo Padre y se

---

[203] "*Queridos hermanos y hermanas, desde este lugar que cuenta con la fe sólida como una roca de Pedro, me gustaría esta noche encomendaros a todos al Señor a través de la intercesión de María, Salud de las Personas y Estrella del Mar tormentoso*". *Papa Francisco, 27 de marzo de 2020*

han vuelto cismáticos en esta guerra del bien y el mal; ¡El mal conocido como cisma!

Sabed y entended: Estos son aquellos que hoy no se han unido a la oración del Santo Padre, porque desconfían de él y van a hacer lo que es malvado a los ojos de Dios, ¡desobediencia en primer grado! Tienen también el Rito Oriental dándoles la bienvenida para unirse a ellos, ¡y hay muchos también del Rito Oriental que desean seguirles! Y mientras hoy el Santo Padre pedía a todos los Cristianos de cada confesión, que se unieran a Él, no se han unido a Él y ¡han traído una gran tristeza sobre Vuestro mundo![204]

Sabed y entended que el Santo Padre está muy solo en esta guerra, pero él lo sabe. Pero hacedle saber que Yo estoy con él, que una multitud entera de Ángeles en el Cielo está con él, ¡que la Santísima Trinidad vive en él! Él es el Poder de Dios en estas horas de gran oscuridad, especialmente en las primeras contracciones de la Gran Apostasía. Su oración, hoy, sirve para mantener la Iglesia unificada y mantener a los fieles en la fe de la comunión con Jesucristo en la Iglesia Católica. Su bendición es alejar la maldad de este virus conocido como Coronavirus / Covid-19. ¡Sabed, y que os quede bien claro, que esta forma de orar ha mantenido a los fieles intactos!

Sin embargo, aquellos que son indiferentes e indecisos serán atacados por este virus … a aquellos que pidan ayuda, si os piden ayuda, debéis darles el jarabe sin darles detalle de lo que hay en él. Para este jarabe añadiréis lo que se llama Jarabe de Arce. Lo añadiréis en dosis de cinco y siete y doce cucharadas; entenderéis esto más tarde. Sí, Mi amado del Amado, deseas que esté explicado apropiadamente. Está bien para un médico… Mi amado hijo, toma nota ahora mismo de la dosis, la base es esta: por la mañana con el estómago vacío antes de comer o beber nada, tómese de una cucharadita a una cucharada; para

---

[204] http://www.vatican.va/content/francesco/en/angelus/2020/documents/papa-francesco_angelus_20200322.html

los niños pequeños será una gota o un cuarto de una cucharita de té; luego, una hora antes de la comida por la tarde; y por la noche otra vez la misma dosis. Sabed y entended, sin embargo, que en casos serios en que sufran un ataque, en ese momento de mala respiración está bien darles esta dosis e incluso frotar esto como bálsamo en el pecho o la espalda[205].

¿Por qué debe ser de esta manera? Porque Dios ha dado la medicina de la Naturaleza y el hombre ha elegido la guerra química y este virus es de una guerra química. Yo soy la *Reina de la Naturaleza* y como *Reina de la Naturaleza* ¡Yo combato este virus con Medicina Natural que Dios ha dado a la humanidad! ¡Sabed y entended que hay serias consecuencias en la desobediencia a Dios!

Os amo sinceramente, vendré a recibir este sufrimiento a las 12.00 a.m., al final de este día y al principio del día siguiente.

¡Este sufrimiento es muy serio! Ahora entenderéis la palabra 'amalgama' de las Santas Órdenes que ya no serán más Santas, porque el humo de Satán las ha consumido. Sabed y entended, haré otra revelación en los días venideros. Os amo entrañablemente y agradezco a todos Mis amados hijos que oraron hoy en solidaridad con el Santo Padre, cuando Me uní a él elevando esta petición como la *Mediadora de Toda Gracia, Co-Redentora* y *Defensora, La Madre de Dios* ante Dios; también para aquellos que no lo sabían, pero continuaron orando, serán las Gracias y la protección de las intenciones de vuestro Santo Padre.

Por lo que respecta a aquellos que Le rechazaron, orad todavía por ellos como vuestros enemigos[206], para que sus corazones se abran a tiempo. Os amo entrañablemente, ¡Estoy sufriendo una gran pena por la pérdida de Almas por las que nadie ha orado! Amén". *(Cuarto Viernes de Cuaresma, 27 de Marzo de 2020).*

---

[205] *La explicación de la Medicina Espiritual y Natural se da en la sección del apéndice de este libro.*
[206] *Mateo 5,44*

113. LA IMPOSICIÓN DE ESTE VIRUS NO ES PARA TRAER MUERTE, SINO LA GLORIA DE DIOS A TRAVÉS DE ESTA MEDICINA

"Amados hijos Míos, no estéis ansiosos, ¡no os preocupéis! Estáis llenos de ansiedad, pero sabed y entended, Dios no os abandonará. El Esposo estará con vosotros, ¡Yo estaré con vosotros! solo necesitáis invocarnos y saber que no os abandonaremos.

Sí, es lastimoso ver el modo en que está la Iglesia ahora, y ver a Mis Sacerdotes respondiendo con ligereza de entendimiento a que Jesús esté con ellos, ¡y aún así escogen y eligen a quién quieren ver! Es penoso que no entiendan que todos sois hermanos y hermanas suyos. Más les valdría tomar precauciones; no está bien que elijan a quién quieren ver y a quién no quieren ver, ¡esto muestra falta de fe! Orad para que aumente la fe. Elogio a muchos de Mis Sacerdotes que no temen a los hombres pero temen a Dios, y que obedecen a las autoridades sin negar a Dios su propio puesto, y que saben que Jesús es Dios Verdadero y Hombre Verdadero y que, sin Jesús, ¡esta batalla no se puede ganar[207]! Con todo, los amo sinceramente y pido a Mis amados hijos, poniendo otro yugo sobre ellos, que recen por sus Sacerdotes, sus Obispos y sus Religiosas. Amén".

"Sabed y entended que este sufrimiento de ahora os es bastante pesado. Con la palabra 'bastante', quiero decir que es un sufrimiento muy grande; pero es silencioso y ¡muy doloroso! Estáis sufriendo por la Iglesia Doméstica, el Rito Latino y por matrimonios mixtos con el Rito Oriental, que están abrazando el cisma en este pecado. Son como aquellos que se están separando de la Santa Madre la Iglesia Católica, cortando el cordón umbilical y andando sin cabeza, ¡por así decir! Están caminando sin la parte superior del cuerpo, la cabeza; los pulmones, las extremidades superiores y ¡pronto se lanzarán ellos mismos a la furia de la confusión! Y muchos incluso se someterán a sí mismos

---

[207] *Juan 15,5*

al suicidio, como Judas, cuando averigüen que han traicionado a la Iglesia de Dios, a quien desean y siguen con fidelidad y ¡han seguido con fidelidad durante todos estos años! Es orgullo, orgullo espiritual, que ha entrado en ellos haciéndoles pensar que están por encima de los demás.

Sabed y entended: este sufrimiento que esta pequeña Mía y de Mi Jesús, su amada hermana Cleofas, está experimentando, rescatará a aquellos que desean volver llegados a este punto, y que también están confundidos. Conocéis a muchos de ellos y hay algunos que os conocen a vosotros, pero no 'los' conocéis. Vendré a recibir este sufrimiento al final de este día y al principio del día siguiente a las doce a.m."

Sabed y entended: en la próxima semana conocida como Semana Santa, experimentaréis este sufrimiento por la Iglesia Doméstica y Universal, cada día. El sufrimiento se manifestará después de la hora de la Divina Misericordia, y entonces empezará otra vez al día siguiente al final del día anterior a las doce a.m.

Cada día os transmitiré una breve palabra para su comprensión, que es para la Iglesia Doméstica y Universal de ambos Pulmones, el Oriental y el Latino. El Oriental está sufriendo una devastación más severa en cuanto a la comunión con el Santo Padre, el Papa reinante. Ellos creen lo que él dice, aún así ¡no quieren estar bajo su cayado! Otra vez, ¡veis el orgullo espiritual! ¡Eso debe desaparecer! Amén.

Hace una pausa y vuelve a hablar:

Sabed y entended, muchos serán infectados con esto; la infección de este virus no es para traer la muerte, la primera muerte sobre ellos, sino para la Gloria de Dios[208] a través de esta medicina. Os haré saber cómo debéis traérsela.

---

[208] *Juan 11,4*

Os amo entrañablemente, ¡os lo agradezco inmensamente! Yo soy la *Madre de Dios*, la *Mediadora de Toda Gracia, Co-Redentora y Defensora*, esperando serlo proclamada en la Tierra. Es a través de esta advocación que podré ayudar a Mis hijos, Consagrados a Mi Inmaculado Corazón, que han llegado a considerarMe su Refugio y a través de Mí han llegado a Jesús en el cual reside la plenitud de la Divinidad[209] del Dios Trino, la Plenitud de Dios. Amén.

Os amo de todo corazón, os amo de todo corazón, Amén". *(Quinto Viernes de Cuaresma, 3 de Abril de 2020).*

114. NO SABEN LO QUE ESTÁN HACIENDO

"Amados hijos Míos, os agradezco inmensamente haber continuado en Mi compañía en este tiempo tan triste, triste por aquellos que no acogerán la Cruz y por aquellos que infligirán a otros con el veneno de Satán. Os lo agradezco inmensamente, ¡Os amo sinceramente! Te agradezco, pequeña Mía y de Mi Jesús, que sufras este día por la Iglesia Universal, por los Ritos Oriental y Latino.

Sabed y entended que hoy estáis sufriendo por este pecado que está destruyendo la Iglesia. El foro interno de la Iglesia está siendo rasgado por aquellos que siguen a estos líderes que están predicando contra el Santo Padre, el Papa reinante. Son los que están practicando el pecado de Sodoma y como el Santo Padre no dará autorización para que hagan lo que quieran ni en el Rito Oriental ni en el Latino, los Sacerdotes y las Religiosas están yendo contra Él, usando dispositivos electrónicos para extender el veneno de Satán, proclamándole anticristo y antipapa. ¡No saben lo que están haciendo!

Hoy pequeña Mía y de Mi Jesús, Cleofas, estás sufriendo por aquellos a los que están tentando a seguir este camino.

---
[209] *Colosenses 2,9*

Arrancaré estas Almas de sus garras. Al igual que por ellos, tú estás orando para que se vean a sí mismos como Dios los ve, desviando – han destruido sus templos, que son sus cuerpos – al templo de Dios; pero sus Almas todavía esperan el juicio. Para que no sean juzgados dignos de la Condenación Eterna, este sufrimiento lo usaré para aquellos que se arrepientan y no quieran seguir este sendero de perdición[210].

Soportaste este sufrimiento empezando por tu pie derecho, la Llaga de Jesús, la Llaga oculta de Jesús en tu pie derecho, después inyectando su veneno en el hueso de la cadera izquierda, donde su veneno está desarmando a los Sacerdotes del Rito Latino y las Religiosas del Rito Latino para que piensen como ellos. Después fue inyectado al cordón umbilical, donde experimentaste un dolor fuerte en el área del ombligo, como si te estuvieran arrancando el cordón umbilical, como en esos niños que son abortados. Ahora también experimentarás el dolor como cuando Jesús fue lanzado sobre la Cruz, habiendo sido desvestido de toda su ropa excepto de una prenda, Mi Manto que fue enrollado en sus Partes Sagradas. Recibiré este sufrimiento a las tres p.m., la hora de la Divina Misericordia. Es la Misericordia de Dios la que estamos suplicando, ¡antes de que la Divina Justicia se cumpla! Amén."

Hace una pausa y vuelve a hablar:

"Agradezco a todos Mis amados hijos haberse unido a esta pequeña Mía y de Mi Jesús, Cleofas, vuestra amada hermana! ¡Permaneced en solidaridad Conmigo! He anunciado que contestaré vuestras plegarias. De esta manera marcharemos contra las fuerzas de la oscuridad mientras oráis el Santo Rosario. Está en vuestro poder levantaros en este momento como Militantes de la Iglesia para proteger la Iglesia Universal contra la destrucción que Satán está planeando. Pero ya os queda poca luz diurna antes de las próximas *contracciones* de la

---

[210] *Mateo 7,13*

Gran Apostasía. ¡Pronto estaréis experimentando una renovación y un retorno! ¡No olvidéis lo que Mi ad-versario puede hacer! ¡Manteneos vigilantes y haced lo que os he pedido!

Os amo sinceramente, Yo soy la *Madre de Dios, Co-Redentora* y *Defensora* en el Cielo; llegaré a serlo proclamada en la Tierra a través de vuestras oraciones. Os amo entrañablemente Amén". *(Martes de Semana Santa, 7 de Abril, 2020).*

115. DESEAN SEGUIR A DIOS, PERO HAN FABRICADO SU PROPIA IMAGEN DE DIOS

La Santa Madre ya está aquí. Jesús está en Su Inmaculado Corazón. No tenemos Altar, pero donde está la Manta de Nuestra Señora de Guadalupe, allí está Ella toda de Blanco, con el Rosario en su Mano derecha y el Escapulario de la Mediadora de Toda Gracia *en Su Mano izquierda. Las lágrimas caen de Sus ojos, pero sonríe y hace una reverencia como saludo. Los Arcángeles están postrados delante de Ella, San Miguel delante en el medio, el Arcángel San Gabriel a Su derecha y el Arcángel San Rafael a Su izquierda. Nuestros Ángeles de la Guarda están postrados ante ella, detrás de San Miguel; toma la palabra:*

"Amados hijos Míos, qué tempestad se cierne sobre el mundo entero, si solo la gente orara, Dios rápidamente levantaría esta oscura sombra que cae sobre toda la humanidad en esta guerra del bien y el mal. Sabed y entended bien, os agradezco inmensamente que oréis y agradezco a mis amados hijos que han cogido el Rosario, ¡incluso a aquellos que nunca lo hicieron y han empezado a orar! Aún así, hay muchos que solían orar, ¡que no oran! orad por ellos, para que vuelvan a este orden de orar.

Sabed y entended: gracias, Mi amada hija pequeña Mía y de Mi Jesús, Cleofas, por llevar hoy esta Cruz de la Iglesia Doméstica. Estás sufriendo por aquellos que desean seguir a Dios, pero han fabricado su propia imagen de Dios. Estos son aquellos que educan en casa a sus hijos, no todos ellos, pero muchos están denunciando las palabras del Santo Padre menospreciándole y creyendo que es el antipapa. Lo horrible del asunto es que están inculcando esto a sus hijos.

Hoy estás soportando este sufrimiento para rescatar a estos pequeños de la esclavitud de sus propios padres en la búsqueda de enseñarles lo correcto. Para seguir la Fe Católica, están desestimando la aceptación de la autoridad del Vicario de Cristo, Pedro, la Piedra, Mi amado hijo elegido, sufriendo por vuestro mundo, Su Santidad el actual Papa reinante, caminando con los zapatos del Pescador.[211]

Sabed y entended que es la Iglesia Doméstica, en el Rito Latino y el Rito Oriental, la que ha caído presa de este tipo de pensamiento. ¡Cuánto ansío rescatarlos! Me agrada su entusiasmo de mantener la fe Católica, ¡pero la levadura de su pensamiento es que ellos son la élite! Y solo Dios elige a aquellos que Él quiere rescatar para entrar en el tiempo de la futura Iglesia, los conocidos como *Remanente*. No sois vosotros los que elegís convertiros en el *Remanente*, ni siquiera Yo puedo deciros que sois el *Remanente*. Solo Dios en Primera Persona marcará la Cruz de la Segunda Persona en la frente de aquellos que Él ha elegido para serlo. Por *Remanente* se debe entender que también ellos sufrirán la muerte, el primer paso en los tiempos que llegarán, conocidos como persecución.

Os doy inmensamente las gracias. Gracias a todos Mis amados hijos. Te agradezco, Mi amado del Amado, que permitas a tu esposa someterse a este sufrimiento. Entiendo que es duro verla cómo se queda en los huesos. Yo estoy con ella todo el tiempo. La acompañaré durante estos momentos, y bendeciré a todos aquellos que la bendigan y recen por ella. Y a todos aquellos que maldigan que ella bendiga, Dios dictará sentencia en un juicio contra ellos. Os lo agradezco inmensamente, os Amo sinceramente. Amén."

---

[211] *Mateo 4, 18-19*

Hace una pausa y vuelve a hablar:

"Vendré a recibir este sufrimiento después de la hora de la Divina Misericordia. Te lo quitaré de tu cuerpo. Entiendo, hija, que te sea pesado de la cabeza a los pies. Tu cuerpo lo está soportando, especialmente la cabeza que sientes bajo un gran peso, porque este es el sufrimiento del intelecto, pensar que son más sabios que Dios.

Sepas y entiende: el próximo sufrimiento empezará de la misma manera, pero te será retirado a mediodía después del Ángelus para prepararte para el inminente sufrimiento del Triduo, y que de esta manera puedas descansar. Será un sufrimiento grande; sepas que aún así Yo te sostendré en todo momento. Lo soportarás Conmigo. Lo soportarás co-redimiendo Conmigo, la *Co-Redentora* junto con el *Redentor* y todos los hijos, los pequeños, Mis amados hijos, pequeños Míos que desean orar y unirse a vosotros, para ofrecer cada pequeño sacrificio por la intención de Mi Inmaculado Corazón, para consolarMe y consolar a Jesús, pequeños recipientes co-redimiendo con vosotros, ¡los bendeciré mientras ellos os bendicen!

Yo soy la *Madre de Dios*, vuestra Madre Celestial penando por tantos que caminan por el sendero de la perdición[212], pero rescataré a esos tales, a través de este sufrimiento – muchos, muchos, hija; tendrás el privilegio de verlos, ¡cuando este sufrimiento te sea retirado! Reza por tu Santo Padre en este momento. Su sufrimiento empieza en este Triduo. Amén."

Nuestro Altar vuelve. Los Arcángeles se postran orando con nosotros. La Santa Madre se eleva. Ya no La veo más.

El Arcángel San Miguel se levanta y va al pie de la montaña de nuevo. También se le ve a la entrada de Batim con Su lanza clavada en el suelo. (Miércoles de Semana Santa, 8 de Abril de 2020).

---

[212] Mateo 7,13

116. EL SUFRIMIENTO DE HOY ES POR LO QUE SE CONOCE COMO LAS RAÍCES JUDÍAS DE JESÚS

Nuestra Señora habla:

"Os agradezco amados hijos míos que Me améis y Me consoléis; por orar Conmigo, una Vigilia diaria, una oración constante asumida como vuestra labor desde el momento de vuestra llamada, y por la labor que se os ha colocado sobre los hombros como un yugo, la Cruz de Jesús, ya que la lleváis más profundamente ahora. Agradezco a Mi pequeña y de Mi Jesús, Mi amada hija Cleofas, por sufrir de esta manera.

Este sufrimiento que estás soportando hoy es por aquello que se conoce como las *Raíces Judías de Jesús y las Mías*, los judíos que todavía no creen y están sordos a la verdad; son como una infección en el oído del Santo Padre. Hoy vuestro sufrimiento es por su conversión. Forman parte de este cisma, pero esto puedes entenderlo: aunque muestran su unión con el Santo Padre, no están con Él, ¡y estarían muy felices de saber que lo han derrocado! Desearían en cambio un Patriarca que tomara su lugar para esconder su mentira. Les encantaría menospreciar las enseñanzas del Santo Padre, que son las enseñanzas de Jesús en el cual ellos no creen, ¡aunque han visto y leído todo lo que fue predicho y todavía hoy leen sobre Él! Este es el sufrimiento que estás soportando en la mente. Son pensadores sabios y gobiernan con pensamiento humano. Incluso la Palabra de Dios es puesta en acción en sabiduría humana careciendo de comprensión Divina en su sentido literal, en algunos casos. Vendré a recibir este sufrimiento a las doce, conocida como la hora del Ángelus, hoy mismo, a mediodía.

Tu sufrimiento por el Triduo empezará a las nueve p.m. de este día. ¡No te distraigas! Estás demasiado distraída, pequeña Mía y de Mi Jesús. ¡Limítate a orar!

Te amo entrañablemente. Te lo agradezco inmensamente. Yo estoy contigo en todo momento. Agradezco a todos Mis amados hijos que están co-redimiendo unidos a tu sufrimiento, que está co-redimiendo Conmigo como *Co-Redentora*, junto al *Redentor* Jesucristo Nuestro Salvador. Te lo agradezco, mi amado del Amado, Félix Xavier por tu respuesta y tu fidelidad a Mí. ¡Te amo inmensamente! Sepas que estarás en profunda comunión en este sufrimiento con tu esposa mientras ella se sumerja en la inmensidad del sufrimiento. Es por el Santo Padre y todo aquello que le está golpeando. Es como un consuelo y una capa alrededor de Él, una capa de consuelo, una capa de fidelidad, una capa de fortaleza, una capa de esperanza, ¡una capa de Fe total! Le amo entrañablemente y estaré contigo a través de todo este sufrimiento, porque Yo también lo estaré soportando.

Yo soy la *Madre de Dios*, La *Mediadora de Toda Gracia*, *Co-Redentora* y *Defensora* en el Cielo, esperando serlo proclamada en la Tierra; llegará a serlo a través de vuestras oraciones, amados hijos, Amén". *(Jueves Santo, 9 de Abril de 2020)*

117. TAMBIÉN ORARÉIS POR AQUELLOS QUE SE FUERON ANTES DE ESTA TERRIBLE PLAGA CONOCIDA COMO PANDEMIA

Hace una pausa… y habla:

"Durante este sufrimiento también oraréis por aquellos que se han ido antes en esta terrible plaga conocida como pandemia, conocida por su nombre diabólico de Covid-19/Coronavirus. ¡Estos son los nombres diabólicos bajo los cuales uno puede romper su poder! 'Uno' significa: sea por los laicos o por Mis Hijos elegidos, los Sacerdotes, se está aportando liberación. Hoy, como Católicos bautizados, ¡tenéis el poder de hacerlo! ¡Liberaos los unos a los otros de este terrible peso! Sin embargo, la medicina es necesaria, ¡llegará a serlo!… Es la verdad, ahora, la que prevalecerá sobre este mal.

Os Amo a todos entrañablemente, Yo soy la Madre de Dios, Yo soy la *Reina de la Naturaleza* y como *Mediadora de Toda Gracia* en el Cielo, intercedo para obtener las Gracias necesarias en este momento. Amén". *(Jueves Santo, 9 de Abril de 2020).*

118. DURANTE ESTA PANDEMIA, ¡HE RESCATADO A MUCHOS QUE HAN SUPLICADO MISERICORDIA EN SUS ÚLTIMOS MOMENTOS!

Jesús habla Alma a Alma Conmigo:

"Muchos de vosotros, Mis Sacerdotes, sufriréis esta forma de tortura. Y tú, Mi Pedro, sufrirás la burla de denunciarMe antes de que el conocido como antipapa se siente en tu silla para traer el sacrilegio desolador[213]. Acabas de soportar Mi soledad, Mi aislamiento de cómo Mi gente, Mis hijos me han abandonado por los modos y maneras del mundo y no desean volver.

Pero a través de esta plaga, conocida como pandemia, ¡he rescatado a muchos que han suplicado Misericordia en sus últimos momentos! No habría sido así si no Me hubieran dado la espalda. Este es el aislamiento que estás sufriendo por Mi Pedro, Mi amado Pedro. Sobre ti *(Mi Pedro)* descansa el peso de la Iglesia y a ti, Mi Pedro en la sombra, decirte que tus oraciones son victoriosas. ¡Os Amo a ambos! De esta manera llevaréis Mi iglesia en estos tiempos. Es también ahora bajo la Iglesia Doméstica; la Iglesia Universal se esconderá. La iglesia debe pasar a la clandestinidad, ese es Mi *Remanente*. No son aquellos que elijan ser el *Remanente,* son aquellos que Yo he elegido para ser el *Remanente.* Pero todos intentaréis pasar a la clandestinidad y en las *segundas contracciones* y en las *terceras contracciones* de la *Apostasía – La Gran Apostasía,* muchos sufrirán Martirio porque entre ellos, habrá otros muchos como Judas, ¡traición de todo tipo!

---
[213] *Marcos 13,14*

Jesús de Nazaret sufriendo por este sufrimiento de estos cismáticos de ambos Ritos que portas contigo, Mi Pedro, ¡ambos Pulmones! Amén. Amén."

Jesús me habla de Alma a Alma:

"Pequeña Mía Cleofas, amada hija de Mi Bendita Madre, estás cargando ahora con la agonía de confortar a Mi Pedro en la Tierra, que lleva la Cruz de la Iglesia hoy, ¡Mi Cruz! Hazle saber que le Amo. Él lo sabe, pero es un consuelo cuando lo oye decir de otra fuente que Me Ama, una fuente que ama Su Iglesia, una fuente que porta su Iglesia sufriente, por la Iglesia. Anúnciale lo que he dicho "Cuando yo venga, ¿habrá Fe?[214]" Este sufrimiento es para fortalecer su fe contra los asaltos de Mis enemigos, contra los asaltos de Mi Iglesia mientras los malhechores siguen en sus caminos malvados, pero Mi Iglesia se ve obligada a cerrar Sus puertas por las autoridades, algunas de las cuales forman parte de este cisma y algunas otras, de los que pertenecen al anti-mundo; ¡eso es el anticristo y el antipapa!

Aquellos que Me pertenecen están orando y trabajando duro, duro para encontrar una solución para abrir Mis puertas, las puertas de Mi Esposa, la Iglesia Católica. Te Amo, Mi Pedro, tú que te sientas hoy en el trono de Pedro y que eres conocido como el Papa Francisco I.

Jesús de Nazaret sufriendo por vosotros en vuestro mundo. Amén, Amén."

Ahora una vez más me habla de Alma a Alma:

"Amados hijos míos, amados Míos y de Mi Padre, amados de Mi Madre, que estáis co-redimiendo con esta pequeña que está co-redimiendo con Mi Madre, la *Co-Redentora*, Redimiendo Conmigo, para traer Almas de vuelta a Mí, ¡os lo agradezco!

---
[214] *Lucas 18,8*

Continuad de esta manera, ¡sois un olor placentero a Dios Nuestro Padre! Os aseguro que algún día estaréis Conmigo en el Cielo.

Jesús de Nazaret, muriendo por amor a vosotros, dando Su Vida, Vuestro Salvador, Vuestro *Redentor*. Amén. Amén."

*

De Alma a Alma a nuestra Santa Madre:

"Madre, lleva a mi Pedro, suscita dentro de él hambre y sed de Almas. Muchas Almas en la Tierra están abandonando hoy, hoy mismo, la Iglesia Católica por falta de fe en Mi Presencia, ¡no entienden lo que está pasando! Madre, rescátalos y tráelos de vuelta a través de esta pequeña que sufre por Mí, Santa Madre."

Nuestra Santa Madre:

"Que se haga en Mí tu voluntad[215]. Tu Madre, María de Nazaret, Tu Esclava por nacimiento. Mi Dios, Te Amo. Amén."

De Alma a Alma Jesús Me habla:

"Pequeña Mía, Cleofas, amada hija de Mi Santa Madre, Yo te agradezco que anheles Almas de esta manera para sufrir Conmigo en este día. Anuncia Mi deseo de más Almas para acoger Mi Cruz como Almas Víctima. Hay muy pocos ahora mismo que deseen sufrir, pero hay muchos en este día inmersos en esta epidemia como se ha llegado a conocer – pandemia, Coronavirus, ¡una plaga! Muchos son víctimas y están soportándolo, suplicando Misericordia para sí mismos, ¡para que sus familias Me conozcan! Son Mis Santos que se están lavando en Mi Sangre.

Jesús de Nazaret, el Sumo Sacerdote, Vuestro Dios, Vuestro *Redentor*. Amén. Amén". *(Viernes Santo, 10 de Abril de 2020).*

---

[215] *Lucas 1,38*

119. SABED Y ENTENDED QUE ESTAS ÓRDENES QUE ESTÁN INFESTADAS DE MALDAD TIENEN UN VIRUS MAYOR QUE EL CORONAVIRUS

Jesús habla de Alma a Alma con su Santa Madre:

"¡Madre, lleva a Mi Pedro! Enjuga su rostro y transmite a mis amados hijos que le lleven en sus oraciones y en su sufrimiento, enjugando su rostro como Verónica enjugó el Mío. Amén, Amén."

Ella asiente, "Sí, Mi Amado Divino Hijo. Amén".

En la Séptima Estación, Jesús cae por Segunda Vez. "Madre" *De Alma a Alma, habla con Su Madre:* "Madre, ayuda a Mi Pedro cuando tenga dudas y se angustie por los pecados que se cometen contra el Magisterio y por aquellos que prometen su fidelidad al Magisterio."

Ella asiente "No hables, Hijo Mío" *le dice, a través de ese semblante de sufrimiento, mientras Le están dando patadas e intentando reanimarle para que se levante, ¡tirando de la Cruz! Somos como Simón de Cirene llevando la Cruz de Jesús. Nosotros también, como Simón, caeremos ahí con Jesús.*

"Madre," *Jesús habla de Alma a Alma a Su Bendita Madre:* "¡Lleva a Mis hijos!"

"Amados hijos Míos, obedeced a vuestra Madre, Mi Bendita Madre que os dará claramente a conocer, mientras sufre en este día por vuestro mundo, a Jesús de Nazaret el Sumo Sacerdote. Amén, Amén."

Nuestra Señora responde "Que se haga en Mí como has dicho[216]. Amén."

---

[216] Lucas 1,38

Pasamos a la Octava Estación:

Jesús habla a las Mujeres de Jerusalén[217]. *Les dice que no lloren por Él sino por ellas mismas y por sus hijos. Están llorando ahora mismo por ellas mismas y rogando Misericordia para sí mismas y para sus hijos que están padeciendo este sufrimiento, mientras Jesús comienza la aniquilación Hombre-Dios de naciones. Se trata de una dosis muy pequeña para abrir los corazones de los pecadores recalcitrantes para que se arrepientan. Parece cruel, pero en proporción a las ofensas cometidas contra Dios, cada segundo, cada día, ¡es tan poco!*

Jesús habla de Alma a Alma con Su Bendita Madre:

"Madre, lleva a Mis Hijos, lleva a Mi Pedro. Yo soy Jesús de Nazaret, el Sumo Sacerdote agonizando por el cierre de Mis Iglesias. Amén, Amén."

Nuestra Señora responde: "Que se haga en mí según tu voluntad[218]. Amén."

Novena Estación: Jesús cae por tercera vez.

"*Qué caída*, Madre"; *a través de esta angustia, habla con Nuestra Señora, de Alma a Alma:*

"Madre, a Ti será encomendada toda la humanidad y los corazones de toda la humanidad cuando Yo Sea traspasado. Lleva a Mi Pedro, ¡lleva a mis hijos! Lleva también a Mis Sacerdotes, a Mis Esposas que están cansadas. Se encuentran entre aquellos que están cometiendo la ofensa de hacerse cismáticos y extienden esta herejía, herejía como nunca hubo y nunca habrá, y todo en el nombre de hacer lo que se debe y vivir como Católicos Ortodoxos.

---

[217] *Lucas 23,27-31*
[218] *Lucas 1,38*

Yo soy Jesús de Nazaret agonizando por Mis hijos, Estoy encomendando a todos al Inmaculado Corazón de Mi Santa Madre, Vuestro Refugio; a través de él llegaréis a conocer el Refugio de Mi Sagrado Corazón para ser dirigidos al Padre Eterno. Os advierto a través de Mi Santa Madre: el camino es angosto[219], ¡seguidlo! Madre, ¡enséñales a hacerlo! Jesús de Nazaret, el Sumo Sacerdote, agonizando por Mis Sacerdotes cada vez más ansiosos intentando salvarse a sí mismos y ¡han olvidado alimentar a Mis Corderos para el futuro, y a Mis Ovejas[220]! Amén, Amén."

Nuestra Señora responde, "Que se haga en Mí según tu voluntad[221]".

Décima Estación: He aquí, como la llamamos, la décima estación. Jesús está caminando cuesta arriba y está llegando al lugar donde será Crucificado. Han llegado a la cima de la montaña. Hay dos ladrones a cada lado de Jesús. Los arrojan al suelo ya desnudos, en Su Presencia, mientras Jesús los ve cómo son crucificados, clavados a la Cruz; están gritando, maldiciendo, con todo tipo de palabras infames y Jesús los está escuchando. Levantan sus cruces y las colocan en los agujeros... levantadas y colocadas, agonía en ellos; y las maldiciones siguen.

Jesús habla de Alma a Alma con Su Santa Madre Que está de pie a cierta distancia. Están sujetos por los guardias.

"Madre, lleva a Mi Pedro, le insultarán y maldecirán de esta manera, ¡no dejes que se canse! Lleva a Mis Sacerdotes, ¡a los que insultarán y maldecirán también! Estos son aquellos que extienden la herejía del cisma en Mi Iglesia."

---

[219] *Mateo 7,13*
[220] *Juan 21,15-18*
[221] *Lucas 1,38*

Ahora me habla de Alma a Alma: "Mientras Me desnudan, desnudarán Mi Iglesia por la que estás sufriendo, pequeña Mía, Cleofas, amada de mi Bendita Madre. Pero lo he dicho, ¡estaré contigo hasta el fin de los tiempos[222]!"

De Alma a Alma, el Sumo Sacerdote: "Madre, vigila a Mis pequeños como esta pequeña Mía y protégelos del miedo y la ansiedad, ¡protégelos del enemigo que vendrá a despojarlos haciéndoles pensar que su sufrimiento es inútil[223]! Jesús de Nazaret, el Sumo Sacerdote. Amén, Amén."

"Que se haga en Mí de acuerdo con Tu Palabra[224]. Hijo Mío, Mi Dios, Te Amo, María de Nazaret. Amén."

Ahora Le están desnudando. ¡Oh! ¡Dios Mío! ¡Oh! ¡Dios Mío!¡Ah! ... ¿pero es que valgo tanto ¡Oh!¡Ah!!! como para que soportes tanto por nosotros, Jesús? Te amo... ¡Ah! Todo lo que deseas de mí, que se haga en Mí, no como Yo quisiera, sino como Tú lo quieres de mí. Le desnudan y se pone a temblar de dolor. Mientras están desnudando Su cintura, la Santa Madre viene y les da Su Manto para disponerlo alrededor de Su cintura. El centurión tiene compasión de Ella y les da Su Manto para disponerlo alrededor, cubriendo Sus Partes Sagradas de Pureza. ¡Sagradas y Puras!

Jesús Bendito habla de Alma a Alma Conmigo en este momento mientras Lo llevan y Lo arrojan sobre la madera de la Cruz. ¡Ahh! ... No protesta, solo emite un ligero suspiro, un suspiro muy largo.

"Pequeña Mía Cleofas, sepas y entiende, Te agradezco que sufras por Mi Pedro unida a Mí a través de Mi Bendita

---

[222] *Mateo 28,20*
[223] *Isaías 49,4*
[224] *Lucas 1,38*

Madre. Estás sufriendo por aquellos que desean desnudarse de la Virtud de la Pureza. ¡Para su Sacerdocio, He pedido esto! ¡Debe ser el Sacerdocio de la Pureza! El deseo de ensuciarse con mujeres, ensuciarse con la abominación de intercambiar el Acto Sagrado por una abominación con hombres, hombres con hombres, mujeres con mujeres, tal horror, ¡ensuciando el templo de Dios en sí mismos! ¡Tú estás sufriendo ahora para rescatarles para que se despierten e imploren Mi Misericordia! Aquellos que se han ensuciado a sí mismos en esta abominación, abrazando también el Cisma, se han convertido en Cismáticos. Así, habrá unos pocos que se arrepentirán, y sus Almas serán salvadas; pero sus cuerpos deben ser destruidos. Si perseveran en su fidelidad después de arrepentirse, ¡recibirán un nuevo cuerpo en la Resurrección!

Mi Pedro, Francisco I, el Papa como lo llamáis, ¡qué intenso es tu sufrimiento por tales ofensas entre el Clero, entre los Religiosos!

Sabed y entended que estas Órdenes que están infestadas de esta maldad tienen un Virus mayor que el 'Coronavirus', las primeras contracciones de la Gran Apostasía. Cerrarán las iglesias y vendrá un tiempo de los que he anunciado a esta pequeña Mía en los 'Secretos', entenderéis su significado, todo vendrá rápidamente como cuando una madre está dando a luz un niño; las contracciones no cesarán, ¡sino que vendrá una tras otra! Cuando haya una pequeña pausa, como cuando una madre tiene algo de tiempo para respirar, ¡preparaos para la siguiente!

Te Amo, Mi Pedro, Mi Santa Madre te llevará por todo este trance. Jesús de Nazaret, el Sumo Sacerdote, Aquel Cuyo Espíritu descansa sobre vosotros y en vosotros ¡y aún así vuestra humanidad no os ha sido retira-da! Y es por esa razón por la que necesitáis a Mi Santa Madre; como Ella me consuela ahora para fortalecerMe, lo hará con vosotros también. Amén, Amén."

De Alma a Alma, habla con Su Santa Madre:

"Madre, lleva a Mi Pedro en su humanidad. *En aquello que en él hay de divino*[225] es fuerte porque Yo estoy con él. En su humanidad, ¡necesita tu ayuda! Jesús de Nazaret. Amén. Amén."

"Que se haga en Mí según tu Voluntad[226], María de Nazaret, Tu Esclava. Amén." *(Viernes Santo, 10 de Abril de 2020)*

120. CUANDO ELLA LO SEA PROCLAMADA, ABRIRÉ LAS COMPUERTAS DEL CIELO

Jesús habla de Alma a Alma Conmigo:

"Pequeña Mía Cleofas, obedece a Tu Madre en todas las cosas grandes y pequeñas. Amada Mía, esposa de este pequeño, Félix Xavier: Yo Que soy Amado Del Padre obedezco a Mi Madre en todas las cosas grandes y pequeñas."

Parece que respira profundamente con Sus pulmones llenos de dolor y se pone a hablarme de Alma a Alma:

"Hazle saber a Mi Pedro, Mi Papa como se le conoce, el Papa Francisco I y Mi Pedro en la sombra conocido como Papa Emérito Benedicto XVI, el Papa orante, que proclamen a Mi Madre como *Mediadora de toda Gracia, Co-Redentora y Defensora*. Ya tiene este título en el Cielo e intercede por aquellos que La invocan bajo esta advocación en la Tierra. Se lo he concedido. Cuando sea proclamada como tal, abriré las compuertas del Cielo para que todos Mis amados hijos puedan soportar este sufrimiento de la persecución de Mi Iglesia, que debe ocurrir como está escrito en las Escrituras. ¡Las Escrituras se deben cumplir[227]!

---

[225] *Literalmente en el original inglés, "En su divinidad". Ver arriba: "Aquel Cuyo Espíritu descansa sobre Ti." Un don divino se le ha dado al sucesor de Pedro.*
[226] *Lucas 1,38*
[227] *Marcos 14,49*

Jesús de Nazaret, el Sumo Sacerdote, Amén. Amén."

Nuestra Santa Madre habla a Jesús de Alma a Alma:

"Que se haga en Mí según Tu Voluntad[228]. Yo soy Tu Madre, Tu Esclava de nacimiento, uniendo al Tuyo todo Mi Sufrimiento. ¡Te Amo! Amén."

Se hace silencio, silencio en el Corazón de Jesús. Parece que lo está dando todo a Su Padre y parece que está dando cuenta de todo el trabajo que tiene que completar para Su Padre en el Cielo. Pedro está mirando desde cierta distancia y llorando, pero no se acercará, ¡todavía está asustado!

Jesús me habla de Alma a Alma:

"Ves como Pedro está a cierta distancia, tiene miedo de las autoridades. Tiene miedo de ser apaleado. ¡Hoy estás experimentando ese miedo tú también! En obediencia a las autoridades, Mis Iglesias están cerradas, y Yo Estoy agonizando hoy por aquellos que no tienen conocimiento de Mi Divina Presencia con ellos en la Sagrada Eucaristía. ¡Puedo hacer todas las cosas bien! Orad, orad porque aumente la Fe empezando por Mi Pedro, hoy vuestro Papa Francisco I, ¡orad por Mis Sacerdotes! Bendigo a aquellos que han tenido el valor de abrir la Iglesia para orar, y a aquellos que han tenido incluso el valor de percatarse de Mi Presencia y están alimentando a Mis Corderos y Mis Ovejas[229] que vienen a orar! ¡Estos son aquellos que están trabajando para convertirse en futuros Santos, entre vosotros este día!

Yo soy Jesús de Nazaret Hombre-Dios, Dios-Hombre, Dios Verdadero y Hombre Verdadero, el Sumo Sacerdote. Amén, Amén". *(Viernes Santo, 10 de Abril de 2020).*

---

[228] *Lucas 1,38*
[229] *Juan 21, 15-17*

121. EN LA MISA DE RESURRECCIÓN DEL SANTO PADRE, SE LEVANTARÁN

… La Santa Madre está aquí. Está vestida con un manto azul marino, como estaba vestida en la Crucifixión en que llevaba dos mantos: Su manto interno es blanco. Sus Manos, dispuestas como en la Medalla de La Mediadora de Toda Gracia, Co-Redentora y Defensora.

Los Arcángeles están postrados y hay Círculos de Ángeles alrededor de Ella. Sobre Ella están los Coros de los Ángeles Celestiales y debajo están los Ángeles Terrenales. El coro Celestial de Ángeles desciende, parece como si el Cielo se hubiera vaciado de Ángeles. [230]Ascenderán en la Misa de Resurrección de la Vigilia Pascual, ¡para un día de Resurrección Bendito y Sagrado!

Hay muchos otros Ángeles abajo, Ángeles que están orando y están formando un círculo. [231]Son los Ángeles de aquellos que mueren y han muerto de esta terrible plaga, cuyos cuerpos son cremados en grandes cantidades; algunos han sido cremados en un gran agujero. El sufrimiento de hoy será para que se levanten en la Resurrección, cuando Jesús se eleve, en cada uno de los diferentes niveles[232]! Ahora son como velas encendidas y sus Ángeles de la Guarda están sujetando sus velas.

En la Misa de Resurrección del Santo Padre, resucitarán y se les dará un nuevo Cuerpo[233] en el Cielo y entrarán en tres diferentes niveles de acuerdo con su arrepentimiento en la última hora de su agonía. La Misericordia de Dios para ellos también inclinará la balanza para aquellos que han estado orando y suplicando Misericordia para ellos. Nuestra Señora también inclina la balanza para traerles dentro. No habrá nadie en la tercera etapa y último

---

[230] Aquellos cuyos Ángeles de la Guarda acaban de ser mencionados.
[231] ídem
[232] Ver la sección: 'La Tesis del Purgatorio'
[233] No el cuerpo glorificado, sino que están vestidos con un cuerpo celestial, asimilándose a Ángeles. Ver no. 137.

nivel, que es el más cercano al Infierno, pero nadie puede cruzar al Infierno[234], ¡es solo una forma de hablar! ¡Todo esto acontece en el Cielo para su purificación! Nuestra Señora inclina la balanza, como dije, abogando por ellos a través de nuestra intercesión. Ahora, mientras yo padezco este sufrimiento, el sufrimiento de los diferentes niveles, que es una lamentación y una agonía por su sufrimiento con la misericordia de Dios, ellos se arrepienten a través de esta agonía.

Veo más Ángeles de la Guarda que vienen. Son los Ángeles de aquellos que no han sido considerados y aún así también han muerto, sin ser llorados, ¡no amados! Esto responde a la explicación de que estas Almas, de otra forma, se habrían quedado en la Tierra. En esta Misa especial de Resurrección, Dios los levanta; a muchos; ¡a muchos, no a todos! Cuando digo 'no a todos', la explicación está en que Ella me está mostrando que el Santo Sacrificio fue celebrado por sus familias y sus amigos y Sacerdotes que oran por estas Almas, Almas individuales por nombres; mientras que el caso general va asociado a la Resurrección de Nuestro Señor, que es la Santa Misa celebrada por el Santo Padre y todos los Sacerdotes, Obispos, Cardenales, que celebrarán el Santo Sacrificio.

Ahora bien… hay muy pocas oraciones que se hagan por mí, porque muchos han pensado que ya ha terminado todo y no se dieron cuenta de que yo también necesito oraciones, ¡por eso debo soportar este sufrimiento en toda su crudeza! (Sábado Santo, 11 de Abril de 2020).

122. LA JUSTICIA DE DIOS DEBE DESCENDER

Nuestra Señora sonríe. Hace una reverencia como saludo. Está de pie sobre una pequeña nube, y habla:

"Amados hijos Míos, cómo os agradezco haber respondido a Mi petición de orar en este día en esta Sagrada Montaña, el Monte Foymont. Esta Visitación es la que iba a hacer el día

---

[234] Lucas 16,26

veinticinco del mes doce del año dos mil diecinueve (25 de Diciembre de 2019) pero que tiene lugar hoy mismo. Habría sido en la Sagrada Montaña del Monte Ganxim – Batim.

Sabed y entended la razón por la cual acontece aquí y ahora. Todo parte de Mi primera Visitación, anunciada a esta pequeña Mía y de Mi Jesús, Cleofas, anunciada en esta pequeña casa, una vez un hospital, ahora una casa pequeña donde Me aparecí a ella. Ella no sabía nada de Mí y hoy lo cuento al mundo. Aquí el mundo entenderá su propia situación.

Yo como *Mediadora de Toda Gracia, Co-Redentora* y *Defensora*, este título Me ha sido otorgado por Dios Nuestro Padre, Dios Hijo, Mi Divino Hijo Jesús, Nuestro Salvador y Dios Espíritu Santo.

Deseo vivamente dar a conocer en esta *Visitación* Mía la hora en la que estáis – aunque no esté completa – la *primera contracción* de la *Gran Apostasía*. ¡Cómo entristece a mi Inmaculado Corazón ver tantos de Mis hijos ya perdidos en la búsqueda de otro dios! ¡Han abandonado al Dios Verdadero!

Sabed y entended que debéis prepararos ahora para la segunda contracción. Será severa, ¡a menos que os preparéis! Debéis entender el *sistema del trueque*. Debéis aprender a ser auto-suficientes y no caer presa de vuestro adversario, que os lo dará todo gratis, ¡pero os costará el precio de vuestra Alma!

Amados hijos, sabed y entended que Yo estoy aquí para anunciaros este momento en que os doy la bienvenida a Mi Inmaculado Corazón. Ahí os coloco dentro del Sagrado Corazón de Nuestro Divino Salvador Jesús, ¡seguros! Y nadie os tomará u os arrebatará de Mí, ojalá seáis fieles a vuestra Consagración a Mí en las primeras horas de cada mañana de cada nuevo día.

Y vosotras, todas vosotras madres, os invoco una vez más para encomendar a todos vuestros hijos por nombre a Mi Inmaculado Corazón. ¡Muchas de vosotras estáis fallando y estáis cayendo en la ansiedad! Es inútil que hagáis cuentas, ¡no podéis hacer nada! Yo puedo hacerlo todo, porque Dios Me ha encomendado este momento histórico, ¡como *Nuestra Señora de la Salvación!* Amén."

Hace una pausa y habla:

"Amados hijos, es aquí, y hoy, cuando entenderéis el Plan de Salvación de Dios de ser autosuficiente y poder también cubrir las necesidades de aquellos que tienen menos a través de la *Organización Benéfica Saint Joseph* conocida por el mundo como el *Centro Comunitario Saint Joseph en Foymont*. Debe llegar a los cinco Continentes del mundo, donde debe dar fruto para preservar al *Remanente* de la Iglesia futura.

Por aquellos que no puedan entender esto, rezo para que seáis fieles al Evangelio y por vuestra fidelidad al Santo Magisterio de la Santa Iglesia Católica, el Santo Padre. Aquí aprenderéis amados hijos, a estar incluso preparados para entregar vuestra vida por la Verdad; la Verdad, como en Jesús Que vendrá a morar en vosotros y os dará la fuerza para soportar este momento como Él ha hecho con todos los Santos y Mártires. Amén.

Hoy condesciendo en esta Montaña para ilustrar el concepto de '*Nuestra Señora Mediadora de Toda Gracia, Co-Redentora y Defensora, La Madre de Dios*' que soy, en este Sagrado día de Fiesta dedicado a Mí como '*Nuestra Señora del Monte Carmelo*'. Tiene un vínculo y lo entenderéis a través del Escapulario, que es Mi Manto de amor para todos Mis hijos, Mi Vestidura, ¡que os vestirá y os protegerá contra las fuerzas de la oscuridad que buscan arrancar vuestras Almas!"

Parece estar caminando alrededor. Está cubriendo la Montaña entera con Sus vestiduras ... Allí está ... Nuestra Señora del Monte Carmelo ... que viene.

"¡Os agradezco inmensamente haber respondido a Mi petición de orar a esta hora! Venid, todos Mis amados hijos, que os habéis congregado para este momento de oración que se os ha anunciado, para orar con esta pequeña Mía y de Mi Jesús, Cleofas, vuestra amada hermana. Amén.

Sabed y entended bien, que Yo os preparo para la segunda contracción de la *Gran Apostasía*. Será un momento triste, pero debe acontecer porque la Justicia de Dios debe descender, para que aquellos que hayan sido fieles puedan ser preservados en la Fe y en su fidelidad para el *Remanente*, para la futura Iglesia, la Esposa de Cristo. Amén."

Hace una pausa y habla de nuevo:

"Doy las gracias a Mi amado hijo elegido, vuestro Padre Espiritual que ha celebrado el Santo Sacrificio en este día para esta ocasión. ¡Estaré con él siempre! Le doy las gracias por acogeros y llevaros en este momento. Incluso a esta hora sigue unido a vosotros en oración... Amén.

Deseo ahora de todo corazón transmitiros: Que la Paz de Jesús descenderá sobre vosotros y en vuestros corazones, sobre todos aquellos que han orado incluso en la Sagrada Montaña de Ganxim-Batim, aunque entristece a Mi Inmaculado Corazón ver el estado en el que se encuentra. Sabed y entended, es un gran sufrimiento para Mis hijos llevar esa cruz y los Pastores que no han prestado atención a mi petición han traído mucha tristeza. ¡Aún así los amo! ¡Solo os pido que oréis por ellos! Amén.

Sabed y entended, llamo a todos los Pastores a esta hora en que Mis hijos están sufriendo y están hambrientos de la luz de Jesús, ¡deben volver a los Sacramentos! Debéis abrirles vuestros corazones. Debéis abrirles las puertas y dar vuestras vidas por las ovejas que se os han confiado. ¡Es a vosotros a quien el Señor pedirá cuentas de las ovejas perdidas[235] que se hayan extraviado!

¡Estoy con vosotros! ¡Tened valor, ningún daño se os hará! Incluso os he revelado el simple remedio conocido como 'Remedio Espiritual y Natural' ... ¡Estoy con todos vosotros, amados hijos! ¡Os amo entrañablemente!

Yo soy la *Madre de Dios, la Mediadora de Toda Gracia, Co-Redentora* y *Defensora* en el Cielo. ¡Espero serlo proclamada en la Tierra! Os agradezco vuestras oraciones y por pedir por el Santo Padre y ¡también por orar por Él!"

... mirad esas nubes como danzando, están todas rodeándoLa ... Aquí está Ella, ahí arriba. ¡Gracias, Madre!

"Orad, orad amados hijos por vuestro Santo Padre. ¡Necesita vuestras oraciones! La Cruz le está pesando mucho sobre sus hombros, ambos ritos, el Oriental y el Latino, porque muchos en la jerarquía han adoptado la contaminación, y el humo de Satán ha entrado para apenar al Santo Padre y estar en desacuerdo con Él sobre la Verdad, y traer la visión del adversario, ¡el adversario de Dios!

Os amo entrañablemente, Yo soy vuestra Madre Celestial. Recibid ahora la Bendición de la Paz que Jesús me ha encomendado, La Santísima Trinidad vive en Mí: "IN NOMINE PATRIS, ET FILII ET SPIRITUS SANCTI, AMEN."

La Paz de Jesús ... ¡dádsela a otros! Amén". (*Fiesta de Nuestra Señora del Monte Carmelo, 16 de Julio de 2020*).

---

[235] Mateo 18,10-14

123. VOLVÉOS COMO ESTE PEQUEÑO NIÑO JESÚS EN MIS BRAZOS

Nuestra Señora habla:

"Sabed y entended: La medicina que Yo he revelado, debéis tomarla para protegeros a vosotros mismos contra este espíritu demoníaco del "Coronavirus" conocido como "Covid-19". Si no lo hacéis, tendréis que soportar su sufrimiento.

Tened cuidado, pronto entraréis en la *segunda contracción* que ocurrirá. Esta pequeña Mía y de Mi Jesús ha rogado para daros tiempo, para que las Iglesias puedan estar abiertas, y podáis recibir el Cuerpo y la Sangre del *Redentor* para soportar estos trances.

Yo he intercedido por este propósito, por vosotros, pero no *(Iveta: qué apesadumbrado está mi corazón, Madre)*, ¡no ignoréis este tiempo que os estoy dando! Prestad atención a Mi petición, anunciadla a otros incluso a aquellos que no tienen Fe. Debéis prepararos a dárselo si lo desean. Amén.

Os amo sinceramente. Yo soy la *Madre de Dios, la Mediadora de Toda Gracia, Co-Redentora* y *Defensora,* esperando serlo proclamada sobre la Tierra. Amén."

Nuestra Señora me habla: "pequeña Mía y de Mi Jesús, Yo vendré a la Hora de la Divina Misericordia para recibir este sufrimiento por el propósito que te he anunciado, por el que estás sufriendo."

... En ese momento me señala al Niño Jesús y me muestra el cáliz que está rebosando del sufrimiento de tantas Almas que han abandonado la Iglesia; y el Pequeño Infante Jesús cuyo semblante está temeroso, aunque en los brazos de Su Santa Madre La mira y levantando Su Manita izquierda toca Su barbilla, recibe el Consuelo de la fuerza.

Nuestra Señora habla: "Haceos como este pequeño Niño Jesús en Mis brazos. Amén" (Aniversario de la primera Aparición de Nuestra Santa Madre en el Monte Batim, 24 de Septiembre de 2020).

124. LA CONSAGRACIÓN DEL DÍA TREINTA Y TRES

Nuestra Señora habla:

"… Haced saber a Mis Amados Hijos otra vez, que es de gran importancia para ellos acoger lo que se ha llegado a conocer como 'El Remedio Natural y Espiritual', el jarabe que os he revelado. Parece absurdo a los ojos del sabio, pero es el Poder de Dios y la Gracia en él – la Sacramental, que destruirá el poder del mal que ningún otro puede destruir. Es una batalla entre el bien y el mal.

Os acercáis al umbral de la *segunda contracción*. Yo anunciaré en los días venideros cómo debéis prepararos…"

Hace una pausa y vuelve a tomar la palabra:

"Mi amado del Amado, te agradezco inmensamente que hayas trabajado en lo que se llama el segundo libro, *"El Sufrimiento y la Tesis del Purgatorio'*. Es importante que lo termines diligentemente. Te daré la Gracia para ello.

Sabed y entended, Mis amados hijos necesitan saber la dirección que deben tomar. Es lo que vuestro anterior Padre Espiritual, ahora Conmigo en el Cielo, llamó 'afirmación'. ¡Necesitarán esta afirmación!

Ocurrirán muchas cosas. Os doy las gracias inmensamente por hacer todo lo que os he pedido. Os ayudaré. Continuad de esta manera y enseñad a otros a hacer lo mismo.

Pedidles que hagan lo que se ha dado a conocer como la "Consagración de los treinta y tres días", y mi Espíritu Divino los dirigirá de la mano de Mi amado San Louis Marie Grignon de Montfort. ¡Os lo agradezco inmensamente!"

Iveta sufría por la gente que ha abandonado su Fe, en la primera contracción de la Gran Apostasía conocida como la pandemia y que desean volver a Dios. Han sido testigos de la muerte de sus seres queridos, ¡ahora sus corazones desean volver a Dios y a su Fe Católica! Este sufrimiento les dará la Gracia para volver a la fe Católica. (Primer Jueves, Primer Viernes de Noviembre, 5 y 6 de Noviembre de 2020).

125. CÓMO SATÁN ESTÁ PLANEANDO VENIR COMO LA SANTÍSIMA TRINIDAD

San Miguel habla:

Vengo hoy, a petición de la Santa Madre, para dar a conocer la intención de este intenso sufrimiento…

Este sufrimiento se abate sobre vosotros por lo que ha llegado a conocerse como *'la vacuna de naturaleza diabólica'*[236]. Lo 'diabólico' es el hombre jugando a ser Dios. ¡Los hombres que se han convertido en cómplices del plan de Satán para destruir a los elegidos de Dios! Los Católicos y Cristianos perecerán bajo esta visión de Satán como Mártires y heredarán una Corona Eterna para siempre – como los Santos antes que vosotros. Este sufrimiento es debido a esta vacuna y se

---

[236] *Este mensaje NO condena la vacunación contra el Covid-19 pero ofrece una desaprobación de un tipo muy específico de vacuna entre las muchas vacunas que fueron testadas en esa época, a saber, la vacuna que usa líneas celulares de fetos abortados en su proceso de investigación y producción. Este mensaje ofrece elementos de criterio espiritual. Por favor ver el criterio moral y doctrinal que se da en la 'Nota sobre la moralidad de usar algunas vacunas anti-Covid-19' de la Congregación para la Doctrina de la Fe del 21 de Diciembre de 2020 así como el Mensaje del 8 de Enero de 2021 en este libro.*

entiende que es por aquellos que la adopten bajo la presión de querer pertenecer al mundo y no entender la Salvación de sus Almas[237], ¡porque no prestarán atención a las advertencias ya anunciadas y que son anunciadas ahora! Este sufrimiento rescatará estas Almas que tienen la intención de ponerse la vacuna y por lo tanto de convertirse en defensores de Satán.

Sabed y entended: La Santa Madre, Nuestra Santa Madre, María siempre Virgen, vendrá a recibirlo[238] a la última hora de este día que marca la entrada también de un nuevo día, el Primer Sábado, mañana, el día 5 del mes 12 del año dos mil veinte. Yo estaré aquí cuando me invoquéis para protegeros".

... San Miguel me muestra ahora cómo el adversario está escrutándolo todo.

… y Yo destruiré y confundiré su visión para ti y para el plan de Dios… y acto seguido me muestra cómo Satán está tramando venir como la Santísima Trinidad – la "trinidad" anti-Dios. Y aún así es el mismo espíritu de Satán en el mundo: confundir a los Católicos y las enseñanzas, el Magisterio de la Santa Iglesia Católica, ¡Catolicismo! Amén.

"Yo soy San Miguel, aquí con vosotros en este día como Nuestra Santa Madre os sostendrá en situaciones así… La náusea que experimentaréis es la náusea que las mujeres embarazadas experimentan, y es en esta etapa en que los niños son abortados para extraer los tejidos necesarios para esta vacuna[239]. El uso de estos tejidos está en contradicción con la Medicina dada a conocer por Nuestra Santa Madre, el *Remedio Espiritual y Natural*, como se ha dado a conocer, que contiene – lo que destruirá el mal y la intención del mal en el Templo de

---

[237] *El mensaje del 1 de Enero de 2021 también nos cuenta sobre el efecto negativo de esta vacuna sobre la salud.*
[238] *El Sufrimiento de Iveta.*
[239] *Esto es en referencia solo a la Vacuna que usa líneas celulares de fetos abortados en su proceso de investigación y producción. Ver notas a pie de página 236 y 237.*

Dios, el cuerpo humano – Agua Bendita y Sal Bendita con las oraciones y poder de la Iglesia Católica, en la personificación de Cristo que es Su Sacer-dote obediente a Su Obispo y obediente al Santo Padre. Amén."

La visión se cierra, y no veo más, solo las palabras:

"San Miguel que permanece en Presencia de Dios, aquí ante vosotros en este día, y con vosotros. Amén". *(Primer Viernes de Diciembre, 4 de Diciembre de 2020).*

126. OS SOMETERÉIS A SU REINADO Y MORARÉIS EN SU SAGRADO CORAZÓN

Nuestra Señora está vestida de un azul celeste intenso, como Nuestra Señora Mediadora de Toda Gracia, Co-Redentora y Defensora; tiene el Rosario de perlas blanco en Su mano derecha, y el Escapulario en Su mano izquierda. Tiene a Jesús suspendido en Su Inmaculado Corazón. En la Custodia está la Sagrada Eucaristía. Las dos Llaves de Pedro están bajo la Custodia. Su vestidura interior es blanca. Hay estrellas por toda Su vestidura exterior azul. Bajo Sus pies está la luna sobre la que se tiene en pie. La serpiente está bajo su pie, Su talón derecho. Nuestra Señora hace una reverencia como saludo, y nos sonríe. Y nos habla:

"Amados hijos Míos, os agradezco que os preparéis ante Mí recitando el Santo Rosario que me conforta tanto y trae mucho consuelo a mi Apenado e Inmaculado Corazón que está en agonía y perforado por tantas flechas de ingratitud cuando no latigazos, por negarMe como la *Madre de Dios* que soy, porque esa ha sido la voluntad de Dios por vosotros y por esta generación perversa; pero hijos míos, vengo a advertiros contra lo que se ha venido a conocer como 'la vacuna'[240].

---

[240] *Esto es en referencia solo a la Vacuna que usa líneas celulares de fetos abortados en su proceso de investigación y producción. Ver notas a pie de página 236 y 237.*

Se están preparando muchas vacunas, pero esta que tiene el 'tejido'[241] del feto de un niño nonato, abortado por esta razón, ¡es una ofensa horrible e ultrajante contra Dios!¡Ha sido urdida por Satán mismo que desea jugar a ser Dios y ser "dios" en vuestro mundo!

Tened cuidado, se está mofando de la Santísima Trinidad viniendo en tres personas[242]: el anticristo, el antipapa y su espíritu, jugando a lo que parece el Espíritu Santo Divino, enviando falsos profetas y falsos mensajeros a atormentar incluso la mente de los elegidos de Dios… y sí, está usando la Palabra de Dios, la Santa Biblia, que ha desfigurado para su propósito[243].

Vengo a advertiros, Mis Amados Hijos, a través de esta pequeña Mía y de Mi Jesús, Cleofas, que sufre por esta causa en este día, a petición mía, anunciada por el Príncipe de las Huestes Celestiales, San Miguel, el cual os defenderá contra estas fuerzas cuando Le llaméis e incluso enviará al Ejército Celestial a guardaros, cuyo Comandante es él, ¡porque Dios Le nombró así!

Vengo ahora a advertiros, como una madre advertiría a sus hijos: estáis en gran peligro si consideráis aceptar esta forma de pertenecer a Satán; una vez que la hayáis aceptado y recibido[244], caeréis bajo el poder de su ley, rechazando a Dios pero pareciendo que hacéis todo por Dios. Haréis esto primero rechazando al Santo Padre, el Papa reinante Francisco I, Mi Amado Hijo Elegido, que está sufriendo muchas ofensas contra Él y Su ministerio. Os sometereis a la ley de Satán para rechazar el Sagrado Magisterio de la Santa Iglesia Católica,

---

[241] *Este mensaje parece estar relacionado con el uso de una línea celular generada a partir de células de riñón de feto humano, extraídas de los restos de un feto abortado voluntariamente.*
[242] *Ver Apocalipsis 13,1-17.*
[243] *Ver Lucas 4,1-13.*
[244] *Esto es en referencia solo a la Vacuna que usa líneas celulares de fetos abortados en su proceso de investigación y producción. Ver notas a pie de página 236 y 237.*

¡e incluso seréis los perseguidores de los elegidos de Dios! Muchos de vosotros seréis de la misma familia[245], algunos elegiréis a Dios, y algunos elegiréis a Satán, bajo el anticristo y el antipapa, el espíritu el mundo de Satán.

Sabed y entended que ansío reuniros. Cuando elijáis rechazar esta forma de mal que se ofrece ante vosotros, estaréis haciendo la elección de seguir la Promesa Eterna con Jesús Mi Divino Hijo, el verdadero y único Cristo, Jesucristo, vuestro Rey de la Gloria Eterna. Vendréis bajo su Reinado y moraréis en su Sagrado Corazón. Vendréis bajo el reinado del Inmaculado Corazón, y moraréis en Mi Inmaculado Corazón, como estáis haciendo ahora – para aquellos que se han decidido a orar los treinta y tres días de Consagración a Mi Inmaculado Corazón, preparándoos para el Cumpleaños de Nuestro Señor Jesús. Este cumpleaños será único. Eso lo entenderéis cuando se aproxime. ¡Muchos se regocijarán y muchos llorarán! Amén.

… Ahora deseo vivamente que volváis al Sacramento de la Reconciliación, Confesión, y recibáis a Jesús en la Sagrada Eucaristía, por los días que vienen cuando, una vez más, os lo negarán cerrando las iglesias.

Yo soy vuestra Madre Celestial. ¡No os abandonaré! Sed fieles a vuestra Consagración a Mí, como ya muchos de vosotros estáis haciendo respondiendo a mi petición. Mi esposo, el Espíritu Santo, os dirigirá. Estad atentos a Él en el silencio. Y seguid la dirección que os revele, ¡incluso aunque parezca que apunta muy lejos! Dios lo sabe mejor. Libraos del mundo y de sus placeres, conformaos a la simplicidad y moderación y preparación para el *sistema del trueque*. El *sistema del trueque* es una manera de amor unos por otros y de compartir cuando uno tiene menos de una cosa, con él, o incluso simplemente compartir con aquellos que no tienen nada – que sea necesario para mantener las

---
[245] *Ver Lucas 12, 52-53*

necesidades básicas del cuerpo. Dios proveerá, ¡no os preocupéis! Solo preocupaos con una preocupación alegre de sostener vuestro ánimo y morar en Mi Inmaculado Corazón, y a través de Mí en el Sagrado Corazón de Jesús.

Entenderéis lo que quiero decir con estas palabras Mías en los días venideros. Os amo sinceramente, ¡os lo agradezco inmensamente!

Yo soy vuestra Madre Celestial, esperando ser proclamada en la Tierra como *Mediadora de Toda Gracia, Co-Redentora y Defensora*, como ya lo soy en el Cielo, para poder traer el don de Dios y todo lo necesario para que soportéis estos momentos de persecución. Se conoce como persecución de los Cristianos, aún así el más alto nivel de persecución será el de la Iglesia Católica.

Amo a todos Mis queridos hijos de todas las confesiones Cristianas. También de ellos soy su Madre Celestial. Tienen todavía que entender Mi amor por ellos. Amén *(Primer Viernes de Diciembre, 4 de Diciembre de 2020).*

127. SATÁN SE HA HECHO A SÍ MISMO EL 'CREADOR'

Nuestra Señora habla:

Ahora, pequeña Mía y de Mi Jesús, recibiré este sufrimiento, y esto será por aquellos que han permanecido ignorantes sobre la enseñanza de la vacuna[246], e impartiré esta Gracia sobre ellos, dándoles la oportunidad de elegir donde ellos ya habían tomado una decisión.

---

[246] *Esto es en referencia solo a la Vacuna que usa líneas celulares de fetos abortados en su proceso de investigación y producción. Ver notas a pie de página 236 y 237.*

También rescataré a muchas de esas mujeres, mis amadas hijas, que se han sometido a sí mismas a esta corriente dominante de ver con buenos ojos abortar a sus bebés y ¡convertirse en esclavas de Satán! Las rescataré de su esclavitud impartiendo sobre ellas la Gracia para saber que esto es malo, y a través de las Huestes Celestiales, con su Comandante San Miguel, las traeré bajo la protección que necesitan, y las esconderé de él[247], y las recuperaré para ser Hijas de Dios.

Sabed y entended, el método más devastador usado hoy en día para abortar niños es lo que se ha venido a conocer como 'tecnología láser' a la cual esas mujeres, Mis amadas hijas, han sido atraídas. Las mujeres Católicas han sido atraídas a la idea de que sus cuerpos no serán desfigurados; pues bien, aún así se quedarán estériles y no podrán tener más hijos, para lo que fueron creadas.

Hay otros métodos y Satán, el adversario, las está atrayendo a todas a creer que esta es la manera en la que pueden ser felices y tener hijos. Los niños son la continuidad que Dios ofrece a la humanidad. Los niños de los que Dios es el autor, serán niños de la *luz* y aquellos de los que Satán mismo, usando la creación de Dios, se ha hecho 'creador' – lo que no le corresponde llevar a cabo, serán hijos de la *oscuridad*[248].

¡Sed conscientes de esto, amadas hijas! A muchas de vosotras cuyos vientres el Señor ha cerrado por un tiempo- entended que hay una razón para ello – os digo: ¡No busquéis tales métodos ni os convirtáis en abogadas de Satán! Vengo a advertiros contra esto; aquellas que han adoptado esta vía, fácilmente elegirán el mundo Satánico y negarán a Dios el derecho[249], a Él, que las creó. ¡Todo esto por falsa felicidad!

---

[247] *Satán.*
[248] *Esto se refiere a la clonación Humana.*
[249] *... de ser el Creador.*

Te agradezco que Me permitas expresar estas palabras, pequeña Mía y de Mi Jesús, por cooperar con el Espíritu Divino, incluso aunque estés tan preocupada y ansiosa, ya que no me lo das todo rápidamente. Te basta confiarlo todo a Mi Inmaculado Corazón, y Mi Divino Esposo te guiará. Te amo entrañablemente, te lo agradezco inmensamente, pequeña Mía y de Mi Jesús, Cleofas. Amén. *(Primer Viernes de Diciembre, 4 de Diciembre de 2020).*

AÑO 2021: ¡SOLO CONFIAD EN DIOS A TRAVÉS DE MÍ!

128. DESTRUIRÁ VUESTRA SALUD E INCLUSO VUESTRA VIDA

Nuestra Señora habla:

"Pequeña Mía y de Mi Jesús, ... sí, es el próximo Viernes cuando soportarás este sufrimiento, una vez más por "la" vacuna[250]. Entenderás su necesidad, especialmente para que los fieles lleguen a entender lo que se ha dado a conocer como la vacuna que contiene el feto abortado. Dios reclamará vida por vida. No es para restaurar sus vidas sino para destruir sus vidas por lo que Satán ha sacado esto *(la vacuna)* adelante.

Sí, se están desarrollando otras vacunas. Esperadlas, si deseáis una vacuna. Sabed y entended: la simplicidad de Mi medicina conocida como el *Remedio Espiritual y Natural* es la forma más simple de entender cómo afrontar esta batalla. Aquellos que adopten esta vacuna[251] conociendo su contenido, ¡entrarán a ser defensores de lo demoníaco! Sabed y entended que tales defensores de lo demoníaco necesitan ser exorcizados cuando vuelvan del mal y vengan a Dios. Hoy en vuestro mundo os faltan sacerdotes que asuman esta misión de exorcizar al demonio de muchos que ya están poseídos por él.

Os advierto, ¡no os abandonéis a tal poder demoníaco! No busca restaurar vuestra vida; ¡destruirá vuestra salud e incluso vuestra vida! Volved a Dios, volved a Mí. ¿No soy Yo vuestra Madre que os ama? Estoy aquí para ayudaros, y os ayudaré como Madre de Dios, como vuestra Madre Celestial y *Mediadora de Toda Gracia, Co-Redentora y Defensora* en el Cielo. Cuando me invoquéis bajo esta advocación, podré

---

[250] *Esto es en referencia solo a la Vacuna que usa líneas celulares de fetos abortados en su proceso de investigación y producción. Ver notas a pie de página 236 y 237.*
[251] *Esto es en referencia solo a la Vacuna que usa líneas celulares de fetos abortados en su proceso de investigación y producción. Ver notas a pie de página 236 y 237.*

restauraros tanto espiritual como temporalmente. ¡Solo tenéis que confiar en Dios a través de Mí! Yo os llevaré a salvo al Corazón de Dios, Mi Divino Hijo Jesús donde todo descansa, y al seno de vuestro Padre Celestial cuyo Amor Jesús lleva a vuestro mundo. Le necesitáis en la Santa Eucaristía. ¡Os lo agradezco inmensamente! Amén. *(Solemnidad de María Madre de Dios, 1 de Enero de 2021)*

129. EL SUFRIMIENTO POR LA JERARQUÍA QUE ESTÁ TOMANDO DECISIONES FUERA DEL ORDEN DE DIOS

San Miguel da un paso adelante y habla:

"Yo soy San Miguel, que permanece en Presencia de Dios, nombrado para proteger a los elegidos de Dios, aquí ante vosotros, pequeña de Jesús y nuestra Bendita Madre, Cleofas, nuestra amada hermana – y tú, amado del Amado, Félix Xavier, nuestro hermano – sufriendo en este día por vuestro mundo especialmente por la Iglesia Católica, por la Jerarquía que está tomando decisiones fuera del orden de Dios – que está tomando decisiones con respecto a la vacuna que contiene el feto abortado de un niño nonato, hecho a imagen y semejanza de Dios, abortado como en los días de la matanza de niños en la tierra de México[252] – preparándose hoy mismo para venerar a Satán, sí, los fieles, ¡incluso la jerarquía! Esta forma de guerra diabólica llevará a la Iglesia Católica a la ruina – ¡me refiero a la estructura! Con todo, la Iglesia permanecerá, en el sentido doméstico de *Iglesia Clandestina*. Sabed y entended, esto es en preparación para derrocar al Santo Padre, ¡Su hora está llegando!

---

[252] *Ver la Aparición de Guadalupe, México.*

Esta vacuna es para preparar el movimiento anti-cristo, para derrocar al Santo Padre y permitir al anti-cristo sentarse en el trono de Pedro. Los fieles que adopten la vacuna no serán ya fieles sino que prometerán su fidelidad a Satán y se unirán al movimiento de quienes creen ser fieles a la Iglesia Católica.

Estáis en el umbral de la *segunda contracción* y esta vacuna traerá laxitud e infidelidad, incluso entre las Religiosas y los Sacerdotes. Muchos se apartarán fundando sus propias Órdenes a partir de las Órdenes a las que sirven. ¡Muchas Órdenes cerrarán! Esto es lo que se pretende en la segunda contracción."

hace una pausa ... y vuelve a hablar:

"No tengáis miedo, no estéis preocupados, solo haced saber – con total confianza en nuestro Dios que es Dios – lo que se os ha anunciado y manteneos firmes. Esta es la hora en que tenéis que prepararos y mantener vuestra fidelidad Consagrándoos por la mañana y siendo fieles a la medicina que se os ha revelado como *El Remedio Espiritual y Natural*, tomándola tres veces al día. Es como darla a conocer como un tónico que os fortalecerá contra estas fuerzas. Amén". (*2º Viernes del mes, 8 de Enero de 2021*).

130. SE LE DARÁ PODER AL ADVERSARIO PARA ATORMENTAR A TODOS AQUELLOS QUE ESTÉN EN LAS CIUDADES

San Miguel habla:

"Sabed y entended, amados hijos, que debéis hacer saber a los hijos, vuestros amados hermanos que viven en las ciudades, que esta es la hora en que deben alejarse de ellas, porque se le dará poder al adversario para atormentar a todos los que estén en las ciudades. Muchos se alejarán, y muchos morirán como Mártires, y aquellos que presten atención a esta llamada, no solo salvarán sus cuerpos sino también sus Almas.

Sabed y entended que estáis entrando en momentos muy, muy, muy difíciles; aún así Yo estoy con vosotros, San Miguel, con todos los coros de Ángeles. Enseñad a recitar mi Oración, y entenderéis su significado. Amén."

... hace una pausa y habla de nuevo:

"La Santa Madre vendrá a la hora en que concluya este día para recibir este sufrimiento que estás soportando con tranquilidad y aún así sentirás la inmensidad de la debilidad de tu cuerpo toda esta semana. Se debe entender por ello, las consecuencias a las que llevará el estado del cuerpo de uno, cuando uno toma la vacuna[253] 'uno' se refiere al Alma de los fieles. Esto traerá el deterioro del cuerpo y someterá a quien lo sufra a las Leyes de la *cultura de la muerte* conocida como Eutanasia, porque sus cuerpos ya no podrán operar más en un estado normal. Y la ley implementada será ahora usada contra ellos. Estos son incluso bebés, jóvenes – *que estoy viendo ... ahora se presenta una visión* – todos los tipos, no solo los ancianos ... incluso los fuertes que quieren salvar sus cuerpos los perderán de esta manera.

La visión se cierra y San Miguel continúa hablando, después de hacer una pausa.

... Os amo sinceramente, vengo en nombre de la Madre de Nuestro Dios, que está aquí ante vosotros, y que me ha mandado en Su nombre. Yo os protegeré, ¡solo tenéis que invocarMe!

Yo soy San Miguel, Sirviente de María, siempre Virgen, *Mediadora de Toda Gracia, Co-Redentora y Defensora* en el Cielo esperando serlo proclamada sobre la Tierra. Orad, orad, orad por vuestro Santo Padre, ¡muchas oraciones! Amén."

---

[253] *Esto es en referencia solo a la Vacuna que usa líneas celulares de fetos abortados en su proceso de investigación y producción. Ver notas a pie de página 236 y 237.*

La visión revela de nuevo a San Miguel sujetando al bebé mientras lo levanta, el pequeño bebé abortado y la balanza de la Justicia.

"La Justicia de Dios se revelará contra todos aquellos en el sentido de... ¡Vida por Vida! Amén."

La visión se cierra, no veo más a San Miguel, nuestro Altar vuelve a aparecer. No veo más a Nuestra Santa Madre, pero Su Presencia permanece. Amén. (2° Viernes de mes, 8 de Enero de 2021).

131. LA CLONACIÓN HUMANA SE CONVERTIRÁ EN LA MODA DEL HOMBRE NUEVO, EL MUNDO NUEVO

... San Miguel está aquí presente... Esta vez viene con la espada en Su Mano derecha; sostiene la espada en alto, sobre Su Cabeza, listo para golpear; tiene la cadena en Su mano izquierda, lista para encadenar, y alza Su posición delante de Mí hacia mi izquierda, cerca de ti, esposo mío, pero sobre ti.

La Madre viene: ha estado aquí todo el tiempo, pero solo ahora Se muestra. Está vestida de azul marino, con una vestidura interior blanca. Sus manos están unidas con el Rosario alrededor de Sus dedos, con el Escapulario también, como en la estatua de Nuestra Señora de Fátima en nuestro hogar. Mientras extiende Sus Manos, veo el Cáliz en Su Inmaculado Corazón. El Cáliz está rebosando, y la Sangre de Jesús cae sobre las Almas ahora mismo, las almas de quienes Ella está rescatando. Y este sufrimiento está unido a ese Sufrimiento de Jesús por estas Almas. Y mientras esta Sangre fluye, todos los Santos Sacrificios se celebran hoy en todas partes de la Tierra por los Sacerdotes, Sacerdotes válidos de la Iglesia Católica, válidos, obedientes al Santo Padre y obedientes a sus Obispos, esos Obispos y Cardenales que no están en estado de deshonra – aquellos en estado de deshonra de la Gracia están exentos por no ser obedientes – pero obedientes al Santo Padre, el Papa vigente Su Santidad el Papa Francisco I.

San Miguel se adelanta y habla:

"Yo soy San Miguel Arcángel, que permanece en la Presencia de Dios, una vez más en este día presentándome ante ti, pequeña de Jesús Nuestro Divino Salvador y Nuestra Santa Madre, Cleofas, amada hermana.

He venido ahora para recibir el sufrimiento que has soportado, sus méritos – para rescatar las Almas a las que Nuestra Santa madre me dirigirá y para atar a Satán, que les está infligiendo tanta confusión – por aquellos de la Jerarquía que deseen seguir a Dios y se hayan arrepentido de haber pensado en aceptar la vacuna que contiene el feto abortado de un niño hecho a imagen y semejanza de Dios. Ahora Nuestra Santa Madre recibirá este Sufrimiento. Presento ante vosotros a Nuestra Afligida Madre – ¡agonizando por lo que ocurrirá! Amén.

… ahora retrocede.

La Santa Madre se acerca, permaneciendo de pie sobre una pequeña nube. La Luna está debajo de Ella y de la serpiente que Ella aplasta. Hace una reverencia para saludarnos y nos habla:

"Pequeña Mía y de Mi Jesús, Cleofas, te doy las gracias, te agradezco inmensamente que consueles Mi Triste Corazón, que está tan afligido por las flechas que lo están perforando, de aquellos en la Jerarquía que una vez fueron fieles y ahora Me han rechazado y ¡han rechazado las enseñanzas del Magisterio de la Santa Iglesia Católica!

Sepas y entiende, en este día, a través de este pequeño sufrimiento tuyo, Yo rescataré a muchos que desean no seguir a aquellos que han decidido hacerse infieles. Esto lo digo de la Jerarquía, de algunos de diferentes órdenes – Órdenes Religiosas –, de muchos Sacerdotes y de muchos de las Iglesias que llevarán a los fieles a extraviarse en sus creencias, para aceptar esta vacuna que ahora traerá lo que Satán estaba esperando…¡Ah!!!… *oh, mi corazón está tan apesadumbrado…* que se haya puesto en marcha ¡un sistema de asesinatos en masa, en masa!… y que el aborto aumente así a estos nuevos niveles; la clonación humana se convertirá en la moda del hombre nuevo, del mundo nuevo, tal como él[254]lo está planeando – *el orden del mundo único*, el *gobierno único mundial*, la *religión única mundial* – que Diós permitirá.

Con todo, vosotros, mis amados Hijos – os hablo a todos – permaneced fieles a través de vuestra consagración a Mi Inmaculado Corazón, encomendándoos todos a Mi Inmaculado Corazón, ¡consagrándoos a vosotros mismos, a vuestras familias y todo lo que tenéis, a mi Inmaculado Corazón! ¡De esta manera podré protegeros contra estas fuerzas! Aquí, muchos de vosotros os sometereís al martirio, y sí, muchos de Mis Sacerdotes que permanecerán firmes para rechazar esta forma de sanación y restauración de la vida humana[255] se someterán al Martirio.

Orad, orad, ¡orad mucho por vuestro Santo Padre! Un terrible peso caerá sobre él en los días venideros, porque muchos de la Jerarquía en el Vaticano intentarán persuadirle para que piense de manera diferente en cuanto a la terminología … *Oh, ¿qué es eso, Madre? Mis ojos están ardiendo…* conocida como 'la Iglesia Peregrina'. *(2º Viernes del mes, 9 de Enero de 2021)*

---

[254] *Satán*
[255] *Esto es en referencia a la clonación humana y a la visión de un mundo completamente nuevo.*

132. LOS CAMINOS DE DIOS NO SE PUEDEN CAMBIAR. ¡LA VERDAD DE DIOS ES LA VERDAD!

Sabed y entended, los caminos de Dios no se pueden cambiar. ¡La Verdad de Dios es la Verdad! Esta Verdad debe ser defendida para defender a cada niño hecho a imagen y semejanza de Dios. Amén."

"Ahora, pequeña Mía y de Mi Jesús, Cleofas, caerás en un profundo sueño en las horas del nuevo día. Este sueño es necesario, es como la retirada de un analgésico, y entonces cuando te despiertes, sentirás dolor en diferentes partes de tu cuerpo, lo que te dejará débil. Ponte en guardia, y realiza tus obligaciones lentamente y suavemente, solo aquellas que no requieran esfuerzo del cuerpo. Estaré contigo toda esta semana. Te lo agradezco, y te amo, pequeña Mía y de Mi Jesús"

... hace una pausa y vuelve a hablar:

"También deseo de todo corazón agradecer a todos aquellos que oran por ti, que sabían sobre este momento que sufrirías hoy. ¡Se lo agradezco inmensamente! Les bendigo por mantenerse en solidaridad contigo, para experimentar este sufrimiento para rescatar Almas, y acepto todas sus intenciones que también han presentado mientras oraban por ti; ¡les ayudaré!

Deseo de todo corazón transmitiros que permanezcáis fieles a las enseñanzas de la Iglesia Católica, el Magisterio, la Santa Iglesia Católica, fundada sobre la Roca, conocida como Pedro; Su sucesor, el Papa hoy reinante, el Papa Francisco I. ¡Orad por Él! Orad también por el *Papa en la sombra*, Su Santidad Emérita el Papa Benedicto XVI, que lleva a la Iglesia en estos tiempos a través de su sufrimiento y sus oraciones.

Yo soy la *Madre de Dios.*

Yo soy la Madre de toda la humanidad.

Yo soy Vuestra Madre Celestial, *Mediadora de Toda Gracia, Co-Redentora* y *Defensora* en el Cielo, intercediendo por aquellos que Me invocan bajo esta advocación, esperando recibirla aquí en la Tierra. A través de vuestras oraciones así será.

Os amo a todos sinceramente. Amén."

La visión se cierra. No veo más a la Santa Madre. (2º Viernes de mes, 9 de Enero de 2021).

JESÚS ORA EN GETSEMANÍ, Dibujo por Iveta

"En su angustia, oraba más intensamente,

Y Su sudor era como grandes gotas de sangre que caían al suelo."

"¿No podríais manteneros despiertos una hora?"

Cuando Jesús apareció, me permitió capturarLe (dibujarLe).

Oh, mira esos ojos amorosos de Nuestro Dios, ¡llamándonos hacia Él!

Tanto amor incluso mientras Le causamos tanta agonía.

Dibujo Original Bendecido por el Reverendo Padre Duffy, Marzo de 2005

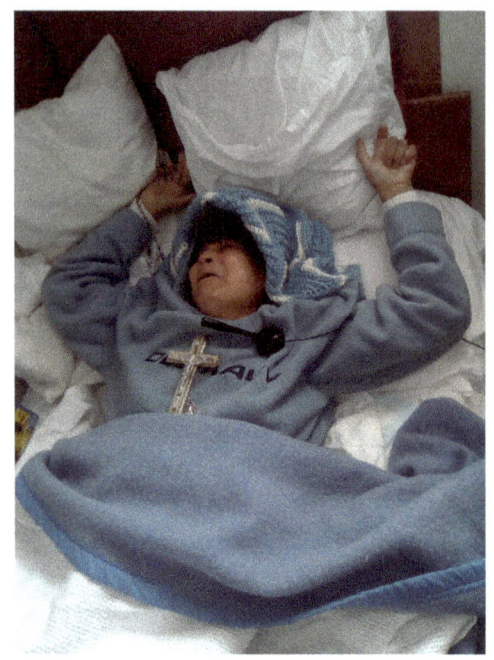

Iveta sufriendo en Foymont, Canadá.
© Centro Comunitario Saint-Joseph en Foymont

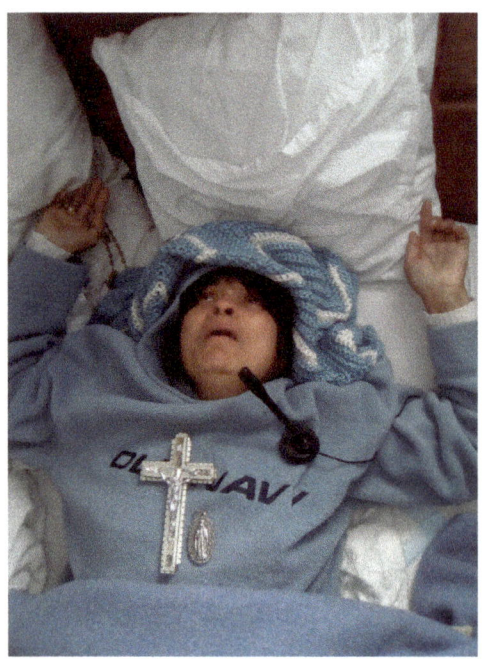

Iglesia de San Simón y San Judas en el Monte Batim, Goa, India
© Centro Comunitario Saint-Joseph en Foymont

El Pozo de los Milagros en el Monte Batim, Goa, India
© Centro Comunitario Saint-Joseph en Foymont

Estatua de Nuestra Señora en el Monte Batim

Estatua de San Miguel en el Monte Batim

© Centro Comunitario Saint-Joseph a Foymont

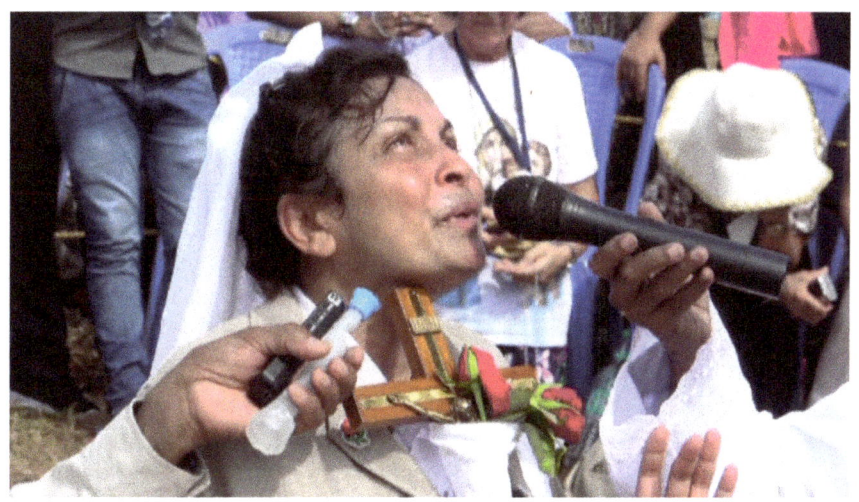

Iveta durante la Aparición de Nuestra Santa Madre en el Monte Batim
© Centro Comunitario Saint-Joseph en Foymont

Félix e Iveta en Goa
© Centro Comunitario Saint-Joseph en Foymont

LA TESIS DEL PURGATORIO

Fuentes:

Tratado sobre Purgatorio de Catalina de Génova: https://www.saintsbooks.net

Catecismo de la Iglesia Católica: https://www.vatican.va/archive/ENG0015/_INDEX.HTM

LA PURIFICACIÓN FINAL, O PURGATORIO
SEGÚN EL CATECISMO DE LA IGLESIA CATÓLICA

Los que mueren en la gracia y en la amistad de Dios, pero imperfectamente purificados, aunque están seguros de su eterna salvación, sufren después de su muerte una purificación, a fin de obtener la santidad necesaria para entrar en la alegría del cielo.

La Iglesia llama *purgatorio* a esta purificación final de los elegidos que es completamente distinta del castigo de los condenados. La Iglesia ha formulado la doctrina de la fe relativa al purgatorio sobre todo en los Concilios de Florencia (cf. DS 1304) y de Trento (cf. DS 1820; 1580). La tradición de la Iglesia, haciendo referencia a ciertos textos de la Escritura (por ejemplo 1 Co 3, 15; 1 P 1, 7) habla de un fuego purificador:

«Respecto a ciertas faltas ligeras, es necesario creer que, antes del juicio, existe un fuego purificador, según lo que afirma Aquel que es la Verdad, al decir que si alguno ha pronunciado una blasfemia contra el Espíritu Santo, esto no le será perdonado ni en este siglo, ni en el futuro (*Mt* 12, 31). En esta frase podemos entender que algunas faltas pueden ser perdonadas en este siglo, pero otras en el siglo futuro (San Gregorio Magno, *Dialogi* 4, 41, 3).

Esta enseñanza se apoya también en la práctica de la oración por los difuntos, de la que ya habla la Escritura: "Por eso mandó [Judas Macabeo] hacer este sacrificio expiatorio en favor de los muertos, para que quedaran liberados del pecado" (2 M 12, 46). Desde los primeros tiempos, la Iglesia ha honrado la memoria de los difuntos y ha ofrecido sufragios en su favor, en particular el sacrificio eucarístico (cf. DS 856), para que, una vez purificados, puedan llegar a la visión beatífica de Dios. La Iglesia también recomienda las limosnas, las indulgencias y las obras de penitencia en favor de los difuntos:

«Llevémosles socorros y hagamos su conmemoración. Si los hijos de Job fueron purificados por el sacrificio de su padre (cf. *Jb* 1, 5), ¿por qué habríamos de dudar de que nuestras ofrendas por los muertos les lleven un cierto consuelo? […] No dudemos, pues, en socorrer a los que han partido y en ofrecer nuestras plegarias por ellos» (San Juan Crisóstomo, *In epistulam I ad Corinthios* homilia 41, 5).

Catecismo de la Iglesia Católica, n.1030-1032

133. LA HISTORIA DE LA PINTURA MÍSTICA

Las Sagradas Imágenes y su comprensión fueron recibidas por un Alma pequeña[257] el Sábado Santo de 1997 (entre la 1:00pm. y las 3:30pm.)

Primero, la "pequeña Alma" oyó la Voz de Jesús, su Salvador.

Jesús habla:

"Mi Paz os doy. He conquistado la muerte; ya no seréis más cautivos. He ganado para Dios a Su pueblo y he creado para Él una Nación. Alegraos, porque incluso aquellos que dormían, ¡han resucitado! Porque Yo soy la Resurrección y la Vida. Amén."

Visión externa: incrustadas en la imagen milagrosa, hay otras muchas caras inexplicables e imágenes de hombre y mujeres santos. John es el artista que dibujó y pintó esta bella imagen.

*

Explicación de la Pintura Mística: ver Página 248.

Veo al Señor Resucitado. Se podía ver aunque vagamente. Él es todo Luz. El Éspíritu Santo me dió la gracia para deslizar mi lápiz atrás y adelante, como en un solo trazo, y la Cara apareció sola, por sí misma. Como la pintura no es mía, no sería así, ya que en el original solo se ven los trazos de las Santas imágenes que se me mostraron; y todo mi trabajo consistió en deslizar el lápiz atrás y adelante, mientras estábamos orando y las Santas Imágenes aparecieron. Amén.

El Señor llama San Miguel, Su Príncipe Glorioso, el Defensor de Su Ejército Celestial, el Defensor de las Almas. En esta visión, el Señor le da a San Miguel Arcángel la Escalera que fue

---
[257] *Iveta Fernandes*

usada para bajar Su Cuerpo de la Cruz. La Escalera se dispone sobre el hombro derecho de San Miguel mientras las Almas escalan por ella desde el Purgatorio.

Su Cruz Redentora está ante Él mientras aparece en toda Su Gloria. Amén.

Del Sagrado y Misericordioso Corazón de Jesús aparecen muchos rayos de color rojo, azul y dorado cayendo sobre las Almas que buscan Su Misericordia. Amén.

Su mano izquierda está extendida y cayendo de ella hay como polvo dorado o granos de arena de color dorado para representar la victoria sobre la muerte. Amén.

Se ve también a Nuestra Señora. La Mano derecha de Nuestra Señora aparece como sujetando a los bautizados en un estanque de agua, un manantial en la Tierra sobre suelo rocoso, como el visto en Batim[258] (India), el lugar de la Aparición de Nuestra Señora.

Se ve a Nuestra Señora ayudando a estas Almas a escalar la Escalera, el Camino de Jesús, Su Divino Hijo. Amén.

San Miguel se ve aquí muy diferente a como se le pinta en otros cuadros. Aparece como un Príncipe Real preparado para la batalla. Las facciones de su cara son agradables, pero se muestra fiero como el que no toleraría ningún sinsentido, ¡solo la Verdad!

La Verdad se le reveló por ningún otro que Dios; como él diría: "¿Quién es semejante a Dios? Nadie más que Tú, nadie más que Tú, ¡Oh Dios! Amén."

---

[258] *Localizado en Goa, el Monte Batim es una colina sobre la cual permanece la iglesia dedicada a San Simón y San Judas. Se dice que este fue el lugar donde San Francisco Xavier S.J. bautizó a cientos de habitantes de Goa. Es también el lugar de las 'Apariciones' de la Santa Virgen María relacionadas con Iveta y Félix Fernandes. Estas apariciones aún no han recibido la aprobación de la Iglesia.*

134. EL ENTENDIMIENTO DE LAS TRES ETAPAS DEL PURGATORIO

Iveta: La Santa Madre me habla de Alma a Alma.

"Pequeña Mía y de Mi Jesús, Cleofas, que estás co-redimiendo Conmigo, la *Co-Redentora* junto con el *Redentor*, en este Viernes Santo. Deseo aquí dar a conocer la explicación de las tres etapas como se les llamaría, conocidas por vosotros como el Purgatorio. Aquí Mi Jesús, Nuestro Salvador, cae, entendiéndose por esto las Almas que sufren en el Purgatorio. Tú ahora estás ofreciendo este sufrimiento tuyo. Serán los tormentos de tu mente.

Estos tormentos son por los pecados cuando un Alma no reprime los pensamientos y permite a estos pensamientos entrar en la mente, la parte consciente, el subconsciente y pensamientos inconscientes.

Entenderás más cuando te lo revele en los días venideros. Aquí estás ofreciendo este sufrimiento por las Almas del Purgatorio. Este sufrimiento que Yo tomaré, mientras tú co-redimes por ellas y por aquellos pecadores que no se arrepienten, es para salvar a muchos y traerlos al arrepentimiento. A aquellos que desean parar estos pensamientos, pensamientos pecaminosos, pensamientos poco caritativos, Yo les ayudaré con esta Gracia para que no sufran una segunda caída. Debéis entender que aplicaré esta Gracia mañana cuando reúna todas las oraciones por las Almas del Purgatorio y las aplique cuando Nuestro Divino Salvador, el *Redentor*, resucite como anunció. Amén."

*

Yo soy la Madre de Dios. Yo soy la *Madre de Dios*, soy vuestra Madre Celestial que sufre en este día, Co-Redimiendo y obteniendo todas las Gracias necesarias para que os podáis mantener. Entenderéis Mi labor como *Mediadora de Toda Gracia* en los próximos días. Amén". *(Viernes Santo 14 de Abril de 2017).*

135. ESTA ES LA SEGUNDA ETAPA DEL PURGATORIO COMO SE CONOCE

… llega la segunda caída de Jesús. Jesús está exhausto. Mira a Su Madre.

"Madre, Madre" … *y sufre una fuerte caída. Parece que cae sobre Su rostro, pero Su rostro descansa sobre la Cruz, una parte de la Cruz. Intentan levantarLo, ¡pero no pueden!*

Redentor a Co-Redentora:

"Madre ayúdaMe, salva a aquellos que continuarán con sus pecados y no se arrepentirán."

Aquí La Santa Madre revela otro conocimiento:

"Pequeña Mía y de Mi Jesús, Cleofas, co-redimiendo con el *Redentor* a través de Mí la *Co-Redentora*. ¡Tu corazón se está rompiendo! ¡Está apesadumbrado en extremo!

Entiende bien, esto es lo que hace el pecado cuando entra en el corazón. No lo reprimen al principio y lo consideran; y ahora ha entrado en el corazón para contaminarlo. Esta es la segunda etapa del Purgatorio como se conoce. Aquellos que sufren por estos pecados han pasado a la Resurrección pagando a la Justicia Divina, ¡porque se han arrepentido a última hora! Sepas ahora que estás co-redimiendo en el sufrimiento por aquellos que están considerando este pecado. Es una grave ofensa, ¡los pecados de la carne ensucian el Templo de Dios! Aquí redimirás muchos, muchos, pequeña Mía. Yo usaré esta Gracia para abrir y cortar sus corazones insensibles ¡porque no se lo plantearán nunca más!

Ahora descansa un poco, tu corazón está triste, descansa en Mi Manto Maternal, ¡descansa en Mi Inmaculado Corazón! Amén."

... Él (Jesús) ve a todas las mujeres lamentándose y llorando por Él. A pesar de todo Su Sufrimiento y Su dolor, levanta la cabeza y se detiene, y les mira diciéndoles: "No lloréis por Mí, sino llorad por vosotras mismas y por vuestros hijos."

De Alma a Alma, de Corazón a Corazón, Jesús habla con Su Madre: "Madre, Madre, ayuda a estos hijos Míos. Me ven de esta manera y no entienden que es por su bien que estoy sufriendo esto, igual que Tú. Te amo, Madre, Bendita entre todas la Mujeres[259], porque de Ti ha nacido el Hijo de Dios. Santa Tú entre todas las Mujeres porque por Ti se ha obedecido la Voluntad de Dios, Co-Redimiendo Conmigo como *Co-Redentora*. Amén. Amén". (*Viernes Santo, 14 de Abril de 2017*).

136. AQUELLOS QUE COMETEN Y CONSIENTEN EL PECADO CONOCIDO COMO EUTANASIA

Iveta sufriendo por la Eutanasia.

San Miguel habla: "Yo soy San Miguel, el que permanece en la Presencia de Dios. Vengo ante vosotros en este día amados hijos de Dios que estáis complaciendo a Dios, ya que seguís el ayuno y las oraciones y el sufrimiento de esta pequeña, nuestra amada hermana Cleofas, pequeña de Nuestra Bendita Madre y de Nuestro Señor Jesús.

Este sufrimiento para nada es pequeño, es un grave *sufrimiento en silencio* y de deterioro del Alma y del corazón que se vuelve insensible y frío hacia Dios, de aquellos que

---

[259] *Lucas 1,42*

cometen y aquellos que consienten el pecado conocido como Eutanasia, consienten morir y aquellos que cometen esta ofensa se llevan vidas de otros sin consentimiento, ¡discretamente! ¡Es una grave ofensa a Dios!

Vengo a vosotros en este día para aceptar el sufrimiento de esta pequeña y colocarlo en un cuenco."

... el Arcángel San Rafael se eleva y se coloca a la izquierda de Nuestra Señora moviéndose al frente con un cuenco de incienso que le trajo otro Arcángel, parece ser. Está sobre la Tierra y sostiene el cuenco con el incienso y en él deposita el sufrimiento y nuestro ayuno así como las oraciones de todos estos Ángeles y Arcángeles. Estos Arcángeles son los de muchos Sacerdotes y Religiosas que están muriendo sabiendo de todo esto en silencio. Han sido llevados a la muerte, incluso Obispos y Cardenales.

... San Miguel Que estuvo en silencio durante un tiempo habla de nuevo: "Traigo ante vosotros el mensaje de la Madre de Nuestro Dios para que entendáis la gravedad de la situación. Soy Su sirviente aquí presente ante vosotros, San Miguel."

Nuestra Señora habla:

"Amados hijos míos, os agradezco haber mantenido este ayuno, este día de total abstinencia de carne, la carne de Mis animales. Agrada a Dios inmensamente y habiendo consumido la Carne Viva y Sangre de Nuestro Señor en la Sagrada Eucaristía, os habéis mantenido con eso."

"Esta grave abominación conocida como Eutanasia es consecuencia del error de no haber consagrado Rusia a Mi Inmaculado Corazón y ahora juegan a ser Dios. Sea la abominación del consentimiento de matar como en el aborto, ¡los inocentes que no tienen derecho ni voz para hablar por sí mismos!, sea el consentimiento para hablar de aquellos que tienen voz, dándoles autorización para arrebatar sus vidas porque sus mentes se han distorsionado con la idea de que el sufrimiento no es necesario. ¡No entienden la grave ofensa que están cometiendo! ¡y muchos son Católicos!

Hoy con este sufrimiento evitaré que muchos escapen del sufri-miento; incluso aquellos que han escrito un formulario de consentimiento. Dios Mismo intervendrá para liberarlos de sus cuerpos y entrarán… *(ahora se me muestra el último nivel del Purgatorio)* Esto es porque muchos están orando contra este terrible crimen contra Dios; y de entre aquellos que mueren de esta manera dando consentimiento, *(Iveta: ¡Oh Dios mío, yo!)* muchos caerán en el Infierno; y a través de las oraciones de muchos, algunos otros entrarán en el último nivel del Purgatorio *(donde veo una vela ardiendo)* y no saldrán de este nivel hasta el último día del juicio, ¡el juicio final! Si supieran de este sufrimiento, acogerían el sufrimiento, que es la Cruz que Dios les ha dado para su propia Salvación, ¡la Salvación de sus Almas! Y se alegrarían de la Corona que Dios colocaría … sobre ellos, dándoles la bienvenida a Casa, habiendo llevado la Cruz sin pretender abandonarla.

Esta abominación se está extendiendo a muchas Naciones. ¡Llamo a todos Mis hijos en este día a decir 'No' a tal mal! ¡No deis vuestro consen-timiento! Solo Dios tiene el derecho como Creador de cada uno de vosotros, de liberaros de vuestro cuerpo hecho de arcilla, para permitiros ser liberados de él cuando Su propósito de glorificarle en la Tierra y en el Cielo sea llevado a cabo. Y entonces volveréis al polvo y algunos os convertiréis en Santos con este sufrimiento; e incorruptibles, ¡para mostrar el poder de Dios solo! Amén.

Yo soy la Madre de Dios, *la Mediadora de Toda Gracia, Nuestra Señora de los Dolores, (es por esto por lo que está vestida de azul marino y blanco, pero con una faja roja que la envuelve hacia la derecha) Co-Redentora*, intercediendo por vosotros que Me llamáis y por aquellos que rezan por quienes están sopesando esta forma de muerte para ellos.

La Madre de Dios: Os advierto que no ingreséis en los hospitales innecesariamente. Aprended a llamarMe y a abandonaros a Mi Inmacula-do Corazón y ofreced este sufrimiento vuestro por la Salvación de las Almas del Purgatorio y por la Salvación de las Almas para que se conviertan aquí en la Tierra, ¡incluso por los miembros de vuestra familia! Allí[260] os esperan; allí, donde está Mi adversario que ha entrado en muchas Almas que desean jugar a ser Dios mismo. Cuando oigáis de ellos, ¡Orad por ellos! Orad muchos Rosarios, ¡porque se necesitan muchos Rosarios! Os amo sinceramente, Amén."

*

"Os amo entrañablemente, os agradezco inmensamente que consoléis Mi Apenado Corazón tan herido por la pérdida de tantos de Mis hijos. Incluso los fieles que han seguido la ley de Dios, en sus últimos momentos Le han abandonado y han acogido la Ley de Satán.

Yo soy vuestra Madre Celestial, la *Mediadora de Toda Gracia, Co-Redentora* y *Defensora* en el Cielo, intercediendo por vosotros y por aquellos que Me llaman. Agradezco a Mis pequeños que están orando por esta querida hermana suya. Sí, de esta manera os Bendigo. Vosotros la fortalecéis para sufrir por estas graves ofensas en este cuerpo pequeño y débil suyo, y aún así poderoso con la Gracia de Dios. Ella también ora por cada uno de vosotros ante Mí en acción de gracias. Yo os Bendeciré a todos y a vuestras familias. Continuad de esta manera porque mucho le acontecerá en los próximos días conocidos como la Semana Santa. Os amo sinceramente. Amén."

En este momento se retira, el pequeño pergamino se enrolla y San Miguel se lo da a Nuestra Señora. Este mensaje venía en un pergamino; Nuestra Señora se dispone a explicarnos por qué San Miguel ha depuesto Su espada.

---

[260] En los Hospitales

San Miguel no tiene autoridad sobre la voluntad humana y por eso no puede ni siquiera evitar que las Almas caigan en el Infierno, pero he aquí que levanta su espada y la mantiene en todo lo alto, y sostiene La Divina Balanza en Su Mano izquierda, con la cadena colgando alrededor de Su antebrazo izquierdo; es con nuestras oraciones que puede golpear con la espada – así nos lo muestra cuando oramos por aquellos que se han procurado la Eutanasia – a Satán mismo, y Satán escapa, y el Alma enton-ces es colocada sobre la balanza de la Justicia Divina y llevada al Cielo.

Este es el primer juicio, y a través de nuestras oraciones el Alma entra en los últimos niveles del Purgatorio, donde me muestra a los Ángeles asociados a esos niveles: son del rango de 'Potestades'; este último nivel del Purgatorio es el más cercano al Infierno... se hace silencio. San Miguel me muestra ahora el significado del Purgatorio:

Cuando oramos por estas Almas que han cometido Eutanasia, no aquellos que las están matando, sino aquellos que mueren a manos de este espíritu malvado de la Eutanasia, San Miguel permanece a la entrada del último nivel del Purgatorio y los Ángeles de 'Potestad' vienen y toman el Cáliz de sus manos y lo vierten sobre ellos … aliviándolos … de su sufrimiento; el cáliz es devuelto y la puerta se cierra. Una vez que San Miguel ha recibido el Cáliz, se lo da a Nuestra Señora que está de pie y lo ve todo. Amén.

La Visión se cierra. (5° Viernes de Cuaresma, 2018).

137. LA REPARACIÓN QUE SE DEBE HACER ANTES DE QUE EL ALMA ENTRE EN EL PARAÍSO

"Sepas y entiende bien: vas a empezar a sufrir por las Almas del Purgatorio[261]. Se te va a dar una explicación en pequeñas dosis de la tesis del Purgatorio. Jesús[262] desciende entre los muertos y se hace la noche. Cuando resucitó *en conmemoración del* primer día de Su resurrección de entre los muertos, un gran cisma tuvo lugar. Él le dio al Demonio su posición, y en el Cielo, que es una representación de un mundo Espiritual, el mundo de Dios, se creó un lugar conocido como 'Purgatorio'[263].

El cisma consiste en dos ideas: El Cielo y el Infierno. El Infierno se debe entender como por debajo del Cielo. El cisma se debe entender como que una vez el Alma es condenada al Infierno, nunca puede entrar en el Cielo[264]; pero una vez que se encuentra en el primer Juicio, entra en el Cie-lo y en los niveles del Purgatorio donde Dios la enviará para ser purificada.

---

[261] *La experiencia de Iveta es diferente de la de Catalina de Génova. A Catalina se le dio una experiencia espiritual personal que fue parecida a la experiencia de las Almas del Purgatorio, y que le dió una comprensión del Purgatorio que sus discípulos escribieron. Iveta habla sobre su experiencia en que sufre por las Almas del Purgatorio dentro de una experiencia como co-redentora, durante la cual recibe un conocimiento del Purgatorio que su marido grabó y escribió.*

[262] *La experiencia de Iveta ocurrió durante el Sábado Santo, en que recibe una visión de lo que ocurrirá durante esa noche, durante la celebración Eucarística de la Vigilia de Pascua que celebra la Resurrección de Nuestro Señor.*

[263] *El Purgatorio se presenta aquí como parte del Cielo. Así se subraya la diferencia radical entre el Purgatorio y el Infierno.* "Siendo esto así, como las almas del purgatorio no tienen culpa de pecado alguno, no existe entre ellas y Dios otro impedimento que la pena del pecado, la cual retarda aquel instinto, y no le deja llegar a la perfección". (Catalina de Génova, Tratado sobre el Purgatorio, cap. III)

[264] "Los que están en el infierno han salido de esta vida con perversa voluntad, y por eso su culpa no ha sido perdonada, ni puede ya serlo, pues una vez salidos de esta vida, ya no puede cambiarse su voluntad. En efecto, al salir de esta vida el alma queda fija en el bien o en el mal, según se encuentra entonces su libre voluntad." (Catalina de Génova, Tratado sobre el Purgatorio, cap. IV)

Esta purificación se entiende como una reparación que se ha de hacer antes de que el Alma entre en el Paraíso y en Presencia de Dios, donde no hay contaminación[265]: ¡Un Dios todo bondad; todo es bueno y diáfano en Él! Aquí se entiende el propósito de todas las Almas: ¡Alabar, dar Culto y Glorificar a Dios incesantemente!

Cuando entiendes que tus antepasados están en el Purgatorio y no rezas por ellos, para liberarles a través de tus oraciones para que puedan Alabar, Venerar y Glorificar a Dios incesantemente por ti y obtener la Gracia y la Fe necesarias, entiendes el porqué de la pérdida de la fe en la Tierra; sí, ¡incluso en familias en la que una vez predominaba la fe, honestas ante Dios!

Y así, la comprensión del pecado que uno comete – incluso una persona justa peca siete veces al día – debe entenderse en relación con una purificación necesaria para esa persona justa cuando él o ella entre en el Cielo, o sea en el Purgatorio. Pero cuando el Alma cae en el Infierno, es aquí donde el Demonio – a sus ángeles, los ángeles caídos, se les dio aquí un puesto – posee un dominio, por así decir.

Al igual que tenéis rangos y etapas en el Purgatorio, la Coronilla de San Miguel[266], como se la conoce, revela el poder de los Ángeles. El Demonio tiene el mismo poder en el Infierno, pero no el Poder que tiene Dios sobre todos.

Cuando un Alma cae en el Infierno – se dice que es condenada al Infierno- no es por deseo de Dios; ha ocurrido

---

[265] *"Y veo perfectamente también que aquella divina esencia es de tal pureza y claridad, mucho más de lo que el hombre pueda imaginar, que el alma que en sí tuviera una imperfección que fuera como una mota de polvo, se arrojaría al punto en mil infiernos, antes que encontrarse ante la presencia divina con aquella mancha mínima. Y entendiendo que el purgatorio está precisamente dispuesto para quitar esa mancha, allí se arrojaría, como ya he dicho, pareciéndole hallar una gran misericordia, capaz de quitarle ese impedimento."* (ídem. Cap VIII)

[266] *Ver el contenido de la Coronilla de S Miguel en la sección del apéndice de este libro*

así por la falta de oraciones y el deseo del Alma de renunciar a Dios y elegir al Demonio – como en la explicación del 'libre albedrío'[267], el Don que Dios da a cada Alma cuando es creada: la voluntad de elegir el bien o el mal, de elegir lo bueno o lo malo, de elegir a Dios o al Demonio, y servir a Dios en la Tierra – tal como ha sido creada – o elegir servir al Demonio con la ayuda de sus ángeles caídos.

Este es el sendero que las Almas están recorriendo, sendero de perdición; y si no oramos, ¡muchas Almas se perderán de esta manera!

Se te dará más a entender sobre estas cosas en los días que vienen, Mi amada hija, pequeña Mía y de Mi Jesús. Yo que soy La *Inmaculada Concepción*, a través de mi Espíritu Santo revelaré estas cosas para limpiar las Almas de esclavitud y de tentaciones ancestrales. Esta es la preparación para las Almas que entren en el Remanente ¡y una revelación para entender la Constitución conocida como Constitución de las Santas Órdenes dedicadas al *Sagrado Corazón de Jesús* y a *Mi Inmaculado Corazón*!

Yo soy la *Inmaculada Concepción, la Mediadora de Toda Gracia, Co-Redentora* y *Defensora* en el Cielo, la *Madre de Dios* que intercede con vuestras oraciones por las Almas incluso del Purgatorio cuando ofrecéis vuestras oraciones por ellas. ¡Vuestro sacrificio puede ser ofrecido por ellas también! ¡Vuestros buenos actos y vuestras acciones, vuestras palabras amables también pueden ser ofrecidas por estas Almas! Ellas están pagando La Justicia Divina de Dios[268] y justamente

---

[267] *"Aquí se ve claramente que la voluntad perversa enfrentada contra la voluntad de Dios es la que constituye la culpa y, perseverando en esa mala voluntad, persevera la culpa." (ídem, Cap. IV)*

[268] *"Pues bien, viendo las almas con absoluta certeza cuánto importen hasta los más mínimos impedimentos, y entendiendo que a causa de ellos necesariamente se ve retardado con toda justicia aquel impulso, de aquí les nace un fuego tan extremo, que viene a ser semejante al del infierno, …" (ídem, Cap. III)*

porque se han arrepentido[269], incluso si fueran muchos sus pecados; pero se han acogido a la Misericordia de Dios, sea a lo largo de su vida o a la hora de su muerte. Es a través de las oraciones de muchas Almas Víctima que esta Gracia les es concedida, pero esto también es elección de Dios Que conoce el corazón."

Y ahora esta visión se Me concede:

"Cuando recibí la espada que perforó Mi Inmaculado Corazón al pie de la Cruz, fue para revelar a los corazones y a las Almas de Mis hijos que se Consagrarán a Mi Inmaculado Corazón y Consagrarán a todos sus seres queridos, y a aquellos cercanos a su corazón, amigos incluso, cada mañana por nombre (como les he pedido a las madres que hagan con sus hijos, a través de sus oraciones por sus hijos), que se les garantizará la Gracia como a estas Almas que están Consagradas a Mi Inmaculado Corazón para verse ellos mismos como Dios los ve antes de que exhalen su último aliento en la Tierra[270].

Ahora debes sufrir, pequeña Mía y de Mi Jesús, Cleofas, con el Señor. Te amo sinceramente y te doy las gracias, Mi amado del Amado, Félix Xavier, por ayudarMe, permitiendo a tu esposa soportar esto; también por tus oraciones y por permanecer en solidaridad con ella, unidos incluso en tu cansancio y tu sufrimiento, ¡tú también estás co-redimiendo y ofreciendo tus oraciones por estas Almas! Amén".

---

[269] *"Y en cuanto a la culpa, aquellas almas permanecen tan puras como cuando Dios las creó, ya que han salido de esta vida arrepentidas de todos los pecados cometidos, y con voluntad de nunca más cometerlos. Con este arrepentimiento, Dios perdona inmediatamente la culpa, y así no les queda sino la herrumbre y la deformidad del pecado, las cuales se purifican después en el fuego con la pena (ídem, Cap.V).*

[270] *Este es un inmenso regalo de gracia. A un Alma se le da la gracia para verse ellas mismas como Dios las ve antes de que exhalen su último aliento sobre la Tierra, y por lo tanto arrepentirse y dar la bienvenida a la Gracia de Dios antes de la muerte. El camino 'normal', de acuerdo con Catalina de Génova es: En el momento de abandonar esta vida, ven por qué son enviados al Purgatorio (ídem Cap. I)*

Iveta: Siento mi cabeza pesada, mi cuerpo está paralizado, mis manos no pueden moverse, mis ojos están sufriendo el peor sufrimiento[271]. ¡Están ciegos a tal extremo! que no puedo ver nada interno ni externo.

Mi Dios, ¿Cuánto tiempo me mantendrás así? ¿Cuándo me ofrecerás venir a Ti? Dios Mío no me dejes así, ¡eres Tú lo que Yo ansío! Estoy rodeada de llamas, pero mi cuerpo no puede ser consumido por ellas ni tengo gusanos que se lo coman. Tengo las Vestiduras de un cuerpo glorificado[272], ¡pero mi Corona aún me espera! Dios Mío, ansío llevar mi Corona. ¡Cuándo me declararás justa y merecedora de venir en tu Presencia para AlabarTe y darTe Culto y GlorificarTe con todos los Ángeles y los Santos! Incluso si me siento en la última fila, estaré contenta porque Te veré, Dios Mío. ¡La Visión Beatífica que se me contó en la Tierra, es verdad, existe! Eres Tú, el Rostro de Mi Dios que ansío ver, ¡mi Creador! Aquí solo puedo estar y agradecerTe por permitirme salvarme de la eterna condena del Infierno donde nunca Te vería, y donde las llamas nunca se apagarían, ¡quemándome con dolor!

¡Ahora mi dolor es la angustia de mi Alma por verTe! Te amo Dios Mío, ¡sacia mi sed! Amén.

La Visión se Cierra (Sábado Santo, 31 de Marzo de 2018).

---

[271] *Es verdad que el amor divino que invade el Alma da, tal como creo, una paz Mayor de lo que se puede expresar; pero esta paz no disminuye en lo más mínimo sus dolores, no, es el amor retrasado el que los ocasiona, y son más grandes en proporción a la perfección del amor del cual Dios la ha hecho capaz. Así estas Almas en el Purgatorio tienen gran placer y gran dolor; lo uno no impide lo otro. (Idem, Cap.V).*
[272] Ver nota a pie de página n.º 30

138. JESÚS HA PAGADO EL PRECIO POR ESTAS ALMAS DESDE EL PRIMER AL ÚLTIMO HOMBRE QUE SERÁ CREADO

Iveta: Por favor dame una gota de Agua Bendita, Bubs[273] ... gracias, gracias.

"Mi amado del Amado, Félix Xavier, ¿entiendes lo que acabas de hacer? Es de esta manera, cuando oras por las Almas del Purgatorio, que Yo puedo ofrecerles una liberación para que pasen de una posición a la otra[274]: la posición no es de naturaleza física, es Espiritual y trae alivio a su Espíritu justo como esta pequeña Mía y de Mi Jesús, tu amada esposa Cleofas, ha recibido una alegría; es la manera en que Yo puedo traer esta alegría, ¡incluso aunque solo sea por un tiempo corto!

Es una alegría tan grande mover el Alma de un nivel a otro… anunciaré cómo acontece esto en los próximos días.

Este cambio, se traduce en tiempo que se les quita, ¡una reducción de tiempo[275]!

Iveta: Se me presenta una visión, y veo a Nuestra Santa Madre de pie a la puerta, puerta que se abre a lo que parece oscuridad inicialmente. Ahora se pone a brillar, y sale el Arcángel Miguel que viene del rango angélico conocido como Coro de Ángeles Serafines. Obras de caridad; un Alma a la que faltaba este tipo de obra, recibe ahora liberación pasando de una posición a otra.

---

[273] *Iveta llama a su marido Félix con este nombre familiar.*
[274] *Catalina de Génova también habla de un sendero para las Almas del Purgatorio: "Y ello les da un gran contentamiento que no viene a faltarles nunca, sino que va acrecentándose a medida que se acercan a Dios". (ídem, Cap.XVI)*
[275] *"Y no es que vaya disminuyendo la pena; lo que disminuye es el tiempo de estar sufriéndola". (ídem, Cap. II).*

Nuestra Señora habla:

¡Os lo agradezco! De grandísimo provecho será cuando la Santa Madre, la Iglesia Católica, celebre lo que se conoce como Vigilia Pascual – la Resurrección de Nuestro Señor –: ¡Muchas Almas entrarán en el Cielo! Estas Almas son aquellas que están en los niveles cercanos al Cielo, especialmente todas las Almas de los primeros niveles – conocidas como el Limbo- de niños pequeños que son abortados de manera natural, abortados de manera provocada e incluso las Almas que han sufrido y muerto gravemente y están pagando la Justicia de Dios en el Purgatorio, pagando el precio de la Divina Justicia en el Purgatorio.

¡Será un gran momento! Todas las oraciones que estáis recitando y aquellos que estáis orando, venerando Mis Siete Dolores, estas oraciones se aplicarán a esta intención. Las usaré para rescatar Almas del Purgatorio. ¡Se elevarán con El Señor en recuerdo de ese primer día! Debéis saber y entender: la primera Resurrección rescató Almas desde el primer hombre creado hasta la última Alma que murió ese día. Sabed y entended también que Jesús ha pagado el precio por estas Almas desde el primer al último hombre que será creado. ¡Tal es el valor del sufrimiento!

¡El Señor ha caminado por ese sendero! Cuando ofrecéis el Santo Sacrificio, la Santa Misa por las Almas del Purgatorio, a veces será solo para esa Alma en particular[276]. Pero si oráis por las diferentes Almas como la Iglesia hace en cada Misa, de esta manera estas Almas en el Limbo son liberadas para toda la Eternidad. Son pequeños Ángeles que Adorarán, Alabarán y darán culto a Dios y traerán gran Júbilo en el Cielo[277].

Yo soy la *Madre de Dios*. Yo soy la Madre, Co-Redimiendo por estas Almas en el Purgatorio a través de vuestras oraciones

---

[276] *El Alma por la que se ofrece la Santa Misa.*
[277] *"Pues bien, os digo que habrá más alegría en el Cielo por un pecador que se arrepiente que por noventa y nueve justos que no necesitan arrepentirse." (Lucas 15,7)*

y sufrimientos. Yo soy la *Mediadora de Toda Gracia* y *Defensora*, que obtiene la Gracia de las oraciones de aquellos que han sido librados del Purgatorio, de vuestros Antepasados, y la aplica a las Almas de esa línea ancestral, dándoles la Gracia para aferrarse a su fe y pasar su fe a la siguiente generación. *(Sábado Santo, 31 de Marzo de 2018).*

139. A LAS ÁNIMAS DEL PURGATORIO SE LES CONCEDERÁ EL DON DE LAS LENGUAS DE LOS ÁNGELES

Iveta: Bubs[278], ¿puedes girarme un poco más?

"Amados hijos míos, ¡sabed y entended!" …

"Gracias, Mi Amado del Amado. Esta es la manera en que debes tratar a aquellos que están sufriendo: ¡Con Amor! Sí, puede parecer que estás consumiendo todo tu tiempo, ¡pero es el tiempo más valioso para tu Alma y para el Alma que está sufriendo!

Sabed y entended que las Ánimas del Purgatorio no hablan como los mortales en la Tierra, sino que tienen los dones de las lenguas de los Ángeles. Hablan con Dios implorando todo el tiempo en las lenguas de los Ángeles. El que oye sus lenguas muy claramente es su Ángel de la Guarda que está haciendo la Adoración por ellas. Y es su Ángel de la Guarda el que a menudo trae un mensaje con una oración. Muchas veces, la gente tiene sueños con sus antepasados o con Almas que a ellos. No es el Alma la que viene, es su Ángel de la Guarda que trae su visión como cuando estaban en la Tierra, ante el Alma que ora por estas Almas en el Purgatorio, ¡el Alma sobre la Tierra! *(31 de Marzo de 2018, Sábado Santo).*

---

[278] *Iveta llama a su marido Félix este nombre familiar.*

140. LA CONFESIÓN SE DEBE ENTENDER COMO EL EXORCISMO CONTRA EL PECADO MORTAL

"¡Sabed y entended cuán valioso es el sufrimiento! Aquí entenderéis el significado del Don del Sacramento de la Reconciliación en la Santa Madre, La Iglesia Católica.

Cuando vais a confesaros, como ya sabéis, cuando confesáis vuestros pecados al Sacerdote, ¡la reparación aquí es Jesús el que la hace!

Cuando os confesáis a la hora de vuestra muerte e imploráis Misericordia por todos vuestros pecados, el don de la Misericordia se os concede, justo como en la reconciliación en la confesión.

Sabed y entended, es por la reparación – la Justicia Divina- que el Alma entra en los niveles del Purgatorio. Esto es, Dios el Juez Divino, el Señor Jesús, Dios Verdadero y Hombre Verdadero, Dios sentado ahora en el Trono del Juicio, Juzgará en la primera justicia como el primer Juicio cuando un Alma venga ante Dios y ¡dictará la sentencia de acuerdo con Su Amor Misericordioso y Su Justicia Divina!

Es importante, amados hijos, que os confeséis a menudo cuando habéis cometido una ofensa, especialmente de naturaleza Mortal. Sí, incluso los pecados veniales, está bien que los confeséis, para que no los agravéis, repitiéndolos y convirtiéndolos en pecados Mortales si no los corregís. La confesión es La Santa Reconciliación con Dios a través del Sacerdote, el Sacerdote Católico al que ha dado autoridad el Sumo Sacerdote para absolverte, asumiendo la reparación debida, ¡es eso! Los sufrimientos del Señor y a menudo tus sufrimientos en la Tierra, ¡compensarán esa Justicia Divina!

¡Es un momento precioso! E Incluso los sufrimientos que os acarreéis por vuestra iniquidad, os llevarán a la sanación si creéis en este gran don.

La Confesión debe ser entendida como un exorcismo contra el pecado Mortal, porque aquí el adversario escapa y vosotros volvéis a estar completos. Si confesáis vuestros pecados con arrepentimiento y no los escondéis al Sacerdote, no estando avergonzados de ello en el conocimiento de que vuestra Alma se vuelve tan pura como estaba cuando fuisteis bautizados, y que vuestros dones para ayudar a otros serán así fortalecidos, tendréis el valor y la fuerza para exorcizarlos, ¡para traer Almas de Vuelta a Dios! No quiero decir que os hagáis Sacerdotes, ¡nadie puede hacer tal cosa! Eso es solo para aquellos que han sido llamados a ello por Mi Divino Hijo Jesús, El Sumo Sacerdote." *(Sábado Santo, 31 de Marzo de 2018)*.

141. ORAD, MIS AMADOS HIJOS, MUCHOS ROSARIOS POR LAS ALMAS DE VUESTROS ANTEPASADOS QUE ANHELAN VUESTRAS PLEGARIAS; ELLOS OS AYUDARÁN

"Orad, orad, orad, Mis amados hijos, muchos Rosarios por las Almas de vuestros antepasados que anhelan vuestras plegarias, ¡ellos os ayudarán! Con todo, muchos de vuestros antepasados son conocidos por Dios como Santos del cotidiano. Podéis invocarles para orar por vuestras necesidades. Ojalá entendierais este gran don del Creador y Su Deseo de reconciliar a cada uno de vosotros para volveros a Él desde vuestro estado caído, ¡desde el Pecado Original!

Se os ha dado el don del Santo Bautismo. ¡Muchos no están bautizados! Llevadles este conocimiento para que se bauticen en la Iglesia Católica, donde Jesús les espera. La Iglesia Católica tiene la autoridad completa del Sumo Sacerdote, depositada sobre la Silla de Pedro la Roca, sobre la cual Él ha construido Su

Iglesia; y nadie puede quitaros eso, ni siquiera el adversario[279]! Solo[280] puede traer gran sufrimiento y pena, pero no tiene poder para arrebatarle la Autoridad a la Iglesia Católica, porque su Cabeza permanece en Jesús, ¡Dios Verdadero y Hombre Verdadero! Si entiendes este don de tu Fe, no dudarás, ¡ni lo esconderás! ¡Abiertamente lo confesarás a otros a través de tu amor por ellos y por tus actos de Misericordia, Amor y Perdón!

¡Qué fácil es traer Almas de vuelta a Dios con tal que entendáis vuestra fe y oréis por el don de la fe!

Yo soy la *Madre de Dios, La Mediadora de Toda Gracia, Co-Redentora* y *Defensora* por vosotros, que intercede por vuestros seres queridos a través de este Mi Título. Se debe entender como el último título y el primero, ¡el principio y el fin! Yo soy aquella que Dios trajo a vuestro mundo para Su Gloria Personificada. Os amo a todos sinceramente. Amén! *(Sábado Santo, 31 de Marzo de 2018).*

142. ES MÁS FRUCTÍFERO Y EFICAZ ORAR EL ROSARIO CON SU MEDITACIÓN DE ESTA MANERA

"Amados hijos, es más fructífero y eficaz recitar el Rosario con su meditación de esta manera:

1. Orad el Rosario por los nonatos y por los niños pequeños abortados: la meditación es la Anunciación, el primer Misterio Gozoso – ¡Todos los Misterios Gozosos!

2. El segundo es por la Eutanasia: por aquellos que firman voluntariamente recibir esta muerte. Orad los Misterios Luminosos.

---

[279] *Mateo 16,18-19*
[280] *El adversario*

3. Por las Almas que se suicidan, en las setenta y dos horas antes de que el Alma se presente ante Dios para el juicio, orad los Misterios Dolorosos.

4. Y por las Almas que mueren en edad avanzada edad, orad los Misterios Gloriosos, la Resurrección. Amén." (*Sábado Santo, 31 de Marzo de 2018*).

143. HAY TRES ETAPAS EN EL PURGATORIO, EN CADA ETAPA MISMA HAY TRES NIVELES

Iveta: Acabo de entrar a sufrir en la segunda etapa donde hay movilidad. Puedo mover las manos, los dedos – por así decirlo, moverme, pero no a los lados. Amén.

Se me ha concedido ahora la Sabiduría a través de Nuestra Santa Madre, la Sabiduría para entender el Purgatorio más profundamente. Esta es la Sabiduría que se me presenta:

"Hay tres etapas en el Purgatorio[281] y en cada etapa misma, hay tres niveles. San Miguel es el custodio de las Almas, y para cada nivel se ha asignado un coro de Ángeles[282]. Cuando oramos

---

[281] *"Pues así sucede con la herrumbre del pecado, que es como la cobertura de las almas. En el purgatorio se va consumiendo por el fuego, y cuanto más se consuma, tanto más puede recibir la iluminación del sol verdadero, que es Dios. Y tanto crece el contento, cuanto más falta la herrumbre, y se descubre el alma al divino rayo. Lo uno crece y lo otro disminuye, hasta que se termine el tiempo. Y no es que vaya disminuyendo la pena; lo que disminuye es el tiempo de estar sufriéndola." (Santa Catalina de Génova, Tratado sobre el Purgatorio, Cap.II).*

[282] *Hablamos de los nueve Órdenes de Ángeles porque sabemos que las Sagradas Escrituras claramente atestiguan Ángeles, Arcángeles, Virtudes, Potestades, Principados, Dominaciones, Tronos, Querubines, y Serafines. Casi cada página de las Sagradas Escrituras atestigua la existencia de Ángeles y Arcángeles. Los libros de los profetas, como se conocen, a menudo hablan de Querubines y Serafines. Y el Apóstol San Pablo enumeró los nombres de cuatro Órdenes cuando dijo a los Efesios (1:21): Sobre cada Principado y Potestad y Virtud y Dominación. De nuevo, escribiendo a los Colosenses (1:16) dijo: O Tronos o Potestades de Principados o Dominaciones. (Papa San Gregorio Magno, Sermón 34).*

por las Almas, San Miguel que va con Nuestra Bendita Madre, abre la puerta del Purgatorio, y trae un sentimiento reanimador para estas Almas a través de nuestras oraciones. Y el Coro de Ángeles es el que los lleva a través de los diferentes niveles cuando se ha completado el tiempo de acuerdo con la Justicia Divina y la Santa Voluntad de Dios, y llevan las Almas a los siguientes niveles hasta que llegan al Paraíso. Aquí Nuestra Santa Madre les saluda y camina con ellos." … *¡Hay más!*

Habiendo completado el sufrimiento en la primera hora[283] *de la tercera etapa del Purgatorio,* "… el coro de Ángeles asignado a ese nivel en la parte baja más cercana al Infierno (de otra manera estaría en el Infierno) es el Coro de Potestades. El siguiente nivel hacia arriba es el Coro de Dominaciones, y el siguiente, ya más cercano a la segunda etapa del Purgatorio, es el Coro de Principados. Amén."

Estoy ahora en la segunda etapa de sufrimiento… He completado el sufrimiento del segundo nivel en esta segunda hora y aquí está la Sabiduría que se me ofrece a través de Nuestra Santa Madre:

"El Coro de Ángeles asignado al nivel inferior de la segunda etapa, que está más cerca de la tercera etapa, es el Coro de Virtudes, y sobre ese está el Coro de Tronos, y sobre ese nivel está el Coro de Ángeles de Arcángeles, el nivel de donde es San Miguel."

En este nivel se me da sabiduría. "Hay movilidad, es como si una persona postrada en la cama tuviera la habilidad de moverse un poco. Esto da solo una idea del sufrimiento, reducido por nuestras oraciones, trayendo un poco de alivio al Alma para que se pueda mover un poco. Uno solo puede moverse de lado a lado o mover las extremidades un poco para buscar comodidad, a diferencia de la tercera etapa donde no se

---

[283] *La primera hora del sufrimiento de Iveta.*

tiene ninguna movilidad. ¡Se necesitan inmensas oraciones solo para obtener movilidad!

Se me dará más de este conocimiento en los días venideros.

Ahora he entrado en la primera etapa, que es el nivel más cercano al Paraíso.

"Estoy en el tercer nivel, que es el nivel inferior de la primera etapa del Purgatorio. Hay movilidad en esta primera etapa, para contonearse, para ser como una mariposa. También hay cierta alegría por momentos, el Alma sabe que se está acercando a ver a su Creador, y aquí se concede la Gracia para elevar una oración de acción de gracias a Dios por rescatarla. En esta primera etapa el Alma parece estar en un estado de alegría[284], sabiendo que pronto estará con su Creador, ¡constantemente agradeciendo a Dios por darles este don! Aquí entiendo que podemos usar nuestras oraciones de acción de gracias por las Almas en esta etapa, para que se muevan más rápido a través de los niveles en esta etapa, reduciendo así su tiempo de servir a la Justicia Divina".

Una vez más la Sabiduría Divina se presenta a través de nuestra Santa Madre; pude que ahora entendamos ya que se me da este conocimiento.

"En estos niveles las Almas tienen movilidad; no una movilidad de grupo, sino movilidad en un área confinada, a saber: que cada Alma tiene como una habitación, separada de las otras Almas, que tienen su propia habitación.

No hay luz en ninguna de las etapas del Purgatorio excepto cuando nuestras oraciones se elevan y Nuestra Santa Madre

---

[284] "No creo que sea posible encontrar un contento comparable al de un alma del purgatorio, como no sea el que tienen los santos en el Paraíso. Y este contentamiento crece cada día por el influjo de Dios en esas almas; es decir, aumentando más y más a medida que se van consumiendo los impedimentos que se oponen a ese influjo." (Santa Catalina de Génova, Tratado sobre el Purgatorio. Cap. II).

viene a ellos con San Miguel, con la Luz de Dios brillando a través de Su Inmaculado Corazón y a veces a través de Sus Manos que representan las Gracias que brotan, a través de nuestras oraciones para ellas."

Se me otorga la Sabiduría de los Coros de Ángeles asignados a esta primera etapa:

"En el tercer nivel de esta primera etapa, el Coro de Ángeles asignado es el Coro de Serafines. Sobre ellos en el segundo nivel está el Coro de Querubines. Sobre el coro de Querubines en el primer nivel de la primera etapa, está el Coro de Ángeles. Está en el nivel más cercano al Paraíso.

Las Almas de los niños pequeños están normalmente en este nivel más cercano al Paraíso. Las Almas de los Santos en la Tierra van a este nivel y pasan tres días allí, es decir las setenta y dos horas necesarias para su purificación con todas las oraciones presentadas por ellos antes de entrar al Paraíso, y a cambio ellos responden otorgando favores pedidos por nosotros a través de nuestras oraciones por ellos, ¡a través de su intercesión!

Es una experiencia sorprendente ver lo que Dios concede a estas criaturas[285], mero polvo, y aún así el Amor de Dios, que es inconmensurable, ¡no se puede entender! Solo la Sabiduría Divina, conocida solo por Dios mismo, puede dar el tiempo y la comprensión. Pero, sobre todo, debemos entender lo que Nuestra Santa Madre nos ha revelado, cómo orar diariamente por estas Almas ya que entendemos que son: 'Ángeles' en el Cielo, ¡orando por nosotros y nuestro mundo!

---

[285] *"Yo veo una conformidad tan grande de Dios con el alma, que, cuando Él la ve en aquella pureza en que la creó, le da en cierto modo atractivo un amor fogoso, que es suficiente para aniquilarla, aunque sea ella inmortal. Y esto hace que el alma de tal manera se transforme en el Dios suyo, que no parece sino que sea Dios. Dios continuamente la va atrayendo y encendiendo en su fuego, y no le deja ya nunca, hasta que le haya conducido a aquel su primigenio ser, es decir, a aquella perfecta pureza en que fue creada."* (Santa Catalina de Génova, Tratado sobre el Purgatorio, Cap. IX).

Es la falta de oraciones y comprensión de lo importante que es orar por estas Almas, lo que ha traído varios crímenes y grandes sacudidas y esclavitudes sobre la Tierra en familias que no entienden la esclavitud ancestral. Aquí lo más importante es ofrecer el Santo Sacrificio por nuestros antepasados. ¡No os preocupéis de si han conseguido la Eternidad con Dios! Siempre se pueden comprar Gracias para aquellos, para nuestros Antepasados que aún están sirviendo en el Purgatorio, o las Gracias necesarias para la conversión de su línea ancestral que ha caído en un profundo pecado en la Tierra, para traer estos momentos alegres a la Tierra – cuando ofrecemos el Santo Sacrificio por ellos. Amén. *(Sábado Santo, 31 de Marzo de 2018).*

144. ¡ESTAS ALMAS VENDRÁN COMO ÁNGELES DE LA GUARDA PARA AYUDAROS, PARA ADVERTIROS, PARA PROTEGEROS!

Nuestra Santa Madre vuelve a tomar la palabra:

"Amados hijos Míos, ¡qué importante es orar por las Almas del Purgatorio! Muchos de vosotros lo hicisteis hace tiempo, incluso Mis Sacerdotes y Religiosas. ¡Por vuestras muchas obligaciones habéis descuidado orar por ellos! ¡Ofreced esas obligaciones! ¡Muchos han acogido el socialismo y no tienen tiempo de orar por estas Almas! Es importante que os desprendáis del prepucio del socialismo que habéis revestido como un traje y como algo necesario para llegar a la gente. Es más importante ahora llegar a las Almas que alguna vez hayáis aconsejado, a través de la oración.

Es por vuestro bien, Amados hijos, que pongo este yugo sobre vosotros. Es un yugo ligero llevado ya por Jesús Mi Divino Hijo; ahora podéis llevarlo con alegría en las tareas que realicéis; incluso el más pequeño acto de Amor puede ser aplicado a las Almas del Purgatorio que sirven a la Justicia de Dios. No esperéis, ¡queda muy poca luz diurna! Os lo he anunciado: Cuando la persecución se agrave, muchos no tendrán tiempo para orar por tales Almas. Es también por estos que serán Remanente y por aquellos que formarán parte de la Iglesia Clandestina.

Debéis ofrecer Santos Sacrificios por estas Almas que vendrán como 'Ángeles de la Guarda', para ayudaros, para advertiros, ¡para protegeros! Sí, ¡para que veáis lo esencial que es entender la importancia de orar por las Almas del Purgatorio!

Todos vosotros que sois hermanos y hermanas, pertenecéis a una familia de Dios: Jesús, que dio Su Vida como vuestro Hermano, vuestro Dios, vuestro Redentor, Yo que soy *Co-Redentora*. Vuestro Juez, el Juez Divino Jesús, es Mi Divino Hijo que intercede ante vuestro Padre Celestial por vosotros. Yo soy vuestra *Defensora* que intercede por vosotros ante el Juez Divino en vuestras últimas horas de agonía, e incluso ahora cuando Me llamáis bajo la advocación de *Madre de Dios, Mediadora de Toda Gracia, Co-Redentora* y *Defensora*.

Os amo sinceramente, solo deseo traeros a vuestra morada Celestial. Amén". (*Sábado Santo, 31 de Marzo de 2018*).

145. LO QUE OCURRE EN LA RESURRECCIÓN DE NUESTRO SEÑOR[286]

La Santa Madre me concede ahora la última visión de este sufrimiento:

"El conocimiento: se me concede entender que en un primer tiempo de la Resurrección del Señor, la *primera* Resurrección, todas las Almas de los difuntos fueron liberadas. Algunas bajaron al Infierno; otras subieron al Cielo.

El Cielo estaba siendo preparado allí donde Jesús preparó el Purgatorio para nosotros. Y entonces, cuando ascendió al Paraíso,

---

[286] *Durante la celebración Eucarística de la Vigilia de Pascua, esa noche.*

para ser glorificado por su Padre que Lo recibió, fue la primera vez que todas las Almas del Purgatorio que fue creado por el Señor, ascendieron con Él, como entendemos que hizo el buen ladrón cuando Jesús dijo: '¡Hoy estarás Conmigo en el Paraíso!'[287] Y allí estaba el Banquete, donde se podía oír a los Ángeles cantando, y las trompetas y cada instrumento sonando, ya que la Gloria de Dios brillaba sobre ellos. Y en eso – lo cual explica en sí mismo la jerarquía de cómo los Santos son clasificados (dicho en terminología humana) – se ponen a ayudar a las Almas sobre la Tierra, ¡para que se conviertan! ¡Y su principal tarea, la tarea de todos, es Alabar y Glorificar a Dios y darLe culto día y Noche!

Ahora se me otorga el conocimiento de lo que ocurrirá en la Resurrección de Nuestro Señor[288], entendiendo por ello esa primera Resurrección, en el momento en que el cirio Pascual se enciende para darnos a los Católicos la noticia de que Cristo ha Resucitado. ¡Verdaderamente ha Resucitado! Con Él, las Almas que ascenderán al Paraíso cuando Él ascienda y que ahora duermen, subirán e irán con Él al Eterno Banquete.

Esto también ocurre cuando la Misa de Resurrección se ofrece por las Almas y por aquellos que han servido a La Justicia Divina; esa hora solo Dios la sabe.

Mientras continuamos ofreciendo la Misa de Resurrección por las Almas del Purgatorio y a medida que entran en el Paraíso, Nuestra Señora me las va mostrando vestidas con un cuerpo 'glorificado'[289], como Ángeles. No tienen cuerpo humano, solo se ven sus pequeñas manos a través de esas

---

[287] Lc 23, 43
[288] *Durante la celebración Eucarística de la Vigilia de Pascua, esa noche.*
[289] *Esto no se debe entender como el cuerpo glorificado que se le dará a los elegidos en la resurrección final. Parece ser una "vestidura". Puede ser interpretado o como una visibilidad del Alma (invisible) que fue necesaria para que Iveta viera y describiera lo que está ocurriendo en el Paraíso antes de la Resurrección final, o como un don real de una "vestidura celestial" otorgada al Alma en el Paraíso mientras espera la Resurrec-ción final y el don de un cuerpo glorioso.*

vestiduras blancas. El blanco en el Purgatorio es un blanco como nuestra nieve, pero el blanco del que están revestidos quienes habitan en el Paraíso, ¡nunca nadie ha visto un blanco así! ¡Esa Vestidura es más blanca que la nieve! Es como las Vestiduras con las que Nuestra Señora está vestida, ¡ese mismo Blanco! Amén.

Nuestra Señora dice:

"Amados hijos, ¿entendéis?, debéis tened hambre y sed del Cielo. Caminad cada día con la idea de desear el Cielo. Usad las cosas de la Tierra como si no las usarais, todo por la Gloria de Dios, ¡para que un día tengáis su Visión Beatífica! Vendré con Jesús, Mi Divino Hijo, a llamaros en Presencia del Padre Eterno, vuestro Padre a través de Jesús, vuestro *Redentor*. Yo que Co-Redimiré y os traeré a este momento cuando Me invoquéis. ¡Solamente que recordéis orar el Rosario! Orad, orad amados hijos, el Santo Rosario, ¡es de suma importancia!

... Se hace silencio ...

"Yo soy la *Madre de Dios*, Vuestra Madre que os ama sinceramente. Amén."

La Visión se cierra. (31 de Marzo de 2018, Sábado Santo).

146. LA MANERA EN QUE DEBEIS ORAR

Iveta: ... La Santa Madre está aquí. Quiere que te hable, esposo mío:

El Arcángel Miguel también ha venido y está postrado, pero arroja la balanza de la Justicia Divina que estaba en Su Mano derecha y también las cadenas de su Mano izquierda. El Arcángel San Gabriel está detrás de mí y el Arcángel Rafael está detrás de ti, esposo mío, y mi pequeño Ángel de la Guarda Daniel está a mi derecha, armado.

La Santa Madre sonríe y Nos mira a ambos, mientras San Miguel se levanta, sosteniendo la Balanza en Su Mano derecha y las cadenas en Su Mano izquierda. Y ahora, todo el sufrimiento que he soportado es como flechas que van y forman pequeños cristales, como piedras preciosas; la balanza está llena[290] en los dos lados y está perfectamente equilibrada. Es sorprendente, los platos están tan llenos, ¡pero San Miguel no se cansa de sujetarla! Lanza las cadenas y ata muchos espíritus – como serpientes pequeñas de varios tipos – de las Almas que han partido hoy, que los atormentaron en la undécima hora, pero este sufrimiento les ha traído Justicia Divina a través de la Misericordia de Dios; y los méritos se usarán para llevarlos al Purgatorio donde servirán a La Justicia Divina o lo que necesite cada Alma. Hay Almas incontables.

No veo[291] a nadie que conozca. Nuestra Señora habla mientras levanta Sus manos como en la Medalla de la *Mediadora de Toda Gracia*[292]. En Su Apenado Inmaculado Corazón están las siete flechas. Se ven tres a la derecha y cuatro a la izquierda, y Su Corazón Inmaculado está sangrando. Tiene el Rosario de Perlas Blancas en Su Mano derecha y el Escapulario de la Mediadora en Su Mano izquierda[293].

Toma la palabra:

"Amados hijos míos, os agradezco con Corazón Maternal y Alegre, a pesar de mis muchas penas de este día, que hayáis perseverado en el ayuno y en vuestra fidelidad a Mí, para orar. Y tú, pequeña Mía y de Mi Jesús, Cleofas, tu sufrimiento ha dado una gran alegría a Mi Inmaculado Corazón al ver ahora tantas Almas que serán llevadas al Cielo durante la Vigilia del Santo Sacrificio, conocido como Vigilia de Pascua…

---

[290] *Llena de Almas*
[291] *Entre estas Almas*
[292] *Entre estas Almas*
[293] *Ídem*

Hoy, según el orden de la Justicia Divina, vuestro sufrimiento será empleado para sacar Almas del Purgatorio de los diferentes niveles; subirán a otro nivel de acuerdo con la Voluntad de Dios para ellos y con las oraciones a través de las cuales han llegado a subir de nivel.

Sabed y entended: es de gran importancia que hagáis saber, en lo que Yo ya anuncié como la *'Tesis sobre el Purgatorio'*, la manera en la que tenéis que orar. Es muy importante, amados hijos; y este yugo que pongo sobre tus hombros, mi amado del Amado Félix Xavier, has de sacarlo adelante. Porque muchos no oran, y hay demasiados que no creen en el Purgatorio. Esto traerá la claridad de que existe y de que debe ser así porque en el Paraíso no hay ni siquiera una mota de polvo[294]. ¡Es claro como el agua! ¡Tal es la pureza que se requiere para entrar en el Paraíso! Hay también Almas excepcionales, a las que Dios otorga su Gracia Suprema como privilegio por los méritos de su sufrimiento. Amén."

Hace una pasa y continúa: "Deseo añadir a la *'Tesis del Purgatorio'*, que en cada etapa que se os ha anunciado, cada nivel son cien años. ¡He ahí para lo que se necesitan oraciones! Así que, amados hijos, sabed y entended que debéis orar todas las indulgencias que la Iglesia, la Santa Madre, la Iglesia Católica os ha enseñado, para sacar estas Almas del Purgatorio. Y habrá muchas más entrando en él; a través de vuestras oraciones saldrán del Purgatorio[295] y nos regocijaremos como Familia de Dios en el Juicio Final y en la Eternidad. Amén.

---

[294] *"Y veo también perfectamente que aquella divina esencia es de tal pureza y claridad, mucho más de lo que el hombre pueda imaginar, que el alma que en sí tuviera una imperfección que fuera como una mota de polvo, se arrojaría al punto en mil infiernos, antes de encontrarse ante la presencia divina con aquella mancha mínima. Y entendiendo que el purgatorio está precisamente dispuesto para quitar esa mancha, allí se arrojaría, como ya he dicho, pareciéndole hallar una gran misericordia, capaz de quitarle ese impedimento"* (ídem. Cap VIII).

[295] *El Tratado sobre el Purgatorio de Catalina de Génova menciona la ayuda de la Iglesia Militante solo una vez: "…si los que están en el mundo ofrecen alguna limosna…"* (ídem. Cap. XIII).

Hace una pausa y vuelve a hablar: "Estoy al corriente de tu debilidad; ¡el sufrimiento ha hecho mella en ti y te ha agotado hasta una debilidad extrema! Te conviene comer un poco, pequeña Mía y de Mi Jesús, Cleofas; y a ti, Mi amado del Amado, Félix Xavier, te lo agradezco también, ¡inmensamente! Estaré con vosotros a lo largo de todo el camino, mantened la armonía y la paz…

Ahora id y alegraos celebrando que el Señor Resucitará, y sí, vosotros también resucitaréis en alegre obediencia. Habéis llevado a cabo vuestra misión.

Os amo sinceramente, Yo soy la Madre de Dios, la *Mediadora de Toda Gracia, Co-Redentora* y *Defensora* en el Cielo; llegaré a serlo en la Tierra gracias a vuestras oraciones. Amén.

La Visión se cierra con la Santa Madre elevándose, y San Miguel con Ella, y ya no veo más. Amén. San Miguel desciende, viene y se coloca detrás de nosotros. (Sábado Santo, 20 de Abril de 2019).

147. ¡TANTAS ALMAS EN LA IGLESIA ESTÁN CAMINANDO FUERA DE LA IGLESIA Y YA NO CREEN EN PURGATORIO!

San Miguel habla:

"Hoy, esta pequeña, Nuestra amada Hermana Cleofas, pequeña de Nuestra Santa Madre y Nuestro Señor Jesús, sufrirá por la Iglesia Universal y la Iglesia Doméstica, por las Almas del Purgatorio que necesitan oraciones para subir al Paraíso. Estas Ánimas Benditas están sirviendo a la Justicia Divina. Muy pocas oraciones, muy pocas oraciones se están haciendo por las Almas del Purgatorio porque muchos no creen en él. Y mientras el humo de Satán ha entrado en la Iglesia Universal, en lo que se ha venido a conocer como el movimiento de la nueva era, muchos no creen en el Purgatorio donde las Almas van a servir a la Justi-cia Divina, que son fieles a Dios, que se convierten incluso a la undécima hora implorando la Misericordia de Dios para servir a la Justicia Divina. Ella también sufrirá a las once p.m. y hasta las doce a.m. por el Santo Padre.

Yo soy San Miguel, el Que permanece en Presencia de Dios, aquí presente, para defender a los elegidos de Dios. Amén."

Mi cuerpo es como una caldera ardiendo de dolor, parece como si estuviera de pie cerca de un fuego ardiente. Amén. Entro en estado paralizado. No puedo hacer nada excepto estar tumbada a la espera y mi corazón siente un profundo dolor por la ansiedad. Este sufrimiento que está empezando en mí no es como en la Tierra, es más intenso que cualquier sufrimiento físico. Mis ojos están cerrados, pero son como ojos abiertos cerca de una llama de fuego, ardiendo con dolor. Este fuego es el ansia de ver a alguien que amo tanto y aún no puedo ver. Este Alguien, aquí en este estado en que estoy, es Mi Dios, Mi Creador[296].

Estoy atravesando las primeras etapas del Purgatorio y este sufrimiento servirá para traer muchas Almas hacia adelante, más cerca de la primera etapa, y a continuación a la Eternidad, al Paraíso, con Dios. Amén.

En este momento veo a San Miguel de nuevo. Tiene la balanza de la Justicia Divina en Su Mano derecha, y en Su Mano izquierda tiene una larga lanza con la Cruz en la empuñadura ... luego ya no veo más. Amén.

"... Tantas Almas en la Iglesia, bautizadas como Católicas, están caminando fuera de la Iglesia y ¡ya no creen en el Purgatorio! Sus antepasados en el Purgatorio ansían oraciones:

---

[296] Santa Catalina de Génova tuvo una experiencia similar: Cómo, en comparación con el fuego divino que ella sentía dentro, entendió lo que era el Purgatorio. (Cap. I Tratado sobre el Purgatorio)

¡oraciones, no palabras! Las oraciones como las enseña la Iglesia Católica con las indulgencias que vienen con ella para enviarlas a estas Almas que sirven a la Justicia Divina

Cuántos hay en cada etapa del Purgatorio, especialmente en los últimos niveles de la tercera etapa. Y cuántos son aquellos que de otra manera irían al Infierno, pero a través de las oraciones de los fieles por tales Almas, la Misericordia de Dios, el inconmensurable Amor de Dios, el Fruto de la Misericordia Divina les ha otorgado la Gracia para entrar en el Purgatorio, y así acceder al último nivel de la tercera etapa. De otra manera habrían entrado en el Infierno donde las Almas arden en un fuego inextinguible por siempre jamás, y nunca pueden ascender al Cielo, ni nadie puede descender al Infierno para darles alivio[297]. Tal es el distan-ciamiento, el vacío..." *(no puedo leer esa palabra ... larga pausa ... Amén).*

"A medida que[298] esparces Agua Bendita[299], liberas muchas Almas de las del tipo 'atrapadas en la tierra', Almas de personas que han muerto, en particular las que han sido asesinadas o se han suicidado; gracias a las oraciones de los fieles vienen ante el Juez Divino" ... *y ya no veo más. Amén.*

"Mientras bebo esta Agua Bendita[300], muchas almas que se ahoga-ron, que mueren en el mar, son liberadas; Almas que estaban atrapadas. Veo en este momento a San Miguel llevándolas ante el Juez Divino y, a través de las oraciones de los fieles, las oraciones por estas Almas y este pequeño sufrimiento que estoy soportando ahora mismo, la Misericordia de Dios les otorgará servir a Su Justicia en el Purgatorio. Amén."

---

[297] *"Y eso no es todo. Entre vosotros y nosotros hay un gran abismo, de forma tal que los que quieran ir de aquí para allá no pueden, ni los de allí venir para acá." (Lc 16,26).*
[298] *Iveta está hablando con su marido Félix.*
[299] *La eficiencia tan especial del uso de un sacramental (agua bendita) se debe entender aquí en el contexto de las oraciones y el sufrimiento de Iveta ese día.*
[300] *Ídem.*

Siento como una fiebre ardiente – y Dios quiera que nunca vaya al Infierno, porque la intensidad de esta fiebre ardiente dentro de mí es como el Infierno. "Veo la angustia de estas Almas que están sirviendo miles y miles de años, cientos y cientos de años, día tras día, y que son incapaces de hacer nada por sí mismas, incluso orar por sí mismas. Están angustiadas porque desearían haber servido, en su día, en la Tierra, y así todo habría sido mucho más fácil. Todo el sufrimiento en la Tierra de aquellas Almas que están ahora sirviendo, habría sido mucho menor que el dolor que están soportando ahora mismo en el Purgatorio, sirviendo a la Justicia Divina. Amén.

De la cabeza a los pies, es como una corriente atravesándome, y que puede ser descrita como cuando te golpeas el codo – ese dolor agudo, es así de la cabeza a los pies, solo que cien veces peor; aún así no puedo llorar. No tengo lágrimas en mí, solo puedo soportar esto.

Te amo Dios mío, te lo agradezco, Dios mío ... es como un boxeador que golpea y golpea y golpea: el cuerpo ha sido golpeado de esa manera dolorosa, y yo solo anhelo dormirme. Ah... Ah... "Este estado es soportado por el estado del Alma. No es un dolor físico; es un dolor Espiritual, pero solo se puede describir por el cuerpo, por cómo se sentiría. Mi piel entera la siento seca. Siento el dolor de la piel seca, ahí donde está a punto de formar heridas que podrían sangrar."

... alivio... ahora sí puedo sujetar mi Rosario; mi Ángel de la Guarda Daniel está aquí a mi lado, a la altura de mi cabeza, orando el Rosario conmigo.

... y la visión se cierra.

Una visión se presenta con San Miguel sujetando de la misma forma la balanza de la Justicia Divina en Su Mano derecha, y la Espada con la Cruz en Su Mano izquierda. Está vestido con Su atuendo completo como Defensor de los Elegidos de Dios y nos dice:

"Amados hijos de Dios, soy San Miguel, el Defensor de los Elegidos de Dios. Hoy mismo a la hora de la Divina Misericordia, Nuestra Santa Madre vendrá a recibir este sufrimiento. Llevaré este sufrimiento en la balanza de la Justicia Divina y se lo encomendaré a Ella para ofrecerlo a las Almas que ya no tienen a nadie para orar por ellos. Amén."

… *y la Visión se cierra. (Primer Viernes de Cuaresma, 15 de Marzo de 2019).*

148. EL SUFRIMIENTO POR LAS ÁNIMAS DEL PURGATORIO DE LOS RELIGIOSOS

Iveta en terrible sufrimiento de la cabeza a los pies. Dedos entumecidos – pies entumecidos. Dolor en la espalda, Dolor en el útero. Dolores de aborto – dolores de aborto natural. Canadá ha legalizado la marihuana – la droga – e Iveta está sufriendo para rescatar Almas …

Hay más pero no soy capaz de transmitirlo. Tengo una gran presión en el corazón. Es un sufrimiento que debo soportar y la intensidad del dolor corriendo a través de mi cuerpo y mi Alma se hace sentir, porque este es el dolor de Alma a Alma, de cada uno de los hermanos que están aquí ahora.

Ahora me veo a mí misma en los brazos de Nuestra Bendita Madre a través de este sufrimiento. Amén.

Estoy empezando a tener un dolor severo, el dolor del Alma, como la noche oscura del Alma. El cuerpo está tan quemado de dolor que se desliza en la quietud, hasta que llegue el alivio.

Este alivio entiendo que llegará cuando el Santo Sacrificio sea ofrecido por las Almas en este estado, alivio traído por Nuestra Santa Madre, la Preciosa Sangre que extinga las llamas, las llamas ardientes de la Justicia Divina. Amén.

... y Jesús está en Su Inmaculado Corazón. San Miguel y los otros dos Arcángeles están postrados con Nuestros Ángeles de la Guarda. Hay en esta habitación incontables Ángeles. Son Ángeles de la Guarda de todas las Almas que recibirán los méritos de este sufrimiento, unidas a las numerosas, numerosas oraciones, Rosarios que están llegando – unidas a mi sufrimiento – de los muchos hermanos y hermanas que están orando hoy por toda la Tierra.

San Miguel se eleva, y se coloca a la derecha de Nuestra Bendita Madre. Nuestra Señora se acerca. Sus manos están unidas al nivel de la cintura y lleva el Escapulario de la *Mediadora de Toda Gracia* en Su Mano izquierda y el Rosario en Su Mano derecha.

Nos habla: "Deseo de todo corazón dar las gracias a todos aquellos hijos que oran frecuentemente. Sus oraciones serán aplicadas a sus antepasados que están pagando a la Justicia Divina en el Purgatorio. No entendéis este sufrimiento; parece tan pequeño o desconocido o mal entendido. Y aún así el sufrimiento traerá tanto fruto, mucho fruto desde la hora presente hasta la undécima hora de este día, antes de que el sufrimiento empiece por el Santo Padre. No es sino la continuación de este sufrimiento. (*Iveta*) sufrirá ahora por las órdenes religiosas que han cerrado y porque nadie está orando por la Justicia Divina que deben pagar; aquellos que han pasado a la Eternidad, que fracasaron en vivir los votos de obediencia, castidad y pobreza y por aquellos que no creen. ¡Esta es la pesada cruz que el Santo Padre está ahora llevando!

¡Ya no creen en el Purgatorio! Este es el movimiento de la Nueva Era que se ha infiltrado en muchas órdenes, y con su laxitud, han caído en la tentación de los dispositivos electrónicos sobre los que he advertido, que les serían dados libremente, como si fueran el instrumento necesario para traer Almas a Dios. No, mis amados hijos, no, ¡este no es el camino! Solo os estáis abriendo a caer cada vez más profundo en las mandíbulas de Satán dejándoselo más fácil. Porque cuando la ley marcial se declare por todo el mundo, os acorralarán y os encarcelarán, Mis Sacerdotes y mis amadas Hijas, las Religiosas, para meteros fácilmente en las cámaras de la muerte. ¿Cómo proveeréis entonces?

Muchos de vosotros aquí, abandonaréis vuestra fe porque no habéis orado. Porque se necesita fe, y en la fe debéis hacerlo todo para dirigir a otros a través Mío hasta Jesús, Mi Divino Hijo, Vuestro Maestro."

"Os amo sinceramente. Yo soy la Madre de Dios, la *Mediadora de Toda Gracia, Co-Redentora,* y *Defensora* en el Cielo. Muchos de vosotros os mofáis de esta advocación Mía y no recurrís a ella cuando oráis. Hablo de las Religiosas y Mis Sacerdotes. No lo entendéis. ¿Cómo entonces enseñaréis y dirigiréis a otros hacia Mí, como es el deseo de Nuestro Padre Celestial? 'Hacia Jesús a través de Mí' y 'en Jesús, con Jesús y a través de Jesús', ¡hasta el Padre Celestial perfectamente! Es de esta manera que ha sido trazado por Dios Nuestro Padre, ¡y no será de otra!

Orad, orad, orad, muchos Rosarios por esta Mi intención y por las Almas que sirven a la Justicia Divina en el Purgatorio, que os ayudarán cuando llegue vuestra hora."

Ahora, mientras salgo de esto – siento un alivio de la cabeza a los pies –, ahora empieza un sufrimiento de otro tipo por las Almas del Purgatorio de las religiosas y las órdenes que han cerrado. Amén. Este sufrimiento empieza desde mi corazón hasta la cintura … Esta reparación es enorme, y mi corazón está palpitando. Cuando estás ansioso o asustado de algo malo que vas a hacer, a sabiendas de que vas a hacer algo malo… es ese el tipo de sentimiento. Pero esta es una grave ofensa, ya que estos son pecados contra el Autor de la Vida, que estas Religiosas y Sacerdotes están a punto de cometer.

Es por esta razón que sus órdenes han sido cerradas, y muchas más están cerrando. No hay vocación para la vida religiosa, ¡Dios no está permitiendo vocaciones! Amén.

Con la Gracia de Dios, ahora repito el sufrimiento que padecí antes y que había consumido mi cuerpo.

Oigo esta súplica. No tengo claro de dónde viene. Es como una oración que uno diría caminando para recordar a estas Almas del Purgatorio, Almas que mueren y que podrían no haber entendido nunca la Misericordia de Dios.

Jesús, María, José, orad por mí.

Jesús, María, José, asistidme a mí y a las muchas Almas que mueren y no tienen a nadie que rece por ellas.

Jesús, María, José, Os ofrezco mi sufrimiento por las Ánimas Benditas del Purgatorio. Amén.

Es una oración de alguien que experimenta la frialdad de la Iglesia, la Madre Iglesia, la Santa Madre – La Iglesia Católica.

Dios Mío, Dios Mío, ten Piedad de las muchas Almas que están abandonando su fe y no tienen fe en Ti ni en las enseñanzas de la Iglesia Católica. Amén.

Una fría tempestad me inunda ahora; estoy consumida por escalofríos con fiebre que arde dentro de mí, y mi cuerpo está consumido por el dolor y las aflicciones que vendrían a la hora undécima de alguien, como cuando el Alma está a punto de abandonar el cuerpo. Amén.

La visión empieza con un reloj de arena y sobre él está el Espíritu Santo. Queda un poco de arena y el fondo está casi lleno; queda un octavo por llenar.

La Visión se cierra ... y otra se presenta: la Santa Madre ha llegado; tiene a San José a su lado y San Miguel está al lado de San José. La Santa Madre extiende Sus Manos, tiene el Rosario en Su Mano derecha – el Rosario de Perlas Blancas, y el Escapulario de la *Mediadora de Toda Gracia, Co-Redentora* y *Defensora* en Su mano izquierda.

Extiende Sus Manos como para recibir algo y acto seguido los retira y los coloca entrecruzados en Su Inmaculado Corazón, y San José sonríe, pero no dice una palabra. San Miguel está sujetando la balanza de la Justicia Divina en Su Mano derecha y la Espada con la Cruz en la empuñadura en Su Mano izquierda, vestido con el atuendo para la batalla. Y lo que La Madre ha recibido parece ser colocado sobre la Balanza de la Justicia Divina sujetada por San Miguel. No tiene figura, pero ha inclinado la balanza donde se coloca el objeto y en el otro lado están los méritos de mi sufrimiento. Se lee 'Méritos del sufrimiento'.

Esto se aplicará a diferentes etapas del Purgatorio, como entiendo que está escrito. Y en la Vigilia – La Vigilia de Pascua, muchas Almas subirán a la Eternidad. Muchas Almas pasarán de un estado a otro, excepto en el último nivel más cercano al Infierno en la tercera etapa del Purgatorio, aquellos que sirven a la Justicia Divina hasta el Juicio, el día del Juicio Final. Amén. *(Primer Viernes de Cuaresma, 15 de Marzo de 2019).*

149. CÓMO PROTEGERÉ A AQUELLOS QUE ESTAN AHORA EN LA TIERRA Y TRAERÉ ALIVIO A LAS ÁNIMAS DEL PURGATORIO.

San Miguel habla ahora con Félix Xavier:

"Mi amado hermano Félix Xavier, tú que eres amado y elegido por la Mano de Dios, tu Misión se ha anunciado a través de Nuestra Amada y Bendita Madre. Eres Su hijo amado, y amado del Amado, de Nuestro Divino Salvador. Deseo hacer presión sobre tu corazón para que saques adelante lo que se ha dado a conocer de la Oración dedicada a Mí, y el conocimiento del Purgatorio, y las oraciones a recitar, ¡porque la gente me tiene poca devoción!

De esta manera, muchas Almas serán liberadas y la devoción y el conocimiento sobre Mí para estos tiempos se darán a conocer, sobre cómo os protegeré a aquellos que estáis todavía en la Tierra y traeré alivio a las Almas del Purgatorio, y protegeré las Almas de los fieles difuntos, para llevarlos ante el Juez Divino y luego al Purgatorio, donde servirán a la Justicia Divina.

Debes también entender los tiempos de San José, el Hombre Santo, Puro y Justo, conocido por vosotros como el Heraldo de estos tiempos. Amén." *(Viernes, 1ªsemana de Cuaresma, 15 de Marzo de 2019).*

150. SE CONTARÁN ENTRE LOS SANTOS Y ENTRARÁN EN EL PARAÍSO DURANTE LA VIGILIA DE PASCUA

Nuestra Señora vuelve a hablar – hace una reverencia como saludo:

"Amados Hijos Míos, os agradezco inmensamente haber respondi-do a mi petición, especialmente a ti, pequeña Mía y de Mi Jesús, Cleofas, que soportarás el sufrimiento por las

Almas del Purgatorio, durante el cual recitarás los nueve Coros de Ángeles cada hora, La Coronilla de los Nueve Saludos que San Miguel ha revelado[301]. Él mismo es el Ángel de la Guarda que trae estas Almas a buen puerto; y en este momento me han sido confiadas como *Mediadora de Toda Gracia, Co-Redentora* que sufrió y está sufriendo por ellas junto al *Redentor,* y como *Defensora,* suplicando al Juez Divino que resucitará en este día habiendo antes descendido al Infierno[302] para liberar Almas de las del tipo 'atrapadas en la Tierra', otorgándoles Misericordia y Justicia Divina. Habrá muchos que se hayan lavado con la Sangre del Cordero[303], es decir: sabiendo que podían contagiarse con este Virus, se dieron al servicio de otros y murieron como Mártires de esta Plaga, ¡ofreciéndose a sí mismos! Se contarán entre los Santos y entrarán en el Paraíso durante la Vigilia Pascual.

Amados Hijos, sabed y entended: Debéis orar también invocándo-me bajo la advocación de *'Nuestra Señora de los Siete Dolores'*. Estas oraciones se usarán por esos mártires para satisfacer a la Justicia Divina. La Misericordia de Dios vendrá así sobre aquellos que la hayan abrazado. Incluso para aquellos que estaban caminando por el sendero de la perdición[304], como el buen ladrón que imploró, y para los muchos que Me llamaron, que solo Me conocen como La Madre María – y sí, ¡respondí!"

Y en esto, que esboza una sonrisa; es un gran momento para ella. La sonrisa representa la Resurrección que Ella está esperando para ver a Su Divino Hijo Jesús[305], Su Dios, completamente consciente de que Él es Dios en la Segunda Persona unida a la Primera Persona y en la Cual vive la

---

[301] *Ver Apéndice n°2*
[302] *1 Pedro 3,19*
[303] *Apocalipsis 7,14*
[304] *Mateo 7,13*
[305] *La Santa Virgen María el Sábado Santo anhela ver a Su Divino Hijo*

plenitud de la Santísima Trinidad. Este es el conocimiento que me trans-mite con Su Sonrisa. Amén.

Hace una pausa y vuelve a hablar:

"Mi amado del Amado Félix Xavier, Me complaces mucho, pero Sé que estoy poniendo yugos muy pesados sobre ti. Sepas y entiende, no debes cumplirlos sin Mi Gracia. Deseo de todo corazón – con el Corazón afligido de una Madre, porque muchos no tienen a nadie que rece por ellos – sacar adelante lo que he dado a saber sobre el conocimiento de la 'Tesis del Purgatorio', la 'Oración de San Miguel y los nueve Coros de Ángeles' en correspondencia con los nueve niveles de las tres etapas del Purgatorio, cada una con tres niveles.

Esta pequeña, tu esposa, experimentará ahora un sufrimiento. ¡No te angusties, no te preocupes! Yo estoy con ella. Habrá momentos en que estará paralizada, y habrá momentos en que se lamentará por aquellos que no tienen a nadie para lamentarse en sus últimas horas de agonía. Implorará Misericordia para ellos, como si la implorara para sí misma. Te lo agradezco inmensamente. Solo haz lo que te he pedido, y trabaja en comunión con tus otros hermanos y hermanas para tenerlo todo en orden rápidamente. Entenderás por qué.

Recibiré este sufrimiento a las 12 del mediodía de este mismo día después del Ángelus – de la recitación de la oración del Ángelus. Amén.

Os amo sinceramente, Yo soy la *Madre de Dios*, la *Mediadora de Toda Gracia, Co-Redentora* y *Defensora* en el Cielo, intercediendo bajo esta advocación por aquellos que no tienen a nadie que rece por ellos, que murieron en esta terrible agonía, pero unidos a Mi Divino Hijo Jesús y a Mí en el Triduo Pascual. Amén. Os amo entrañablemente, Amén."

La Visión se cierra.

Solo veo a los Ángeles reuniéndose, cada vez están viniendo más. Están a mi alrededor y sobre mí. No veo a los otros Ángeles que han descendido del Cielo y que ascenderán en la Vigilia de Pascua. Amén.

¡Cof!! Cof... parece que estoy sin respiración. Sé que me tomé mi medicina esta mañana, y esto podría no haber ocurrido, pero aún así me está ocurriendo.

OK, el libro de La Pieta está aquí debajo para orar el Rosario de San Miguel. No podré orarlo todo, pero me uniré a vosotros. Amén.

"... con sus bebés en sus vientres, y los niños pequeños, niños inocentes que han perecido, también estos no llorados y desaparecidos. Éstos mismos están entre los pobres en áreas remotas como África, India, como China, Corea, Japón, y allá donde haya pobreza. Amén".

... una escena que ví : "El Jesús colgado en la Cruz en la Jungla del Amazonas donde el virus ha entrado entre la gente. Los hombres están asesinando a las mujeres. Tan pronto como se dan cuenta de que tienen el virus, las matan y les cortan la garganta y las queman. ¡Es una cosa horrible! Y los hombres matan a hombres también. Es su manera de vérselas con el virus. Ahora esas Almas son Mártires; han orado a un Dios desconocido. Aquí también hay mujeres embarazadas, y el bebé está vivo en su vientre. Aún así son asesinadas, y el bebé se defiende dentro" ... *llorando* ... ¡Ah!!! ...

... veo a San Miguel.

"Está de pie sobre la cabeza de Satán. Su lanza está clavada, empuñada con Su Mano izquierda – muy, muy borrosa. Su espada en Su Mano derecha, en todo lo alto. Cuando el Infierno se abre, veo un fuego salvaje, y las Almas pereciendo cuando los cuerpos son lanzados al Infierno, mientras sus Ángeles de la Guarda están formando un anillo alrededor de la Tierra, llorando por ellas. Estas son de aquellos que han maldecido a Dios y han acogido a Satán como su dios en su última hora de agonía.

¿Puede ser eso verdad, San Miguel? "Sí, es verdad, es la verdad."

Dice que es verdad, sois testigos. Ni siquiera la oración puede salvarles, porque han elegido al maligno como su dios ... y ahora, por último, San Miguel cierra el pozo sin fondo, ¡y lanza al maligno dentro de la Tierra otra vez!

Satán intenta entrar en el último nivel del Purgatorio bajo el disfraz de una criatura que él posee; y así como el Alma de esa criatura se dispone a entrar en el último nivel, Satán empieza a insultar a Dios con nombres blasfemos. San Miguel lo lanza al suelo y lo inmoviliza, hasta que todas esas Almas entran en el Infierno.

Jesús es crucificado en esta escena ... estas Almas incluso después de haber visto a Jesús, no querían ir al Cielo, habiendo elegido el Infierno[306].

Ahora están gritando ayuda, ¡pero nadie puede ayudarles! ¡Este pozo sin fondo se cierra! "La Misericordia de Dios es para

---

[306] *"... el espíritu limpio y puro no encuentra otro lugar sino Dios para su reposo, pues para ello ha sido creado, del mismo modo el alma en pecado no tiene para sí otro lugar que el infierno, que Dios le ha asignado como su lugar propio. Por eso, en el instante en que el espíritu se separa de Dios, el alma va a su lugar correspondiente, sin otra guía que la que tiene la naturaleza del pecado. Y esto sucede cuando el alma sale del cuerpo en pecado mortal. Y si el Alma en aquel momento no encontrara aquella ordenación que procede de la justicia de Dios, sufriría un infierno mayor de lo que el infierno es, por hallarse fuera de aquella ordenación que participa de la misericordia divina, que no da al alma tanta pena como merece. Y por eso, no hallando lugar más conveniente ni de menores males, se arrojaría allí dentro, como a su lugar propio."* (Santa Catalina de Génova, *Tratado sobre el Purgatorio*, Cap. VII).

todos, aunque no todos pueden entrar, porque no todos eligen entrar. San Miguel, Defensor de los elegidos de Dios. Amén."

La Visión se cierra.

La Santa Madre ha venido a recibir este sufrimiento con el Arcángel Rafael que tiene un cuenco de incienso. San Miguel está sujetando la balanza de la Justicia Divina. Todos los Ángeles tienen las manos juntas, suspendidas en el aire mientras rezamos El Ángelus. (Sábado Santo, 11 de Abril de 2020).

Apéndice 1: ANEXO A LA TESIS DEL PURGATORIO

151. ESTA MANERA DE MATAR MISERICORDIOSAMENTE

"Yo Soy Jesús de Nazaret, vuestro Salvador Misericordioso, vuestro Redentor, amados hijos de Dios.

Mis amados hijos, estad atentos a lo que llaman "procurar la muerte por misericordia"[307]. Es una ofensa contra Mí, el Creador, como Dios-Hombre y Hombre-Dios. He trazado el sendero del sufrimiento para que podáis entender que este es el requerimiento para la reconciliación con Dios Padre, pagar la deuda a la Justicia Divina que el pecado requiere. He pagado la Mayor parte de vuestra deuda, pero se os pide que hagáis reparación por algunas de las ofensas en una pequeña cantidad conocida como Justicia Divina[308].

Aquellos de vosotros, Mis fieles, que acojáis esta "muerte por misericordia", recibiréis la sentencia del Purgatorio si recibís bajo Mi Misericordia el Sacramento de la Unción de Enfermos antes de morir. Estaréis en el Purgatorio hasta el último día cuando la Justicia Divina vendrá a dispensarse en el Juicio Final.

Y aquellos de los que hablo, que realizan este acto, a vosotros, fieles, que directamente ofendéis al Creador desempeñando el papel del Creador, ¡que sepáis bien que no es el vuestro! El

---

[307] *Eutanasia.*
[308] Lucas 23, 41 y 10, 13-15. La experiencia de San Pablo después de su conversión (Hechos 9, 9.18-19), la vida penitente de María Magdalena de acuerdo con la Tradición.

vuestro es proveer constantemen-te amor, cuidado y Misericordia a aquellos que están sufriendo, en los momentos en que tienen dudas y agonía como Yo en el Huerto de Getsemaní.

He dicho 'vida por vida'; sabed entonces, vosotros que realizáis tal acto, que moriréis sin piedad en manos de corazones despiadados y endurecidos poseídos por Satán. Lo permitiré, todos los que manejan espada, a espada morirán[309]! *(Quinto Viernes de Cuaresma, 7 de Abril de 2017).*

152. LAS ALMAS QUE VIVEN EN PECADO, ENSUCIANDO EL TEMPLO DE DIOS

Jesús habla a Mi Alma, de Alma a Alma:

"Pequeña Mía y de Mi Bendita Madre, Cleofas, co-redimiendo Conmigo a través de Mi Santa Madre, la *Co-Redentora*. Entiende el sufrimiento que estarás ofreciendo por las Almas del Purgatorio que descansan en lo que se llama la "tercera etapa" que se te reveló. Estas son aquellas que han hecho un uso indebido de su sexualidad. A través de Mi Santa Madre como su Defensora, traerás la conversión a muchas Almas que viven en pecado, ensuciando el templo de Dios y viviendo en abominación y rescatarás sus Almas para Mí.

Tu corazón está triste, pero entiende que no morirás. Es solo el peso que estás llevando Conmigo. Cuánto te amo, te lo agradezco. Yo soy tu Jesús recibiendo consuelo de ti, Mi pequeño recipiente. Amén. Amén." *(Jueves Santo, 13 de Abril de 2017).*

---
[309] *Mateo 26, 52*

Apéndice 2: LA CORONILLA DE SAN MIGUEL ARCÁNGEL

La Coronilla de San Miguel o el Rosario de los Ángeles[310] es una forma maravillosa de honrar a este gran Arcángel junto con los otros nueve Coros de Ángeles. ¿Qué queremos decir con 'Coros'? Parece que Dios ha creado varias órdenes de Ángeles. Las Sagradas Escrituras distingue nueve grupos: Serafines, Querubines, Tronos, Dominaciones, Potestades, Virtudes, Principados, Arcángeles y Ángeles (Isaías 6, 2; Génesis 3, 24; Colosenses 1, 16; Efesios 1, 21; Romanos 8, 38). Puede que haya más agrupaciones, pero estas son las únicas que nos han sido reveladas. Se cree que los Serafines son el Coro más alto, el más íntimamente unido a Dios, mientras que el Coro Angelical es el más bajo.

La historia de esta Coronilla se remonta a una devota Sierva de Dios, Antonia d'Astonac, que tuvo una visión de San Miguel. Este le dijo a Antonia que lo honrara con los nueve saludos a los nueve Coros de Ángeles. San Miguel prometió que quien practicara esta devoción en su honor tendría, cuando se aproximara a la Sagrada Comunión, una escolta de nueve Ángeles elegidos de cada uno de los nueve Coros. Además, para aquellos que recitaran La Coronilla diariamente, prometió su ayuda continua y la de todos los santos ángeles durante la vida, y después de la muerte la liberación del Purgatorio para ellos y para sus parientes.

La Coronilla de San Miguel Arcángel o el Rosario de los Ángeles

Dios Mío, ven en mi auxilio. Señor, date prisa en socorrerme. Gloria al Padre, etc.

---

[310] Ver: https://www.abbaye-montsaintmichel.com/actualites/chapelet_saint_michel

[Decir un Padre Nuestro y tres Avemarías después de cada uno de los siguientes saludos en honor a los nueve Coros de Ángeles]

1. Por intercesión de San Miguel y el Coro Celestial de los Serafines, que Dios Nuestro Señor nos haga dignos de arder con el fuego de la Caridad perfecta. Amén.

2. Por intercesión de San Miguel y el Coro Celestial de los Querubines, que Dios Nuestro Señor nos conceda la gracia de abandonar los caminos del pecado, y seguir el camino de la Perfección Cristiana. Amén.

3. Por intercesión de San Miguel y el Coro Celestial de los Tronos, que Dios Nuestro Señor derrame en nuestros corazones un verdadero y sincero espíritu de humildad. Amén.

4. Por intercesión de San Miguel y el Coro Celestial de las Dominaciones, que Dios Nuestro Señor nos conceda la gracia de controlar nuestros sentidos y así dominar nuestras pasiones. Amén.

5. Por intercesión de San Miguel y el Coro Celestial de las Potestades, que Dios Nuestro Señor proteja nuestras almas contra las acechanzas y tentaciones del demonio. Amén.

6. Por intercesión de San Miguel y el Coro Celestial de las Virtudes, que Dios Nuestro Señor nos preserve de todo mal y de caer en tentación. Amén.

7. Por intercesión de San Miguel y el Coro Celestial de los Principados, que Dios Nuestro Señor se digne llenar nuestras almas con un verdadero espíritu de obediencia. Amén.

8. Por intercesión de San Miguel y el Coro Celestial de los Arcángeles, que Dios Nuestro Señor nos conceda la gracia de la perseverancia en la Fe y en las buenas obras, y así nos lleve a la Gloria del Cielo. Amén.

9. Por intercesión de San Miguel y el Coro Celestial de los Ángeles, que Dios Nuestro Señor nos conceda la gracia de ser protegidos por ellos durante esta vida mortal, y nos guíen a la Gloria Eterna. Amén.

Decir un Padre Nuestro en honor de cada uno de los siguientes Ángeles principales: San Miguel, San Gabriel, San Rafael y nuestro Ángel de la Guarda.

Oraciones Finales:

Oh Glorioso Príncipe San Miguel, Jefe Principal de la Milicia Celestial, Guardián fidelísimo de las almas, Vencedor eficaz de los espíritus rebeldes, fiel Servidor en el Palacio del Rey Divino y admirable Guía y Conductor nuestro: tú que brillas con excelente resplandor y con virtud sobrehumana, líbranos de todo mal. Con plena confianza recurrimos a Ti. Asístenos con tu afable protección para que seamos más y más fieles al servicio de Dios todos los días de nuestra vida.

Ruega por nosotros, Oh Glorioso San Miguel, Príncipe de la Iglesia de Jesucristo, para que seamos dignos de alcanzar Sus promesas.

Omnipotente y Eterno Dios, Te adoramos y bendecimos. En Tu maravillosa bondad, y con el misericordioso deseo de salvar las almas del género humano, has escogido al Glorioso Arcángel San Miguel como Príncipe de Tu Iglesia. Humildemente Te suplicamos, Padre Celestial, que nos libres de nuestros enemigos. En la hora de la muerte, no permitas que ningún espíritu maligno se nos acerque para perjudicar nuestras almas. Oh Dios y Señor Nuestro, que este mismo Arcángel nos conduzca a la Presencia de Tu Excelsa y divina Majestad. Te lo pedimos por los méritos de Jesucristo, Nuestro Señor. Amén.

Apéndice 3: ROSARIO POR LAS ÁNIMAS BENDITAS DEL PURGATORIO

La súplica continua de Nuestra Santísima Madre: "Orad por las Santas Almas del Purgatorio", "Dios ama un corazón generoso, pedid generosamente por ellas, no dudéis de la liberación de las Almas; será concedida, Amén."

Sosteniendo el crucifijo del Santo Rosario, recitamos sobre cada una de las sagradas llagas de Jesús:

"**El Credo de los Apóstoles**" (x 5).

En la cuenta grande se reza el "**Padre Nuestro**"

En las tres cuentas pequeñas se reza el "**Avemaría**"

En la cuenta grande, "**Gloria al Padre**"

Invocación antes de cada década:

"Dales Señor el descanso eterno y brille para ellos la luz perpetua. Que las Almas de los fieles difuntos descansen en paz por la Misericordia de Dios. Amén."

"Oh Jesús mío, perdona nuestros pecados, líbranos del fuego del infierno, lleva al cielo a todas la Almas, especialmente a las más necesitadas de Tu Misericordia."

Meditar sobre **los Cinco Misterios Dolorosos de Nuestro Señor**.

Primer Misterio Doloroso: **"Padre Nuestro"**, diez **"Avemarías"**, **"Gloria"**

Repetir las siguientes cuatro décadas de la misma manera.

Recitar la **"Salve"**.

Conclusión:

"Padre Todopoderoso y Eterno, en el nombre de Tu Amado Hijo Jesucristo y en unión con el Inmaculado Corazón de la Madre María, que las deudas de todas las Santas Almas que sirvieron a tu Justicia Divina sean pagadas y les concedas la gloria eterna, para ver Tu glorioso Rostro por los siglos de los siglos. Amén."

Apéndice 4: UN REMEDIO ESPIRITUAL Y NATURAL PARA LA ACTUAL PANDEMIA

Modo de Preparación:

"Una, dos o tres pizcas de sal bendecida o unos pocos granos *(para una cantidad pequeña, mediana o grande)*; agua Bendita – una cucharada sopera, un poco o una buena dosis *(para una cantidad pequeña, mediana o grande)*. La miel va en proporción con la cebolla. La Cebolla: una proporción pequeña son 5 cucharadas soperas; mediana son 7 cucharadas; y una proporción grande son 12 cucharadas. Esto se debe poner todo junto y dejarlo reposar una noche.

En su preparación, se debe recitar 'el Credo, el acto de fe, la fe Católica'. En su conclusión se debe llevar a ebullición – un hervor – durante el cual se deben recitar el 'Credo', el 'Padre Nuestro' y los tres 'Avemarías', el 'Gloria' y la 'Salve', la profesión de 'la Fe Católica' y las oraciones de 'la Fe Católica'.

Esto se debe tomar tres veces al día. Sin embargo, en casos serios en que se sufra una crisis – en un momento de carencia respiratoria grave – está bien suministrar esa dosis en ese momento e incluso frotarla como bálsamo en el pecho y la espalda. Sabed y entended bien: esto viene todo de la Madre Naturaleza; de la cual Yo soy la Reina, que lo sepáis." *(25 de Marzo de 2020)*.

LA DOSIS:

Adultos y niños mayores de 14 años:	1 cucharada sopera (7,5mls)
Niños de 8 a 13 años:	1 cucharadita (5mls)
Niños de 2 a 7 años:	Media cucharadita (2,5 mls)
Niños pequeños de menos de 2 años:	De una gota a un cuarto de cucharadita

Este jarabe se debe tomar 3 veces al día, una hora antes de las comidas y se puede tomar diariamente. Cuando se comparta este jarabe, se debe decir una invocación corta como: 'Oh María, concebida sin pecado, ora por nosotros que hemos recurrido a Ti.' O bien 'Inmaculado Corazón de María, ruega por nosotros.'

MÉTODO SUGERIDO DE PREPARACIÓN:
(Cucharada= 'cda')

En un recipiente que se pueda usar para hervir, se echa:	Porción Pequeña	Porción Mediana	Porción Grande
Sal Bendecida	1 pizca	2 pizcas	3 pizcas
Agua Bendita	1 cda.	2 cda.	3 cda.
Aros de Cebolla (morada)	5 cdas.	7 cdas.	12 cdas.
Miel	5 cdas.	7 cdas.	12 cdas.

www.ingramcontent.com/pod-product-compliance
Lightning Source LLC
Chambersburg PA
CBHW061251230426
43664CB00024B/2911